Tobias Blok

Manchmal träum' ich von Marrakesch

Weg eines Trampers zu Gott

Für Adolf Unterucher
Henlichst
Bherbott
Mannheim 14.17.2000

andiamo

„Heute abend haben Musik und Lyrik die Fragen und Ideale eures Jugendalters zum Ausdruck gebracht. Einer eurer Vertreter hat in eurem Namen gesagt, daß die Antwort auf die Fragen eures Lebens ‚im Wind weht'. Das stimmt! Sie weht allerdings nicht in dem Wind, der alles im Strudel des Nichts zerstreut, sondern in dem Wind, der Hauch und Stimme des Heiligen Geistes ist, und diese Stimme ruft uns und sagt: ‚Komm!'

Ihr habt gefragt: Wie viele Straßen muß ein Mensch gehen, um sich als Mensch zu erkennen? Ich antworte euch: Eine! Und zwar Jesus Christus, der gesagt hat: ‚Ich bin der Weg.' Er ist die Straße der Wahrheit, der Weg des Lebens.

In Kürze, wenn es schon Nacht sein wird, werden Musik und Gesang der stillen Anbetung des Allerheiligsten Platz machen. Musik und Lieder werden dann von Stille und Gebet abgelöst. Die Augen und das Herz werden sich auf die Eucharistie konzentrieren.

Laßt Jesus, der im Sakrament gegenwärtig ist, zu euren Herzen sprechen. Er ist die wahre Antwort des Lebens, die ihr sucht. Er bleibt in diesem Sakrament bei uns: Er ist der Gott mit uns. Werdet nicht müde, ihn zu suchen, nehmt ihn ohne jeden Vorbehalt auf und liebt ihn pausenlos: Heute, morgen, immer!"

Papst Johannes Paul II. am 27.September 1997 vor 350.000 Jugendlichen beim Eucharistischen Kongreß in Bologna. Auf diesem Kongreß sang Bob Dylan sein Lied „Blowing in the wind". Bei seinem Vortrag trug Bob Dylan einen „Cowboy-Hut", wie ihn „Türkenbob" in Marrakesch getragen hatte.

Alle Rechte vorbehalten
Copyright © 2000
andiamo-Verlag Mannheim
Druck und Bindung: Libri, Books on Demand (BoD), Norderstedt
Printed in Germany
ISBN 3-8311-0790-4

**„How many roads must a man walk down,
before you can call him a man?"**

Bob Dylan „Blowing in the wind"

Diese Lebensgeschichte handelt von einer vergangenen Zeit. Von einer verlorenen Zeit, hätte nicht ein Einsiedler, fernab von den Strudeln des Vergessens, diese Zeit für uns Ungeduldigen wohlweislich aufbewahrt.

Seit fast dreißig Jahren ist Alexander Heller Mitglied eines Eremiten- und Schweigeordens. In den Achtzigern des zwanzigsten Jahrhunderts wurde er zum Priester geweiht. Seine Identität muß den Ordensregeln zufolge im Dunkeln bleiben. Doch sein Weg leuchtet umso heller noch aus der Abgeschiedenheit und Stille seiner Einsiedlerzelle. Nicht jeder wird diesen Weg verstehen. Doch auch er ist ein Ausdruck für die sehnsüchtige Suche junger Menschen nach Freiheit und Abenteuern, nach Wahrheit und Klarheit - damals wie heute. Die Schilderung seines Weges, das gelegentliche Brechen seines Schweigens, wird nicht gegen die prinzipielle Kraft der uralten Regeln des Ordens ins Feld geführt werden können, es sei denn aus Unkenntnis, aus Bequemlichkeit im Denken oder aus böswilliger Absicht.

Mein Name ist Tobias Blok. Alexander Hellers Geschichte hatte für mich eine tiefe - ich bin versucht zu sagen: eine mystisch vernetzte - Bedeutung. Und - selten genug - diese Bedeutung machte mich heiter, machte mich nachdenklich, machte mich fröhlich, machte Sinn! Auch mich hatte der erste Blick getäuscht: Die Nässe des Frühtaus ist eine Unbekannte geworden, dafür kenne ich den Geschmack von frischem Pistazieneis. Was als das Antlitz des Todes erschien, wiegte mich bald darauf in frischer Hoffnung. Diese Geschichte klingt manchmal wie eine reine Fiktion. Doch sie stimmt bis fast in alle Einzelheiten. Ähnlichkeiten mit realen Menschen sind beabsichtigt, ihre Namen aber meistens aus bestimmten Gründen geändert. Sie wurde letztlich doch von einem Menschen zu Ende erzählt, der sich der kritischen Vernunft verpflichtet fühlt, und der Zeit seines Lebens alles andere, als ein Heiliger war. Dennoch - vielleicht gerade deshalb - ist sie allen Frommen jeden Glaubens zum Gedenken gewidmet, insbesondere den Eremiten. Jenen, deren Weisheit aus der Wiege der Religion erwächst. Jenen, deren Lebenskraft aus der Gnade des Glaubens strömt. Also den Menschen, zu welchen ich mich selbst im weitesten Sinne nur während weniger - zumeist jugendlicher - Lebensjahre mit einigem Recht zählen durfte; heute indes nicht mehr.

In ganz besonderer Weise ist sie Pater Canis, dessen Familie und dem gemeinsamen, längst verstorbenen Freund Edgar Weber zugeeignet; sowie - in Canis' Auftrag - seinen Klassenkameraden, den alten und neuen Lehrerkollegien in H. und B. und allen Freunden und Bekannten in H. und Umgebung, besonders jenen, in deren Häusern er zu Gast sein durfte - sei es gelegentlich oder sei es öfters.

Diese Geschichte wird erzählt, damit mehr von Alexander Heller bleibt, als ein glanzvolles Schweigen. Sie wendet sich an alle, die wissen wollen, wie das mit den Drogen und der Express-Yourself- Freiheit einst begann, was daraus werden konnte, und warum man auch in moderner Zeit von einem Klosterbruder profitieren kann.

Tobias Blok, Camaldoli, Toskana im Mai 2000

Erster Teil:
Marseille, Fernweh und lauter Isabelles

1

Der erste Januar 2000 fiel auf einen Samstag. Es war durchaus logisch, daß überall auf der Erde gefeiert wurde. Manche Menschen rechneten es sich als ein großes persönliches Verdienst an, gerade zum Beginn eines neuen Jahrtausends am Leben zu sein. Andere taten gleichgültig. Obwohl sie ja eigentlich Vernunftmenschen waren, herrschte unter vielen von ihnen eine große Angst. Diese Menschen fürchteten sich vor einer ganzen Menge Dinge, womit sie fest rechneten. Gefängnistore würden aufspringen. Mörder und Kinderschänder würden frei herumlaufen. Fahrstühle blieben stehen, Flugzeuge stürzten ab, der Strom fiele in wichtigen Bereichen einfach aus. Sie befürchteten, daß nuklear bewaffnete Atomunterseeboote feuern würden, ohne daß es eine Bedrohung oder einen Befehl gegeben hatte. Der Schaden würde ungeheuerlich sein. Menschen, Tiere, das viele Geld, was die nötigen Reparaturen kostete!

Sie nannten es JAHRTAUSENDKATASTROPHE.

Viele von ihnen legten sich Wasser-, Waffen-, und Nahrungsmitteldepots an. Gut ausgebildete Wissenschaftler saßen mit Kerzen in Kellern und zitterten.

Tobias Blok verbrachte den Jahreswechsel mit seinem Jugendfreund Alexander Heller in einem Kloster in Italien. Geschlafen wurde auf Strohsäcken. Am Freitag, dem 31.Dezember, standen alle um 23.10 Uhr auf. Fünf Minuten später waren sie versammelt zur Matutin de Beate. Um 23.45 Uhr legten sich alle flach auf den Boden und widmeten sich ihren Flammengebeten. Der Programmpunkt nannte sich „Anbetung vor dem ausgesetzten Allerheiligsten."

Etwa um 24.05 Uhr segnete sie der Pater Prior und sprach das Weihegebet. Danach sangen die Mönche: „SUB TUUM PRAESIDIUM". Nach der MATUTIN erfolgte die LAUDES, das Allerheiligste blieb währenddessen ausgesetzt. Sie blieben noch etwa fünfzehn Minuten knien, dann ging jeder in seine Klause. Tobias legte sich schlafen, Alexander schrieb.

Am Neujahrstag wurde um 6.10 Uhr aufgestanden, um 6.30 Uhr war Prim, um 7.00 Uhr die Angelus-Stillmessen. Um 8.15 Uhr waren bereits alle wieder versammelt: Die Terz, das Konventamt stand an.

Einen Tag danach sahen sie sich vier Stunden. Sie gedachten ihrer Freunde, der toten und der lebenden. Sie plauderten über alles, außer über sich selbst. Beim Abschied sagte Tobias: „Ich werde jetzt, wie besprochen, deinen Weg ins Kloster einmal zu Papier bringen. Ich sehe aber noch immer nicht, wie ich das jemanden verständlich machen kann."

„Kommt überhaupt nicht in Frage", erwiderte Alexander. „Ich habe es mir anders überlegt! Für wen solltest du das tun? Ich bin ins Kloster eingetreten, um ganz für Gott zu leben. Für die Menschheit bete ich, aber ansonsten will ich die Welt vergessen, und die Welt soll mich vergessen!"

Tobias schrieb dennoch nieder, was er meinte, niederschreiben zu müssen. Er nannte sich jetzt, wie die Araber einst ihr Land im äußersten Westen benannt hatten: Maghrib el Aksa; der äußerste Westen; und sein liebstes Gedicht stammte aus seiner eigenen Hand und lautete kurz und dürr:

„Jahwe gib Mitmenschlichkeit
Allah gib Frieden
Gott gib Vernunft"

2

Alexander besucht die siebte Klasse des Neusprachlichen Gymnasiums in seinem Heimatort, die „Obersekunda". Es ist ein Samstag im Januar 1965, kurz nach seinem siebzehnten Geburtstag. Gemeinsam mit anderen Klassenkameraden, besonders mit zweien, hat er seit längerer Zeit eine kleine Klicke gebildet, die schon Verschiedenes auf dem Kerbholz hat. Es war sogar zu polizeilichen Ermittlungen gekommen, was in der kleinen Stadt mit ihren siebentausend Einwohnern Aufsehen erregt hatte.

An diesem Samstag werden gleich zu Beginn des Unterrichts der Klassensprecher und dann im Laufe des Vormittags noch weitere Mitschüler, die von den krummen Dingern der Klicke wissen, zum leitenden Direktor gerufen. Alexander ahnt sofort, daß etwas im Busch ist. Als der Klassensprecher zurückkommt, fragt er ihn, was der „Direx" denn von ihm gewollt habe. „Ich darf nichts sagen, es ist mir streng verboten worden", antwortet er verlegen.

Die Klicke sitzt auf heißen Kohlen. Niemand will ihnen mitteilen, was los ist. Als der Unterricht endet, befindet sich einer der Schüler immer noch beim Direktor. Zu viert warten sie außerhalb des Schulgeländes auf ihn. Als er schließlich kommt, umringen sie ihn und bombardieren ihn mit Fragen: „Was hat der Direx gesagt? Was hat er gefragt? Über welche Geheimnisse habt ihr geplaudert?" Dem Mitschüler ist klar, daß er die vier nicht mit Ausflüchten abspeisen kann. „Ich darf nichts sagen!" - würden sie nicht gelten lassen. Er versucht auch erst gar nicht, ihnen unter Berufung auf ein Schweigegebot zu trotzen, sondern er packt sofort voll aus. Nach fünf Minuten wissen sie genug und lassen ihn laufen.

Alles ist rausgekommen! Der Direktor hat von allen Vergehen Kenntnis, und in der nächsten Woche würden auch viele andere davon erfahren, an erster Stelle Alexanders Vater, der an der Schule Lehrer ist. Er schließt die Augen. Beim Gedanken an das, was jetzt unabwendbar auf ihn zukommt, wird ihm übel: Der Ausschluß von der Schule; der Zorn seines Vaters; die Verachtung von seiten seiner älteren Geschwister! Er macht sich keine Illusionen: Der Ausschluß von der Schule ist sicher; erst vor zwei, drei Jahren war er einem Ausschluß um Haaresbreite entgangen. Damals gehörte er einer anderen Klicke an, die sich ähnlicher Delikte schuldig gemacht hatte, wie er sie jetzt wieder ausbaden muß. Damals bekam er eine strenge Zurechtweisung von der Gesamtlehrerkonferenz, welche der Direktor zur Besprechung seines Falles extra zusammengerufen hatte. Wohl mit Rücksicht auf seinen Vater hatte man von der nächsthöheren Bestrafung, eben dem Schulausschluß, abgesehen. Dieses Mal würde das jedoch gewiß nicht mehr der Fall sein. Sein Maß ist voll, übervoll!

Plötzlich sagt einer seiner Gefährten: „Am besten ist es, wenn wir abhauen!" Alexander öffnet die Augen wieder und schaut den Mitschüler erstaunt an. Er wundert sich, daß gerade der das sagt, war er doch an den eigentlichen Delikten gar nicht beteiligt. Seine Worte sind aber Musik für Alexanders Ohren. Eine Zentnerlast fällt ihm gleichsam vom Herzen: „Mann", stößt er hervor, „das ist die Lösung, ich bin dabei!" Von den zwei übrigen ist einer ebenfalls sofort dabei, der andere will jedoch nicht mitmachen. Das wird ihm später von der Schulleitung hoch angerechnet. Er darf auf dem Gymnasium bleiben.

Für sie drei steht nun fest, daß sie fliehen würden. Aber wohin? Der Name „Marseille" fällt, und sofort wird dieses Ziel spontan und einstimmig angenommen. Von Marseille aus könnten sie ein Schiff nach Afrika oder Amerika nehmen, oder auch zur Fremdenlegion gehen.

Jetzt muß schnell gehandelt werden. Sie verabreden, sich am Montag morgen um 7.30 Uhr - eine halbe Stunde vor Schulbeginn - zu treffen und ein Taxi zur Bahnstation in der Nähe des Nachbarortes zu nehmen. Von dort wollen sie mit dem Zug in die rund sechzig Kilometer entfernte Grenzstadt fahren. Dann soll es über die nahe Grenze nach Frankreich gehen.

3

Der Sonntag wird für die Fluchtvorbereitungen genutzt. Jeder erhält eine bestimmte Aufgabe zugewiesen. Alexander soll ein Zelt besorgen, der zweite einen Kocher mit verschiedenem Zubehör; der dritte verspricht, sein Sparbuch mitzubringen. Gerne hätte Alexander auch noch die Adresse von Céline besorgt. Dieses Mädchen wohnt in Marseille und ist die Austauschschülerin seiner älteren Schwester. Vor nicht allzu langer Zeit hat Céline einige Wochen bei ihnen verbracht. Aber er kann seine Schwester nicht nach der Anschrift fragen; gewiß würde sie den Grund dafür wissen wollen und ihn dann den Eltern mitteilen. Jedenfalls würde er das Fluchtziel verraten.

Schlimmer ist jedoch, daß er seinen Personalausweis verlegt hat und ihn trotz eifrigen Suchens nirgends finden kann. Da er noch keinen Reisepaß besitzt, muß er die Flucht ins Ausland ohne „Papiere" wagen.

Am Sonntag abend versteckt er das inzwischen von Freunden ausgeliehene Zelt und eine Reisetasche in sicherem Abstand außerhalb des Hauses. In die Tasche hat er zwei Wolldecken, einige Nahrungsmittel und ein paar Kleidungsstücke gestopft.

Am Montag morgen sitzt er ungewöhnlich zeitig und mit zwiespältigen Gefühlen am Frühstückstisch. Für seinen Vater ist dieser Tag bis jetzt ein Tag wie jeder andere. In weniger als einer Stunde würde jedoch alles anders sein: Um 8.00 Uhr hat Alexanders Klasse bei ihm Sportunterricht. Dann wird er sofort merken, daß sein Sohn fehlt.

Die Flucht verläuft wie geplant. Sie treffen sich um 7.30 Uhr. Dem Taxifahrer, der sie zum Bahnhof bringt, erzählen sie, daß sie zu einem Skikurs fahren. Wie kann er das glauben, da sie weder Skier noch irgendwelche Skiutensilien bei sich tragen?

Es ist noch nicht 8.00 Uhr, da sitzen sie schon im Zug. Triumphierend zeigt der eine Gefährte sein Sparbuch. Es hat ihn Überredungskunst und List gekostet, an sein Sparbuch zu kommen. Seine Mutter bewahrte es auf, und immer wieder fragte sie: „Wozu brauchst du das Sparbuch? Wozu brauchst du das Sparbuch?" Er hat ihr ein paar Lügen aufgetischt und so das Buch bekommen.

Alexander berichtet von seinem Mißgeschick; daß er seinen Personalausweis nicht hat finden können. „Macht nichts", sagen die anderen, „wir gehen halt schwarz über die Grenze!"

Während sie im Zug sitzen, spielt sich in der Schule folgendes ab: Alexanders Vater ist natürlich erstaunt, seinen Sohn nicht unter der Schar seiner Schüler zu entdecken; in der ersten Stunde erteilt er ihnen Sportunterricht. „Wo ist denn mein Sohn?" fragt er. Doch schon betritt der Schulleiter die Turnhalle und bittet ihn zu sich ins Direktorzimmer. Dort folgt ein langes Aufklärungsgespräch. Währenddessen kommt auch die Mutter, die auf das Sparbuch aufgepaßt hat, zur Schule; sie spürt, daß irgendetwas nicht in Ordnung ist und möchte sich Klarheit verschaffen. Der Taxifahrer meldet sich ebenfalls und stattet Rapport ab. Nun ist sicher, daß die drei ausgerissen sind! Die Polizei wird eingeschaltet.

4

Der Zug kommt an. Ungehindert verlassen die drei den Bahnhof. Eine prima Stimmung herrscht. Die Stimmung steigt noch, als dem Jungen mit dem Sparbuch auf einer Bank problemlos der ganze Betrag ausgezahlt wird: 300 DM. Er läßt sich das Geld teilweise in französischer Währung geben, ganz schön weltmännisch damals, er ist erst sechzehn. „Freunde", sagt er, als sie weitergehen, „hier habe ich noch eine nette Überraschung!" Er zieht eine große Flasche Alkohol der Marke „Zinn" aus seiner Reisetasche. Den ersten Schluck will er selbst nehmen. Die Geldauszahlung hat ihn wohl doch einige Nerven gekostet. Vielleicht muß er auch an seine Mutter denken und an ihre fragenden Augen? Während sie so dahingehen, setzt er die Flasche schwungvoll an die Lippen, aber - flupps - da entgleitet sie seiner zitternden Hand, fällt auf den Bürgersteig und zerplatzt in tausend Stücke. Schäumend fließt das teure Nass über die Pflastersteine. Der Gefährte wird rot, schüttelt sich und dann beginnt er, aus vollem Hals zu lachen. Das ist überhaupt eine seiner Eigenarten: Zu lachen, wenn es nichts zu lachen gibt. Um die Scherben auf dem Bürgersteig kümmern sie sich nicht; da sie auf der Flucht sind, glauben sie, die Mühe, sie aufzulesen, ruhig anderen überlassen zu können.

Hinter der Stadt treffen sie einen Schäfer, der mit seiner Herde über die Wiesen zieht. Der Wanderschäfer gibt ihnen bereitwillig Auskunft, wie sie am schnellsten nach Frankreich kommen können: „Seht ihr den bewaldeten Berghang dort hinten?" fragt er. „Den müsst ihr hinaufsteigen und dann seid ihr schon bald in Frankreich." „Ein gescheiter Kerl", loben sie den Schäfer beim Weitergehen, „stellte keine dummen Fragen!"

Kein Mensch begegnet ihnen, als sie den mit Fichten bewachsenen Berg emporsteigen; nirgendwo entdecken sie ein Anzeichen, daß sie sich im Grenzgebiet zwischen Deutschland und Frankreich befinden. Dann stoßen sie auf ein französisch beschriftetes Straßenschild.

In ihrer Stadt hat die Polizei währenddessen die Fahndung begonnen. Am Bahnhof des Nachbarortes erfährt sie, daß die drei Ausreißer den Zug in die Stadt genommen haben. Die dortige Polizei wird benachrichtigt, doch es ist zu spät! Der Zug ist schon angekommen und sie haben den Bahnhof bereits verlassen. Es liegt auf der Hand, daß sie nach Frankreich ausgerissen sind. Möglicherweise hat man die Grenzer des offiziellen Übergangs alarmiert. Auch das ist vergebens, da sie wegen Alexanders fehlendem Personalausweis die Grenze schwarz passiert haben.

Die Nachricht von den drei Ausreißern verbreitet sich am Gymnasium und bald darauf im ganzen Städtchen wie ein Lauffeuer. Tags darauf wird ein erster Bericht sogar in der Zeitung erscheinen.

Am Abend schlagen sie nördlich von Nancy hundert Meter neber der Mosel ihr Zelt auf. Der Fluß hat Hochwasser, teilweise ist die angrenzende Wiese überschwemmt. Mit dem Kochtopf in seinen Händen geht Alexander bis dorthin, wo das Wasser auf der Wiese steht. Es ist mit einer leichten Eisschicht überzogen; die Temperatur liegt also unter 0 Grad. Er durchbricht die Eisschicht mit dem Topf, füllt ihn mit Wasser und trägt ihn ins Zelt zurück. Dort kochen sie heißen Tee. Der für den

Gaskocher verantwortliche Freund hat ein Fläschlein Rum dabei. Über die Hälfte davon gibt er in den Tee. Das heiße Getränk tut ihnen gut. Dann wickeln sie sich in ihre Decken - einen Schlafsack hat keiner von ihnen - und versuchen einzuschlummern. Die wärmende Mischung aus Tee und Rum erweist sich stärker als die Kälte. Sie schlafen alle recht gut.

5

Am nächsten Tag trampen sie über Dijon nach Chalon-sur-Saône. Fast die Hälfte des Weges nach Marseille haben sie schon zurückgelegt. Es ist Dienstag nachmittag und sie wollen noch weiter bis Lyon. Mit ausgestreckten Armen und erhobenen Daumen stehen sie an der Straße. Plötzlich hält ein Wagen direkt neben ihnen; darüber freuen sie sich jedoch nicht, ist es doch eine Polizeistreife. Zwei Beamte steigen aus; sie sagen nur ein Wort, nämlich: „Passeports! Ausweise!" Besonders für Alexander ist dieses Wort noch weniger ein Grund zur Freude: „Soll meine Reise etwa jetzt schon zu Ende sein?" denkt er. „Welch eine Schande! Noch keine zwei Tage bin ich unterwegs und schon hat mich die Polizei erwischt!"

Die beiden Gefährten überreichen ihre Personalausweise und die Polizisten studieren sie aufmerksam. Sie sind zufrieden und geben die Ausweise zurück. Alexander bückt sich und macht sich an seiner Reisetasche zu schaffen. Dabei sagt er zu den Beamten: „Mon passeport est dans ce sac! Mein Paß ist in dieser Tasche!" Die Beamten sind ungeduldig und wollen nicht warten, bis er die Tasche geöffnet und einen Ausweis herausgenommen hat, der überhaupt nicht vorhanden ist. Sie schauen in seine Augen; sie glauben ihm und geben mit der Hand ein Zeichen, daß er die Tasche nicht extra zu öffnen braucht. Dann steigen sie wieder in ihren Wagen und fahren weiter.

„Puh, das war knapp!" stöhnt Alexander und nach einer Weile des Nachdenkens sagt er zu seinen Freunden: „Obwohl es gerade mein

Glück war, daß wir zusammen trampen, halte ich es dennoch für besser, wenn wir uns trennen, solange wir per Anhalter fahren. Zu dritt fallen wir zu sehr auf und werden auch ungern mitgenommen." Die beiden Gefährten sind mit dem Vorschlag einverstanden. Sie trampen gemeinsam weiter, Alexander alleine. Der Sparbuchfreund gibt ihm noch zwanzig französische Franken - das sind damals ungefähr siebzehn Mark - das Zelt nehmen die beiden. Sie machen aus, sich am nächsten Morgen um neun Uhr an der Kathedrale Fourvières in Lyon zu treffen. Bis dorthin sind es noch etwa hundertfünfzig Kilometer.

Alexander ist am nächsten Tag - einem Mittwoch - pünktlich an der Kirche. Zehn Minuten später treffen auch die beiden anderen ein. Grosses Hallo! Gegen dreihundert Kilometer sind es noch bis Marseille. Als nächsten Treffpunkt machen sie den dortigen Hauptbahnhof aus. Sie wollen in den nächsten Tagen mittags um zwölf und abends um sechs Uhr dort am Hauptportal aufeinander warten. Einen bestimmten Tag können sie nicht festlegen, da es unsicher ist, wie lange sie für das Trampen nach Marseille brauchen würden.

6

Alexander steht am südlichen Stadtrand von Lyon und kommt den ganzen Mittwoch nicht weg. Nachmittags kehrt er in die Stadt zurück. Die Nacht verbringt er im Bahnhof. Frühmorgens geht er wieder hinaus, dieses Mal jedoch zu einer Stelle, die etwas weiter vom Stadtrand entfernt ist. Wieder steht er stundenlang da, ohne daß ihm jemand einen Lift gibt. Plötzlich hält auf der anderen Straßenseite ein Wagen. Ein Mann steigt aus und winkt. „Spinnt der?" denkt Alexander. "Er sieht doch, daß ich nach Süden will und nicht nach Lyon hinein." Dennoch läuft er zu dem Mann auf die andere Straßenseite. Er ist ein älterer Herr und er sagt, daß er am nächsten Morgen nach Valence fahren würde. Alexander könne bei ihm übernachten und dann am nächsten Tag mitfahren. Valence liegt etwa 100 km südlich von Lyon, allzuweit ist das nicht. Dennoch sagt er zu, da er keine Lust hat, wieder den ganzen Tag vergebens an der Straße zu stehen.

Während sie zur Stadt zurückfahren, stellt der ältere Herr Fragen: Aus welchem Land Alexander käme, wie alt er sei usw. Nach jeder Antwort meint er freudig: „O, très bien! Très Bien! Oh, sehr gut! Sehr gut!" Dabei löst der ältere Herr seine rechte Hand dezent vom Steuerrad und tätschelt Alexanders linkes Knie. Das Autoradio läuft. Manchmal läßt der ältere Herr die Hand etwas länger auf Alexanders Knie liegen. Plötzlich durchschaut Alexander den Ernst seiner Lage und denkt: „Die Polizei hat per Radio eine Suchmeldung nach uns drei deutschen Ausreißern durchgegeben. Der Mann hat diese Meldung gehört und - froh einen von ihnen erwischt zu haben - fährt er jetzt direkt zur Polizei und liefert mich bei ihr ab."

„Arrête! Anhalten!" ruft er in heiligem Zorn. Der ältere Herr bekommt einen riesigen Schrecken. Zitternd tritt er sofort auf die Bremse. Alexander ergreift seine Tasche, schaut den französischen Verräter grimmig an und steigt aus dem Wagen. Wütend knallt er die Tür zu. Wenig später fährt das Auto weiter. Sie haben gerade wieder die ersten Häuser des Stadtrandes erreicht. „Gewiß fährt dieser Schuft jetzt zur nächsten Gendarmeriestation und erstattet Meldung", denkt Alexander. „In fünf oder zehn Minuten wird die Polizei hier sein und mich festnehmen." Er muß sich unbedingt verstecken. Aber wo? Er rennt hundert Meter südwärts auf der Straße zurück. Etwa hundertfünfzig Meter rechts von der Chaussee befindet sich eine kleine Baum- und Strauchgruppe. Mit der Reisetasche in der Hand spurtet er über das Feld zu den Sträuchern und wirft sich flach auf die Erde. Von dort beobachtet er die Fahrbahn. Er fühlt sich so verfolgt, daß nach seinem Empfinden die Polizei von Lyon - ja, die Polizei von ganz Frankreich - nichts anderes zu tun hat, als drei deutsche Ausreißer zu jagen und darunter insbesondere ihn. Als wenig später zwei Polizisten auf schweren Motorrädern aus der Stadt gen Süden brausen, duckt sich der sowieso schon im Gras liegende Alexander nochmals, will schier im Mutterboden versinken und murmelt in das Gras: „Da sind sie schon und suchen mich!"

7

Es ist Donnerstag um die Mittagszeit; schon eineinhalb Tage befindet er sich in diesem verflixten Lyon und kommt nicht vom Fleck. Und jetzt ist alles noch schwieriger geworden. Da er die Polizei fürchtet, kann er nicht auf die Straße zurück, um per Autostop zu fahren. Doch wie soll er nach Marseille kommen? Es bleibt ihm zunächst nichts anderes übrig, als zu Fuß zu gehen. Jetzt beginnt ein Marsch, wie er ihn vorher und nachher nie wieder gemacht hat. Fünfzehn Stunden lang ist er ununterbrochen unterwegs. Parallel zur Straße, in einem Abstand von hundert bis zweihundert Metern zu ihr, läuft er über Wiesen, Felder, durch kleine Wälder. Manchmal muß er sich noch weiter von der Chaussee entfernen, um ein Gehöft zu umgehen. Erst als es dunkel wird, wagt er sich wieder auf die Fahrbahn. Dort würde er, auch wenn ihn kein Auto mitnimmt, schneller vorwärtskommen. Ihm ist jetzt alles gleichgültig. Er denkt: „Wenn ich keinen Lift bekomme, dann laufe ich halt zu Fuß bis nach Marseille."

Marseille! Marseille! Der Name dieser Stadt klingt wie Musik in seinen Ohren. Der Name, nichts als dieser Name allein, dieser sicherlich von Millionen von Menschen im Getriebe ihres Alltags vollkommen selbstverständlich benutzte Städtenamen stellt ihm ein Ziel vor Augen. Und er treibt ihn an, dieses Ziel unter allen Umständen zu erreichen.

Irgendwann gerät er auf die Autobahn. Stundenlang wandert er eilig auf dem Seitenstreifen dahin. Hunderte, ja tausende von Autos rauschen an ihm vorüber, ohne daß eines von ihnen anhält. Aber das erwartet er auch gar nicht: Wer ist schon so verrückt und hält bei Nacht auf der Autobahn, um einen Fußgänger mitzunehmen, der im Gehen nicht mal Arm und Daumen rausstreckt?

Je später es wird, desto mehr läßt der Verkehr nach. Gegen drei Uhr nachts sieht er, daß einige Kilometer vor ihm die Autobahn an einer Stelle hell erleuchtet ist. Über beiden Spuren strahlt ein halbkreisförmiger Lichterbogen. „Was ist denn da los?" Er nähert sich und kann dann das Leuchtschriftwort: „PEAGE!" lesen. Jetzt geht ihm ein Licht auf. In Frankreich besteht für die Autobahnen Gebührenpflicht und das ist eine Station, an welcher die Autos halten müssen, um an kleinen Kassenhäuschen den Betrag zu entrichten. Dort kann er natürlich nicht einfach durchspazieren. Das Wandern auf der Autobahn ist überall verboten, und gewiß gibt es dort Polizei, der er direkt in die Arme laufen würde. Er muß die Straße verlassen, einen großen Bogen um die Gebührenstation schlagen.

Schätzungsweise siebzig bis achtzig Kilometer hat er zu Fuß zurückgelegt. Durch das Abschwenken von der Autoroute kommt er aus seinem Gehrhythmus und spürt plötzlich eine große Müdigkeit. In der Nähe befindet sich eine kleine Ortschaft, ein Dorf. In der Hoffnung, ein geschütztes Plätzchen zu finden, wo er sich niederlegen kann, begibt er sich dorthin. Seine Erwartung wird nicht enttäuscht, denn er stößt auf eine Kapelle, eine Art Grotte, in welcher drei, vier Bänke zum Knien und Sitzen aufgestellt sind. Vorne ragt hinter aufgesteckten Kerzen eine Marienstatue empor. „Ach ja", denkt er, „eine Marienkapelle, wahrscheinlich von der Madonna von Lourdes! Da fahren doch noch heute alte Frauen hin, um geheilt zu werden." Mitleidig lächelt er: „Nun ja, wenn sie Freude daran haben, dann sollen sie es eben tun."

Dennoch ist er froh, dieses geschützte Plätzchen gefunden zu haben. Zufrieden legt er sich auf den Boden der Kapelle und wickelt sich in seine beiden Decken. Er schläft schnell ein und träumt, daß er wandert und wandert und wandert. Plötzlich wird er wach. Er steht mitten in dem Dorf. Er schüttelt sich und reibt sich die Augen, um sicher zu sein, daß er nicht träumt. Aber er ist tatsächlich wach und steht mitten in der Ortschaft. Ganz offensichtlich ist er im Schlaf gewandelt. Das war ihm noch nie passiert! Wie war das möglich?

Da die Decken zu dünn waren, um wirklichen Kälteschutz zu bieten, ließ die Kälte ein längeres Liegen und Schlafen auf dem Boden wohl nicht zu; er jedoch war zu müde, um wach zu werden. So stand er denn im Schlaf auf, verließ schlafend die Kapelle und lief schlafend im Dorf herum. Ohne Zweifel hat er sich dies alles nicht eingebildet, denn auf der Suche nach der Grotte muß er eine Zeitlang im Dorf herumgehen.

Schließlich findet er sie wieder. Die Decken liegen auf dem Boden, daneben steht seine Tasche. Und die Madonna mit den gefalteten Händen schaut auf alles herab. Sie scheint zu lächeln und ihm sagen zu wollen: „Nein mein alter Freund, du bist im Schlaf gewandelt, du hast keineswegs nur geträumt!"

Alexander fühlt sich dennoch erfrischt, durchquert das still daliegende Dorf und kehrt im großen Bogen etwa einen Kilometer hinter der Gebührenstation auf die Autobahn zurück. Es ist ungefähr fünf Uhr morgens. Abgesehen von einigen Lastkraftwagen herrscht kaum Verkehr. Hört er hin und wieder von hinten ein Auto heranrauschen, streckt er, ohne sich umzuschauen oder im Gehen innezuhalten, seine linke Hand aus. Wirkliche Hoffnung, einen Lift zu bekommen, hat er jedoch nicht. Aber plötzlich bremst ein Auto und hält tatsächlich an.

Es ist ein Ehepaar auf dem Weg nach Orange. Von dort sind es nur noch knapp hundertfünfzig Kilometer bis Marseille. Auf dem Rücksitz im Wagen schläft Alexander schnell wieder ein. Manchmal erwacht er; wenn die nette Frau auf dem Beifahrersitz dies bemerkt, dreht sie sich um, lächelt ihm zu und sagt: „Le petit est très fatigué! Der Kleine ist sehr müde!"

8

Gegen Mittag kommt er schließlich in Marseille an. Inzwischen ist Freitag. Was für eine Stadt! Welch ein Verkehr, welch ein Lärm, welch ein Trubel! Die verschiedenartigsten Menschen kann er sehen: Clochards mit langen Bärten und Weinflaschen in den Händen; Nordafrikaner, besonders aus Algerien, die gleich in der Nähe des Bahnhofs ein eigenes Stadtviertel bewohnen; Seeleute aus aller Herren Länder.

Es ist gerade die rechte Zeit zum Treff mit den beiden Ausreißer-Kameraden. Wie ist es ihnen wohl ergangen? Würde er sie überhaupt antreffen? Spannungsgeladen geht er zum Hauptbahnhof. Aber niemand von ihnen ist da. Er wartet eine Zeitlang am Hauptportal. Umsonst. „Nun ja, macht nichts", sagt er sich, „Gewiß werden sie heute abend kommen!"

Nun will er sich die Stadt ansehen. Es ist ihm jedoch lästig, die Tasche mit sich herumzuschleppen. Den Franken für das Schließfach möchte er sich sparen. Da kommt ihm ein guter Gedanke. Er stellt die Tasche in der Bahnhofshalle an eine Stelle, wo sehr viele Menschen sitzen und auf ihre Züge warten. Hier wird sie gewiß niemand wegnehmen! Dann schlendert er in der Stadt umher, besonders am „Vieux Port", am alten Hafen, und in der berühmten Prachtstraße von Marseille, in der Avenue de La Canebière. Nach zwei, drei Stunden kehrt er zum Bahnhof zurück, um nach seiner Tasche zu sehen. Sie steht tatsächlich noch an ihrem Platz. Klappt ja wunderbar! Er läßt sie gleich dort und macht sich zu einem zweiten Gang in die Stadt auf.

Aus einer Kneipe dringt ohrenbetäubender Lärm. Gerade will er an ihr vorbeigehen, als sich die Tür öffnet und ein großer, blonder, braungebrannter Mann von etwa fünfzig Jahren heraustorkelt. Er sieht Alexander, schaut ihn eine Weile an und ruft ihm zu: „I am a finish sailor, give me a Franc! Ich bin ein finnischer Seeman, gib mir einen Franken!" Alexander entgegnet: „I only have two Francs, but I need them to buy some milk! Ich habe nur zwei Franken, aber ich brauche sie, um mir etwas Milch zu kaufen!" Der Finne weitet seine Augen und guckt ihn verwundert an. Er schüttelt sich und ruft: „Milk? Milch?" Dann gluckst und prustet er los, schließlich lacht er aus vollem Hals und seine Schlagadern treten vor und spannen sich: „Ha, ha, ha!" Ganz offensichtlich ist es in dieser Seemannskneipe nicht Brauch, Milch zu trinken, denkt Alexander und lächelt nachsichtig.

Wieder kehrt er zum Bahnhof zurück, um rechtzeitig am verabredeten Treffpunkt zu sein. Es ist noch etwas Zeit bis 18.00 Uhr und er geht in die Halle hinein, um seine Tasche zu holen. Nun zeigt es sich, daß sein guter Gedanke doch nicht so gut war. Die Tasche ist verschwunden! Auch die Freunde kommen nicht. Über eine Stunde wartet er am Hauptportal auf sie. Vergebens!

Und so steht er mit seinen knappen siebzehn Lebensjahren tausend Kilometer von der Heimat entfernt in der Millionenstadt Marseille: Ohne

Geld, ohne Ausweis, ohne Tasche, ohne Decken, ohne die Freunde, ohne Erfahrung, wie er sich in einer solchen Situation durchschlagen könnte. Nicht zum ersten Mal in seinem Leben fühlt sich Alexander Heller hilflos, doch zum ersten Mal in seinem Leben fühlt er sich obendrein allein.

9

Die Nacht verbringt er logischerweise im Bahnhof. Dort hat man am ehesten das Gefühl, in der Nähe eines Ausweges zu sein. Am nächsten Morgen befindet er sich auf dem Vorplatz, um etwas frische Luft zu schnuppern, als ganz in seiner Nähe ein etwa zwanzigjähriger - mit schwerem Rucksack beladener - junger Mann vorüberzieht.

„Er könnte ein Deutscher sein", denkt Alexander, „ich will ihn ansprechen." Und schon ruft er ihm zu: „Hallo!"

Der Wandervogel bleibt stehen und schaut ihn an. „Bist du ein Deutscher?" fragt er ihn.

„Ja", ist die Antwort, „woher weißt du das?"

„Hatte ich im Gefühl."

Sie kommen ins Gespräch. Der junge Mann mit dem schweren Rucksack ist ein Schuhmachergeselle, der einige Monate im Jahr arbeitet und die restliche Zeit mit Reisen verbringt. Das scheint auch für Alexander eine sehr interessante Art und Weise zu sein, sein Leben in der Zukunft zu gestalten. Der Schuhmacher kommt gerade von einem Schiff, er war in Marokko und will jetzt die französische Riviera entlang nach Italien trampen. Alexander faßt Vertrauen zu ihm und schildert ihm seine Situation. Dann fragt er: „Kann ich mit dir kommen, wenn meine Freunde sich auch heute um 12.00 Uhr nicht blicken lassen?"

Der Zugvogel überlegt eine Weile und sagt dann: „Einverstanden! Bevor wir jedoch weitertrampen, gehen wir zum Hafen und essen dort gut warm auf einem Schiff!"

„Aber ich habe kein Geld!"

„Du brauchst keins! Warte nur ab, du wirst es schon sehen."

„Noch eine Frage: Du weißt, daß ich keinen Paß habe, wie komme ich ohne Ausweis über die Grenze nach Italien? Gehen wir schwarz hinüber?"

„Nein, wir nehmen den Zug von Menton nach San Remo in Italien. Das ist nicht weit. Ich habe einen Reisepaß und einen Personalausweis. Du bekommst den letzteren. Wir fahren jedoch nicht gleichzeitig, sondern nacheinander in einem zeitlichen Abstand. In San Remo treffen wir uns dann wieder."

Wieder sind die beiden Ausreißergefährten um 12.00 Uhr nicht am Hauptportal des Bahnhofs. Sie haben nun keine Zeit mehr zu verlieren und warten nur fünf Minuten auf sie. Dann machen sie sich zum Hafen auf, nicht zum „Vieux Port", der eher für kleinere Boote dient, sondern zum viel größeren „Port Neuf", zum „Neuen Hafen", auch „La Joliette", genannt, „die Fröhliche", wo die Handels- und Überseeschiffe anlegen.

„Gib acht, ob du einen Skandinavier entdeckst", sagt sein neuer Gefährte, der mit Vornamen Gerhard heißt. „Nach meiner Erfahrung haben besonders Schiffe aus Europas Norden für hungrige Mägen ein Herz." Alexander muß an den betrunkenen finnischen Seemann vom Vortag denken und schmunzelt: „Wenn das Herz nicht in Alkohol schwimmt!"

Sie kommen an einem über zwei Meter hohen Berg Erdnusskerne vorbei, einige Handvoll davon steckt Alexander sich in seine Hosentaschen. Der Schustergeselle lacht: „Ungeröstet und ungesalzen schmecken die recht fade!" Schon bald darauf stoßen sie auf ein norwegisches Schiff. In großen Lettern steht der Name an der Bordwand: „SKRIM". „Diese SKRIM scheint genau das richtige Schiff für uns zu sein", sagt Alexanders neuer Gefährte, „auf, steigen wir die Gangway hinauf!" Als sie an Deck sind, steuert er direkt auf die Kombüse zu. Lautes Geschrei und Geschimpfe dringt von dort an ihre Ohren. Der Smutje und der Schiffsjunge liegen sich in den Haaren. Gerade versetzt der Schiffskoch dem Jungen eine Ohrfeige. Sind sie hier wirklich am rechten Ort, um gratis „gut warm" zu essen? Zweifelnd sieht Alexander zu Gerhard. Dieser läßt sich jedoch nicht aus der Ruhe bringen. Ruhig und bescheiden trägt er in englischer Sprache dem Koch, der inzwischen auf sie aufmerksam geworden ist, ihre Bitte um ein warmes Mittagessen vor. Der Smutje bedeutet den beiden in die Kombüse einzutreten und führt sie von dort in einen kleinen Nebenraum. Hier läßt er sie an einem Tisch Platz nehmen, setzt jedem ein Glas und zwei Teller vor - einen davon für die Suppe - und legt Besteck daneben. Dann verläßt er den Raum, um aus der Küche Speisen und Getränke zu holen. „Habe ich dir nicht gesagt, daß es klappt, habe ich es dir nicht gesagt?!" raunt Gerhard und freut sich. Alexander läuft das Wasser im Mund zusammen, wann hat er zuletzt „gut warm" gegessen?

10

Satt und zufrieden verlassen sie eine knappe Stunde später die SKRIM und machen sich auf den Weg nach Italien.

Gut zweihundert Kilometer haben sie bis dahin entlang der französischen Riviera zurückzulegen. Herrlich strahlt die Sonne. Obwohl es Ende Januar ist, wärmt sie wie zu Hause im Frühling. Schon im hundertfünfzig Kilometer nördlich von Marseille gelegenen Orange hat Alexander einen deutlichen Temperaturunterschied zum kälteren Norden festgestellt. Und hier herrscht ein noch milderes Klima.

Am gleichen Tag trampen sie über Toulon, Hyères, Fréjus bis kurz vor Cannes. Bis Italien sind es jetzt nur noch sechzig Kilometer. In einem leerstehenden Neubau übernachten sie.

Als sie am nächsten Morgen, einem Sonntag, ins Freie treten, liebkosen sie wieder wärmende Sonnenstrahlen. Ein wahres Glücksgefühl durchrieselt den Ausreißer: „Wie schön ist es doch hier! Die Côte d'Azur, die Sonne, das Meer! Heute wollen wir uns noch Cannes, Nizza und Monaco anschauen und morgen werden wir im herrlichen Italien sein!" Er denkt an seine Mitschüler im heimatlichen Gymnasium. Ein wenig tun sie ihm leid: „Die Armen! Während ich die große Freiheit und wunderbare Landschaften genieße, müssen sie über langweiligen Büchern hocken!"

Kilometerweit marschieren sie auf den Strandpromenaden von Cannes und Nizza, rechts das blaue Meer, linker Hand prächtige Luxushotels, weiße Villen und schicke Läden. Abends kommen sie im Fürstentum Monaco an. Hier wollen sie übernachten. Am nächsten Tag soll es dann weitergehen in die benachbarte französische Stadt Menton und von dort über die Grenze nach Italien.

Sie stehen auf dem Boulevard Albert am Jachthafen. „In Monaco befindet sich doch das weltberühmte Spielkasino", sagt Alexander zu seinem neuen Freund, „da wir schon hier sind, möchte ich es gerne einmal sehen."

„Gut, gehen wir hinauf, es liegt im Stadtteil Monte Carlo!"

Bald stehen sie vor dem Kasino. Scheinwerfer strahlen den weißen Prachtbau mit seinen goldenen Drapierungen und der grünen Kuppel an. Es ist Sonntag abend. Glitzernde Limousinen fahren vor, Türen werden aufgerissen und elegante Damen kommen zum Vorschein, oft in schillerndem Schmuck. In ihrer Begleitung befinden sich zumeist Herren in dunklen oder weißen Smokings, manche sogar im Cut.

„Je älter die Gurgel, desto glänzender der Schmuck", murmelt Alexander und der Schuhmacher lacht. „Das sind alles Vertreter der großen Welt, in welche wir beiden Tramper wohl nicht recht hineinpassen; trotzdem möchte ich nicht tauschen, diese Welt gefällt mir nicht!", sagt er und der Schuhmacher erwidert: „Ich bleib auch lieber bei meinem Leisten, aber einmal dort spielen, das möchte ich schon!"

Wenn sie jedoch annehmen, daß sich in der großen Welt niemand um sie kümmert, so täuschen sie sich. Plötzlich stehen zwei Herren neben ihnen. Sie äußern ein für Alexander sehr unangenehmes Wort, das er auf dieser Tramptour nicht zum ersten Mal hört: „Passeports! Ausweise!" Es sind zwei Polizisten in Zivil, welche die beiden Tramper schon längere Zeit beobachtet haben. Auf die Reisetasche, die in Chalon-sur-Saône in der gleichen Situation seine Rettung war, kann Alexander dieses Mal nicht verweisen. Irgendein Spitzbube in Marseille vergnügt sich mit ihr. „Was soll ich nur antworten?" denkt er, während die beiden Männer Gerhards Reisepaß studieren. Dann wollen sie Alexanders Ausweis sehen. Alexander ist verlegen, aber er wird nicht rot und fängt auch nicht an zu stottern. Er hat eine kleine Geschichte für die Polizisten. Er behauptet, daß sein Ausweis sich bei seinen Eltern in Marseille befände, die dort Urlaub machten. Um Monaco kennenzulernen, hätte er sich für einige Tage von den Eltern getrennt, aber dummerweise vergessen, den Ausweis mitzunehmen.

Die Geschichte ist den Beamten in Zivil wohl zu glatt. Sie glauben kein Wort davon, sie werden barsch, sie heißen beide Tramper mitkommen. Das einzige, was Alexander jetzt noch retten könnte: Einfach davonrennen, in eine dunkle Seitengasse einbiegen, sich verstecken! Unbeschwert von Gepäck oder Leibesfülle hätte er bestimmt eine Chance gehabt. Aber dieser Gedanke kommt ihm überhaupt nicht. Folgsam trottet er mit seinem Gefährten zwischen den beiden Männern, bis sie eine nahe Polizeistation erreichen. Dort wechseln die Zivilen einige Sätze mit den Uniformierten und dann werfen sie sich in die eigene Brust und schreiten zu neuem Fang in die Dunkelheit hinaus.

Wiederum wird Gerhards Ausweis eingehend studiert. Die Beamten haben bei ihm nichts zu beanstanden und dies umso weniger, als er noch einige hundert Mark vorzeigen und damit beweisen kann, daß er kein mitteloser Landstreicher ist. Schon nach gut fünf Minuten darf er die Wache verlassen und gehen, wohin er will. Er ist offensichtlich sehr erleichtert. Nur schade, daß er für den Gefährten zum Abschied kein „Adieu!" hat oder in etwa nur gesagt hätte: „Es tut mir leid, daß alles so kam!". Er will einfach fort und denkt wohl, daß er wegen Alexander genug Scherereien gehabt hat. Alexander sollte Gerhard, den Schustergesellen, nie wieder sehen.

Nun wenden die Beamten ihre ganze Aufmerksamkeit ihm zu. Das einzige, was er vorweisen kann, sind ein paar Erdnusskerne und ein Fünf-Franc-Schein, den ihm sein entschwundener Gefährte einige Stunden vorher als eine Art Taschengeld zugesteckt hat. Auf die Frage, wo sein Ausweis sei, bringt er wieder die Geschichte mit den Eltern in Marseille.

Besonders ein Polizist wird wütend. Er will die Sache schnell hinter sich bringen und hat keine Lust, lange Befragungen vorzunehmen und dann Lügengeschichten zu hören. Er ist klein, hat eine Haut wie ge-

gerbtes Leder und scheint ein lustiger Zeitgenosse zu sein. Er sieht fast so aus wie Louis de Funes, der Komiker, aber seine dunklen Augen sind sehr traurig. Er muß ein unvorstellbares Leid tragen, das aber für andere unsichtbar ist. Er hat eine besondere Methode entwickelt, mit Burschen wie Alexander fertigzuwerden, die zwar nicht einwandfrei, aber sehr wirksam ist. Er tritt auf ihn zu und schlägt ihm von unten voll ins Gesicht. Jetzt wird dem jungen Boche klar, daß das Wort des Croupiers am Roulettetisch im naheliegenden Spielkasino: „Rien ne va plus! Nichts geht mehr!" auch für ihn auf dieser Polizeistation Geltung hat. Er sitzt in der Falle und auf keinen Fall wird man ihn wieder laufen lassen. Deswegen erzählt er den Polizisten, was sie wissen wollen; vor allem gibt er ihnen seinen Namen und seine Adresse in Deutschland an.

Nun sind sie zufrieden und reißen schon wieder Witze. Sogar der kleine Schläger lacht. Sie sperren ihn in eine Zelle. Eine Pritsche mit Wolldecken befindet sich hier, sonst nichts. „Nun ja", denkt Alexander, „zumindest schlafe ich diese Nacht recht komfortabel, ich habe schon schlechtere Betten gehabt!" Am nächsten Morgen öffnet ein Polizist die Zellentür und führt ihn vor die Gendarmeriestation. Dort steht ein Kombiwagen, in den er einsteigen muß. Zwei Polizisten sitzen bereits drin. Die Fahrt geht zurück Richtung Westen. „Die bringen mich wieder nach Marseille!" mutmaßt Alexander. Dann hängt er seinen Gedanken nach.

Es ist Montag morgen, etwas nach 8.00 Uhr. Vor einer Woche hatte ihre Flucht begonnen. Genau um diese Zeit saß er mit seinen beiden Kameraden vergnügt im Zug. Und jetzt sitzt er allein und weniger vergnügt in einem Polizeiauto. Wer hätte das vor acht Tagen gedacht?

11

Zweihundert Kilometer bis nach Marseille fahren sie dann allerdings doch nicht; schon im fünfzehn Kilometer von Monaco entfernten Nizza ist die Tour zu Ende. Alexander wird zu einem großen Gebäude gebracht. Es ist eine Erziehungsanstalt oder eine Jugendstrafanstalt - beides läuft wohl auf's gleiche hinaus - die am Stadtrand von Nizza liegt. Die dort befindlichen Jugendlichen - abgesehen von einem farbigen Jungen aus Algerien wohl alles Franzosen - tragen als Einheitskleidung einen blauen Arbeitsanzug.

Mit den anderen Jugendlichen hat Alexander wenig Kontakt, da ihm eine Einzelzelle zugewiesen wird. Jetzt hat er Zeit und Gelegenheit nachzudenken. Denn zu Arbeiten oder anderen gemeinsamen Unternehmungen mit den französischen Jugendlichen zieht man den Boche nicht heran. Wie so oft macht er sich Gedanken über seine Zukunft. Wie würde es weitergehen? Mit dem Besuch des Gymnasiums ist es sicher aus. Er rechnet damit, daß sein Vater es nun für angebracht halten wird, daß er einen handwerklichen Beruf ergreift. Sollte ihm recht sein! Irgendetwas muß er ja schließlich tun. Ganz konkret denkt er an eine Schlosserlehre in einem Betrieb seiner Heimatstadt. In einem bestimmten Betrieb, in welchem seine zwei Freunde Edgar und Franz bereits arbeiten.

Nach drei Tagen werden ihm eines Morgens seine Kleidungsstücke zum Wechseln zurückgebracht. Dann teilt man ihm mit, daß Besuch für ihn da sei und daß er unverzüglich das Haus verlassen soll. Er tritt aus der Pforte und steht direkt vor seinem Vater.

„Da bist du ja, alter Freund!" sagt sein Vater und umarmt und küßt seinen Sohn. Es kommt kein Vorwurf, keine Schimpfkanonade.

„So glimpflich wäre ich ohne Flucht nicht davongekommen", denkt Alexander. „Sie hat sich also gelohnt!"

Sie steigen die große Treppe hinab, die von der Pforte zur Straße führt. Am Fuß der Treppe erwartet sie ein Mann, den sein Vater als Monsieur Bovari vorstellt. Er ist der Vater von Céline, der Austauschschülerin, deren Adresse er so gerne vor seiner Flucht erfahren hätte. Jetzt erfährt er, daß Monsieur Bovari höherer Polizeibeamter in Marseille ist und sich sofort an der Fahndung nach ihnen beteiligt hatte, sobald ihr Fluchtziel bekannt geworden war. Alexander erfährt ebenso, daß einer der beiden Freunde nichts Eiligeres zu tun hatte, kaum daß sie Marseille erreichten, als einer Freundin eine Ansichtskarte zu schreiben. Die Großmutter, bei welcher das Mädchen wohnt, bekam die Karte zu Gesicht und leitete sie sofort an die Polizei weiter. Schon zwei Tage später erschien auf der Seite der Tageszeitung, auf der gewöhnlich von Banküberfällen, Mord und Totschlag die Rede ist, ein Artikel unter der Schlagzeile:

„VERMISSTE MELDEN SICH AUS MARSEILLE!"

Alexanders Eltern informierten, als die Spur nach Marseille wies, sofort Herrn Bovari und seine Familie. Wenn er dort aufgetaucht wäre, hätten sich - um es etwas zugespitzt auszudrücken - gleich nach der Öffnung der Wohnungstür Handschellen um seine Handgelenke geschlossen und die schöne Rivierareise hätte es nicht gegeben.

Da Vater und Sohn gewiß manches unter vier Augen zu besprechen haben, läßt Monsieur Bovari sie allein und fährt nach Marseille zurück. Für den Abend und zum Übernachten sind sie bei ihm eingeladen. Sein Vater nutzt die Gunst der Stunde und bringt den Sprößling zunächst einmal zum Friseur. Für gewöhnlich ist das damals nicht ganz leicht wegen Alexanders Zuneigung zu den vier „Pilzköpfen" aus Liverpool, deren Musik er liebt - wie Millionen andere Jugendliche auch. Man schreibt das Jahr 1965 und der kometenhafte Aufstieg der Beatles dauert unaufhaltsam an. Im Jahr 1963 erreichten alle ihre Platten rasend schnell die Spitzenpositionen der englischen Hitparaden. Als der erste, mit der neuesten Beatlessingle „I want to hold your hand" vollgepackte Lastzug die Plattenfabrik verließ, wurde er von den Beatlesfans gestoppt und ausgeplündert. Mit diesem Lied gelang der Durchbruch in den USA und in der übrigen westlichen Welt. In Deutschland kam der Song auch in einer von den Beatles gesungenen deutschen Version auf den Markt. Alexander fand es nett, die „Fab Four" (Fabelhaften Vier) mit ihrem englischen Akzent singen zu hören: „Komm gib mir deine Hand!"

Nach der „Schur" schlendern sie die Strandpromenade von Nizza, die „Promenade des Anglais", entlang. Dann nehmen sie einen Bus nach Monaco, weil Alexander seinem Vater die genaue Stelle zeigen möchte, wo die Polizei ihn festnahm. Währenddessen erfährt er wichtige Neuigkeiten. Nachdem er mit den beiden Freunden ausgerissen war, wurde sehr schnell von der Schulleitung klargestellt, daß eine Rückkehr an das dortige Gymnasium für sie nicht mehr in Frage kam. Daraufhin nahm Alexanders Vater Kontakt mit der Direktorin des Neusprachlichen Gymnasiums einer kleinen Nachbarstadt auf, die etwa fünfundzwanzig Kilometer westlich von seiner Heimatstadt liegt. Vater Heller bat die Direktorin um Alexanders Aufnahme in die dortige Lehranstalt. Sie gab tatsächlich ihre Zustimmung, eine Entscheidung, die nicht selbstverständlich war. So sollte er also in Zukunft das dortige Gymnasium besuchen.

12

Von Monaco aus nehmen Vater und Sohn den Zug nach Marseille, wo sie von der Familie des Polizeioberen gastfreundlich aufgenommen werden. Am nächsten Tag treten die beiden, ebenfalls per Eisenbahn, die Heimreise an. Im „verflixten" Lyon haben sie einige Stunden Aufenthalt. Sie nutzen die Zeit, um ins Kino zu gehen und sich einen Film mit Jean-Paul Belmondo in der Hauptrolle anzuschauen. Es ist das einzige Mal, daß Alexander mit seinem Vater ein Kino besucht. Als sie nebeneinandersitzen und die Lichtstreifen über das Gesicht des Vaters flimmern, bewundert ihn Alexander für seine Gelassenheit. Es scheint, als habe er seinen kurzen Ausflug in den Süden sogar genossen, obwohl der Sohn ihm so große Sorgen macht.

Alexanders Französischkenntnisse reichen nicht aus, um die Handlung und besonders die langen Dialoge des Films wirklich zu verstehen. Aber er versteht, daß sein Vater seine Probleme nicht lösen kann. Das kann er nur selbst, und obwohl sein Vater direkt neben ihm sitzt, fühlt er sich verdammt allein. So ist er recht froh, als der Film endlich zu Ende ist. Als das Wort „FIN -ENDE" auf der Leinwand auftaucht, springt er auf seine Füße und eilt nach draußen.

„Ich dachte schon, du würdest wieder das Weite suchen, alter Freund!" sagt sein Vater. Er keucht ein wenig. Er hat sich beeilt, das

Kino zu verlassen. Alexander lacht und sein Vater stimmt in das Lachen ein.

Zwei, drei Tage nach seiner Rückkehr trifft Alexander in seiner Heimatstadt den Sparbuchfreund. Als der ihn sieht und ihm dann gegenübersteht, fängt er an zu lachen. Er lacht fünf Minuten lang, und schließlich lacht Alexander mit. Als sie sich bald darauf trennen, haben sie keine zehn vernünftigen Worte gewechselt. Auch den anderen Ausreißerfreund trifft er. Von ihm kann Alexander etwas mehr erfahren. Von Lyon aus waren die beiden sehr schnell nach Marseille gelangt. Dort machten sie sich mit den 300 DM ein, zwei sehr schöne Tage. Nachdem sie das Geld durchgebracht hatten, trampten sie sofort nach Deutschland zurück. Als Alexander am Freitag mittag in Marseille ankam, befanden sie sich schon auf dem Heimweg, so daß er vergeblich auf sie wartete. Am Samstag mittag, als er noch am Hauptbahnhof von Marseille auf sie wartete, waren sie schon wieder in Deutschland. Die beiden fanden ebenfalls Aufnahme an einem anderen Gymnasium.

Wegen der Delikte, deren sie sich schuldig gemacht hatten, werden sie auch gerichtlich belangt. Einer seiner Gefährten und Alexander werden mit Arrest bestraft. Drei Wochenenden müssen sie in einer Jugendarrestanstalt verbringen. Die Anstalt, in welcher sie ihre Strafe abzusitzen haben, befindet sich ausgerechnet in der Hauptstraße der Kleinstadt, in welcher Alexander neuerdings das Gymnasium besucht. Drei Samstage hintereinander muß er dort nach Schulschluß erscheinen und wird in eine spartanisch eingerichtete Einzelzelle gesperrt. Montagmorgens, eine halbe Stunde vor Schulbeginn, entläßt man ihn wieder. Vor dem Betreten der Anstalt am Samstag und beim Verlassen am Montag, späht er zunächst nach allen Seiten, um sicher zu sein, daß gerade kein Schüler des Gymnasiums in der Nähe ist, der ihn sehen könnte. Insbesondere wäre ihm peinlich, wenn Isabelle ihn entdeckte, kehrt sie doch jeden Tag nach der Schule bei ihrer Schwester ein, die nur hundert Meter von der Strafanstalt entfernt wohnt!

13

Als Alexander ihm schrieb, rund tausend Pinien seien im Sturm umgeknickt, und daß sie gerade einen Brudermönch beerdigt hatten, der mit Zwanzig eingetreten sei und nun, mit sechsundachtzig Jahren gestorben - namenlos gelebt und nun unter umgeknickten Bäumen namenlos beigesetzt - da zitterte Tobias vor Verlegenheit. Schließlich war er mit Alexander befreundet. Nicht lange, gemessen an ihrem Lebensalter, doch lange genug, gemessen an der Intensität mancher Lebensphasen. Ihr Leben hatte sich in entscheidenden Momenten verflochten. Es gab zuweilen den Glauben an eine gemeinsame Zukunft. Solche Glaubensgefühle treten im Laufe eines Lebens von Zeit zu Zeit auf; sie beziehen durchaus fremde Menschen auf die eigene Existenz und gaukeln Dauer und Ewigkeit vor, wo der Abgrund des Abschieds bereits gegraben ist.

Alexander war vollständig klar, daß sein Freund in seiner Einsiedlerzelle bleiben würde; allein mit seinem Gärtchen; allein auf dem kargen Boden seines persönlichen Meditationsganges oder vor seinem Marienbild kniend; hungrig hinter seiner Durchreiche auf das Essen wartend; allein mit seiner Werkbank, allein mit seiner Dusche mit nur kaltem Wasser; auch des Nachts allein auf seinem Strohsack: Für den Rest seines Lebens ALLEIN - die allermeiste Zeit unter striktem Schweigegebot!

Nur manchmal versüßt ein viertel Liter Messwein die strenge Güte Gottes in der assyrischen Gefangenschaft.

Tobias verstand seinen Freund nicht, aber er hatte bereits genügend Erfahrungen gesammelt, um selbst diesen Weg zu akzeptieren. Selbst dieser Weg führte nicht zu Ausbrüchen von heiterem Spott oder bissiger Mißachtung. Denn er konnte das Ziel dieses Weges durchaus nachvollziehen, fast sogar begreifen. Nach vielen Umwegen hatte Alexander Heller offensichtlich irgendwann ein tiefes Gefühl des Glücks gefunden. Es mußte mit der Wiederbelebung von alten, metaphysischen Sauriern aus seiner Kindheit zu tun haben; einer Art persönlichem und psychologischem Jurassic Park. Mit der Entdeckung eines

Schamgefühls und eines demütigen Stolzes, der lange genug vergraben war.

Um diesen spröden Moment des Glücks gegen die Sogkraft des alltäglichen Vergessens zu bewahren, mußte man ein möglichst verinnerlichtes Leben wählen. Um sich im Wirbel der Änderungen und Brüche, im schwarzen Loch der Zeit und angesichts der allgemeinen Lage der Dinge nicht selbst zu verlieren, mußte man sich unbedingt eine persönliche Zukunft suchen, und eine passende Umgebung dazu; fremde Leute, die über den Abgrund des Abschieds bereits hinaus waren; Brüder und Schwestern, für die von Flensburg bis zum Bodensee, von Kaschmir bis Mexiko, die ewige Zukunft leuchtend aus den flüchtigen Debakeln der Realität aufgestiegen war. Nicht Alexanders Weg, der von vielen ausprobiert wird, sondern sein Ziel, das Camaldulenserkloster, war außerordentlich. Und wo ein Ziel aus der Ebene des Üblichen hoch hinausragt, da wird der Weg dorthin besonders interessant.

Tobias beschloß, seinem Freund ein besonderes Geschenk zu machen, zu dessen mystischer, großer Hingabefeier im Sommer des Jahres. Lange Zeit wußte er aber noch nicht, was er ihm schenken sollte. Dann entschloß er sich, seinem Freund seine Stimme und damit diese Geschichte zu schenken.

„Ein wahres Geschenk!" dachte er, „denn ich habe Besseres zu tun, als eine Mönchsgeschichte aufzuschreiben! Ich bin weiter denn je davon entfernt, ein Mönch sein zu wollen. Alexanders Geschichte handelt zwar von vielen Gemeinsamkeiten, im Wesentlichen ist sie jedoch die Geschichte einer Trennung. Einer Trennung, die bereits vor fünfunddreißig Jahren begann, in genau dem Augenblick, als wir uns kennenlernten, und die bis heute andauert. Insofern ist sie auch ein gutes Abschiedsgeschenk!"

14

Im Oktober 1966 macht er das Abitur. Bei der Entlassungsfeier der Abiturienten überreicht ihm die Direktorin der Schule in Gegenwart aller Schüler des Gymnasiums das Abschlußzeugnis mit den Worten: „Nun haben Sie es also doch geschafft!" Wegen des lauten Applauses, mit welchem die anwesenden Schüler jeweils die Zeugnisübergabe begleiten, kann niemand außer Alexander selbst die Worte der Direktorin verstehen.

In den Monaten nach dem Abitur arbeitet er in der örtlichen Plastikfabrik, um Geld zu verdienen. Denn mit zwei Freunden aus seinem Heimatort ist eine große Reise geplant, die sie zunächst nach Portugal und von dort nach Brasilien führen soll. Wenn sie im Sommer im Schwimmbad auf der großen Liegewiese lagen und die Sonne auf ihre bleichen Körper schien, ließen sie ihren Träumen freien Lauf. Aus dem Kofferradio ertönte „A whiter shade of pale" und was sie wollen, ist etwas vollkommen anderes als das, was sie jeden Tag tun. Sie sehnen sich nach einem ungebundenen Leben mit Abenteuern, bildschönen Mädchen und herausragenden Erlebnissen. Ein Leben, das sicherlich an jedem völlig vorbeigehen würde, der in seiner Heimat bleibt; insbesondere wenn der lange und kalte und graue Winter einem das Atmen schwer macht. Kurz: Alexander und seine Freunde wollen nach Brasilien.

Am festgelegten Abreisetag ist einer der Freunde verhindert. Er kann erst eine Woche später aufbrechen. Franz, der andere Freund, und Alexander wollen die Reise jedoch nicht länger aufschieben. Sie verabreden mit Edgar, sich in Albufeira zu treffen, einem Ort, der im Süden von Portugal liegt, an der Algarveküste.

Am 20.Februar 1967, einem Montag, trampen Franz und Alexander frühmorgens los. Es ist nicht weit bis zur französischen Grenze, nur etwa sechzig Kilometer. Abends befinden sie sich schon tief im Inneren Frankreichs, ungefähr in der Gegend von Dijon. Sogar in der Nacht stoppen sie weiter. Ein Renault hält an, er fährt nach Clermont-Ferrand. Dort wollen sie als nächstes hin. Der Fahrer des Wagens ist sehr unvorsichtig und waghalsig. Es ist Nacht, es regnet und man hat keine weite Sicht. Dennoch überholt er unbekümmert einen Lastwagen nach dem anderen. Und dann passiert es! Gerade ist er wieder dabei, an einem Camion vorbeizufahren, als ihnen ein anderer entgegenkommt. Das Überholmanöver kann nicht mehr abgeschlossen werden, Bremsen allein genügt auch nicht. Um einen frontalen Zusammenstoß zu verhindern, muß der Renault oder der entgegenkommende LKW auf das freie Feld ausweichen. Das fremde Fahrzeug tut es im letzten Augenblick. Durch das plötzliche Herumreißen des Steuerrades gerät der Laster jedoch aus dem Gleichgewicht, kippt einmal, zweimal seitwärts um und liegt neben der Straße auf freiem Feld auf dem Dach. Die Räder ragen zum Himmel empor. Ihr Fahrer hat eine Vollbremsung gemacht und der Renault steht quer zur Fahrtrichtung. Als sie mit einem tüchtigen Schreck in den Gliedern aussteigen, drehen sich die Räder des Lastwagens noch im fahlen Mondlicht.

Der Fahrer des Lastwagens hat ihnen das Leben gerettet. Gottlob ist ihm nichts passiert. Trotz der ungewohnten Lage seines Fahrzeugs gelingt es ihm herauszuklettern.

„Tu es fou! Du bist verrückt!" schreit er ihren Fahrer an.

„Je ne savais pas, qu'il y avait de la circulation dans l'autre sens! Ich wußte nicht, daß Gegenverkehr kommt", belfert dieser zurück.

„Nichts wie ab, bevor die Polizei auftaucht!" raunt Franz seinem Freund Alexander zu.

Während die beiden Fahrer noch miteinander streiten, rennen sie zum Auto, ergreifen ihre Rucksäcke und machen sich aus dem Staub. In der Nähe befindet sich eine Ortschaft, sie sehen Lichter; dort gibt es einen Bahnhof. Vom Trampen haben sie im Augenblick genug.

Sie lösen zwei Zugtickets bis Lissabon, der Hauptstadt Portugals.

15

Bald nach ihrer Ankunft gehen sie zum Hafen. Für eine Überfahrt nach Brasilien auf einem Passagierschiff reichen ihre Geldmittel bei weitem nicht aus. Leider begegnet ihnen auch kein lieber Kapitän, der ihnen zuruft: "Hallo Jungs, habt ihr nicht Lust, auf mein Schiff zu kommen und mit nach Südamerika hinüberzuschippern?"

Sie wissen absolut nicht, wie sie nach Brasilien kommen sollen. Die Zeiten sind vorbei, da man ohne große Formalitäten auf einem Schiff anheuern konnte. Dazu braucht man jetzt ein Seefahrtsbuch; dieses Dokument haben sie nicht. Franz meint, es sei am besten, zunächst einmal nach Albufeira zu fahren und dort auf Edgar zu warten. Dann könnten sie weitersehen.

Gleich nach ihrer Ankunft in Albufeira, spricht sie ein Portugiese an. Er will ihnen ein Zimmer in seinem Häuschen vermieten. Sie nehmen das Angebot an. Der Mann spricht drei Worte deutsch, nämlich: „Ich - Fisch - Hamburg!"

Wie geplant trifft Edgar nach einigen Tagen ein. Sie haben ihm postlagernd ihre Adresse mitgeteilt. Um das Thema „Brasilien" machen ihre kargen Unterredungen einen weiten Bogen. Alles sieht danach aus, daß aus ihren Jugendträumen vom großen Glück, das sie in Brasilien zu machen hofften, ein ganz normaler Urlaub an einem netten Sandstrand an der Algarveküste wird.

Etwa ein Jahr vor ihrer Portugalreise begann Alexander, im Selbststudium Portugiesisch zu lernen. Im Zusammenhang damit fing er einen Briefkontakt mit einem portugiesischen Mädchen an, das in Faro wohnt, einer etwa dreißig Kilometer östlich von Albufeira gelegenen Stadt. Eines Tages kommt ihm der Gedanke, diese Portugiesin zu besuchen. Edgar begleitet ihn. Nachmittags treffen sie in Faro ein, das Mädchen und einige jüngere Geschwister sind zu Hause. Die Eltern sehen sie nicht. Sie werden freundlich empfangen. Irgendetwas an ihnen scheint jedoch belustigend zu wirken, denn besonders ein etwa zwölfjähriges Mädchen muß dauernd lachen. Beim Abendessen ist es ganz schlimm: Das Kind bekommt einen regelrechten Lachkrampf, die

Tränen rollen ihm aus den Augen. Wahrscheinlich ist Alexanders Portugiesisch schuld daran. Für die Ohren dieser Kleinen mag es so ähnlich klingen, wie für die beiden Deutschen das „Ich - Fisch - Hamburg!" des Zimmervermieters.

Sie dürfen über Nacht bleiben. Man weist ihnen eine Speichermansarde mit zwei Betten zu. An der Wand des Zimmers hängt eine große Landkarte der iberischen Halbinsel; ein Teil Nordafrikas, besonders Marokkos, ist auch noch darauf. Vor dem Schlafengehen steht Alexander vor der Landkarte und studiert sie ein wenig. Gerhard, der Schustergeselle, kommt ihm in den Sinn. Das Wenige, was Gerhard über Marokko erzählte, war in seinem Gedächtnis haften geblieben: Orientalische Basare gab es dort, Menschen mit völlig anderen Lebensformen und Gebräuchen, exotische Pflanzen und bestimmt eine Vielzahl erregender, neuer Erfahrungen. Da kommt ihm ein Gedanke. „Du, Edgar, schau mal, von hier aus bis nach Gibraltar ist es nicht viel weiter als bis nach Lissabon. Wir könnten nach Gibraltar fahren und von dort nach Nordafrika übersetzen!" Edgar ist sofort Feuer und Flamme für diesen Vorschlag. Sie haben ihre Reisepässe dabei, ihre Schlafsäcke, einen Teil ihres Geldes. Nichts steht einem Abstecher nach Marokko im Wege. Am anderen Morgen wundert man sich, als sie mitteilen, daß sie nach Nordafrika weiterreisen wollen. Davon war am Tage zuvor nicht mit einem Wort die Rede gewesen.

Auf dem Weg zum Südzipfel Spaniens erfahren sie, daß der Fährschiffverkehr nach Nordafrika nicht vom englischen Gibraltar, sondern von der in der Nähe liegenden spanischen Stadt Algeciras ausgeht. Dennoch statten sie Gibraltar einen Besuch ab. Wo das englische Territorium beginnt, sehen sie Panzersperren aus Beton. Es ist seltsam, an der Südspitze Spaniens plötzlich in einer Ortschaft zu sein, wo man Englisch spricht, wo die Straßenschilder englisch beschriftet sind und die Speisekarten englische Gerichte anbieten. Von den berühmten Affen sehen sie nur wenige. Die Engländer legen Wert darauf, daß die Affen von Gibraltar nicht aussterben. Ein Sprichwort sagt, daß Gibraltar solange englisch bleiben wird, wie es dort Affen gibt.

16

Sie setzen ohne Paßkontrolle von Algeciras in das nordafrikanische Ceuta über, das noch zu Spanien gehört. Ceuta ist, wie die etwa dreihundert Kilometer weiter östlich gelegene Stadt Melilla, ein Überbleibsel des ehemaligen Spanisch-Marokko. Edgar und Alexander wollen sich jedoch nicht mit einem bloßen Besuch Ceutas begnügen, sondern wirklich nach Marokko hinein, zumindest bis Tanger. Sie marschieren eine lange Strandpromenade entlang und kommen schließlich zum Busbahnhof, wo die Busse nach Tanger abfahren. Kurz hinter Ceuta ist die marokkanische Grenze und Paßkontrolle. Dann geht die Fahrt durch den nördlichen Teil des Rifs. Der Name dieses Gebirges ging in den zwanziger Jahren des 20.Jahrhunderts durch die Weltpresse, im Zusammenhang mit dem Aufstand der Rifkabylen. Mohammed Abd el Krim, der Sohn eines kleinen Korangelehrten, rief, nachdem er von einem spanischen General geohrfeigt worden war, die Berberstämme dieses Gebirges, die Rifkabylen, zum Kampf gegen die Landesherren auf. Die Spanier wurden in der Schlacht von Annual vernichtend geschlagen. Danach errichtete Abd el Krim eine eigene, von Frankreich und Spanien unabhängige Berberrepublik, mit sich selbst als „Emir" an der Spitze. Als er jedoch versuchte, die Macht über ganz Marokko an sich zu reißen, antworteten die Franzosen und Spanier mit einer gezielten Militäraktion. Die Rifkabylen wurden geschlagen. Abd el Krim mußte in die Verbannung gehen. Er sah sein Vaterland nie wieder. Als Marokko 1956 seine volle Unabhängigkeit erlangte, wollten ihn die eigenen Landsleute nicht mehr aufnehmen. Bis zu seinem Tod in den sechziger Jahren aß er in Ägypten sein Gnadenbrot. Im modernen Marokko war kein Platz mehr für ihn.

Schon gleich nach ihrer Ankunft in Tanger spricht sie ein Marokkaner auf Englisch an. Er will ihnen „Haschisch-Kandies" verkaufen. Es sind fast fingerlange Stäbchen, bestehend aus einer weichen Masse, die süßlich nach Honig riecht und der Haschisch beigemischt ist. Die Stäbchen soll man essen.

Alexander wundert sich und sagt: „Wird Haschisch nicht geraucht?"
„Ja, schon", entgegnet der marokkanische Dealer, „man raucht ihn, kann ihn aber auch essen."

Alexander packt die Neugierde: „Wie ist das wohl, wenn man Haschisch nimmt?"

Als Nichtraucher bietet sich ihm jetzt eine günstige Gelegenheit, es auszuprobieren. So kauft er einige „Kandies".

Sie bleiben zwei Tage in Tanger. Am besten gefällt ihnen die Medina, die Altstadt, welche an einem zum Meeresstrand abfallenden Berghang liegt. In den engen Straßen und Gassen begegnen ihnen manche Europäer. Auf einer Postkarte an seine Eltern drückt Edgar seinen Eindruck von der quirligen, internationalen Atmosphäre im Tanger des Jahres 1967 folgendermaßen aus: „Wir sind hier in Tanger, einem Treffpunkt von Gammlern und Ganoven aus aller Herren Länder."

Auf dem gleichen Weg, den sie gekommen sind, kehren sie nach Albufeira zurück. Sie berichten Franz von ihrem Nordafrikaabstecher. Das Resultat ist, daß er auch dorthin will. Edgar und Alexander sind einverstanden und so entschließen sie sich, wieder nach Marokko zu fahren, diesmal jedoch zu dritt.

Vor dem Aufbruch wollen sie jedoch die „Haschisch-Kandies" ausprobieren, die Alexander aus Tanger mitgebracht hat. Sie nehmen sie in dem gemieteten Zimmer ein. Alexander ißt ein bis zwei Stäbchen, Edgar ebenfalls. Franz scheint auch mitzumachen. Nach einer geraumen Zeit sagt Edgar. „Ich sterbe, schreibt meinen Eltern einen Gruß und sagt ihnen, daß ich jetzt sterbe!"

Dann legt er sich auf das Bett.

Alexander ist plötzlich, als wenn ein elektrischer Stromstoß seinen Körper durchfährt. Dann ein erneuter Stromstoß und wieder einer! In seinem Kopf scheint eine Glühbirne zu sein: Sie platzt und entsendet aus ihrem Inneren eine Menge vielfarbiger Raketen, die mit feurigem Schweif zum Himmel aufzischen.

Zunächst amüsiert ihn das Ganze. Dann bemerkt er jedoch, daß sein Herz immer schneller schlägt. Er tastet seinen Puls: Der Puls jagt nur so dahin!

Und dann befällt ihn Angst, eine schreckliche, existenzielle Angst, so wie er sie noch nie verspürt hat. Eine wahre Todesangst, denn auch Alexander glaubt jetzt, daß er stirbt. Verzweifelt legt er seine Handflächen auf den Kopf und fühlt keine Haare mehr; die Hände scheinen auf einem Totenschädel zu ruhen. Das Herz pocht noch schneller, und dann bekommt er Atemnot. Wie ein Fisch auf dem trockenen Land schnappt er nach Luft.

„Stell dich nicht so an!" hört er Franz rufen.

Er macht eine hilflose Gebärde. Wie gerne würde er diesen Zustand ändern oder ungeschehen machen, aber das steht nun - nachdem er das Zeug geschluckt hat - nicht mehr in seiner Macht. Er weiß nicht, wie lange dieser Horrortrip anhält: Stunden oder Minuten?

Es kommt ihm eher wie Stunden vor. Manchmal scheint die Atemnot etwas nachzulassen, dann wird sie wieder intensiver und er denkt: „Jetzt kommt der Herzkollaps! Hätte ich doch kein Haschisch genommen!"

Irgendwann merkt er, daß die Krise tatsächlich vorbei ist. Eine Zentnerlast fällt ihm vom Herzen! Wie froh er ist, daß er noch lebt! Es kommt ihm vor, als hätte er es gerade noch geschafft.

Sobald er wieder sprechen kann, fängt er an zu schimpfen: „So ein Dreckzeug! So ein Mist!"

Und dann der Vorsatz, der Schwur: „Nie wieder nehme ich Haschisch, nie mehr will ich wieder etwas mit Drogen zu tun haben!" Auch Edgar schimpft und faßt denselben Vorsatz. Offensichtlich ist es ihm ähnlich ergangen.

17

Zwei Tage später brechen sie zum zweiten Marokkoabstecher auf. Diesmal ist Franz dabei. Von Tanger trampen sie weiter nach dem vierhundert Kilometer südwestlich gelegenen Casablanca. Sie passieren Rabat, die Hauptstadt Marokkos und Sitz der Regierung. Rabat ist nach Fez, Marrakesch und Meknes die vierte Königsstadt in der Geschichte Marokkos. Hier residiert König Hassan II. Er hat 1961 die Nachfolge seines Vaters Mohammed V. angetreten, der Marokko 1956 zur vollen Unabhängigkeit geführt hat. Die Machtbefugnisse des marokkanischen Königs im Staat sind größer als jene der gekrönten Häupter in den europäischen Demokratien. Er ist nicht nur eine Figur zum Repräsentieren.

Die Millionenstadt Casablanca ist die Wirtschaftsmetropole des Landes. Nach Durban in Südafrika hat sie den zweitgrößten Hafen Afrikas. Mit ihren weißen Hochhäusern (casa blanca= weißes Haus) mutet die Stadt modern an, recht europäisch, ja sogar amerikanisch. Sie bleiben einige Tage in dieser größten Stadt Marokkos, dann trampen sie nach Tanger zurück. Bald sind sie wieder auf dem Fährschiff, das sie über die Meerenge von Gibraltar nach Südspanien bringt.

In Albufeira wartet auf Franz eine Überraschung: Ein Brief mit seiner Einberufung zur Bundeswehr. Er fährt nach Deutschland zurück. Auch Edgar und Alexander wollen Portugal endgültig verlassen, jedoch nicht, um nach Deutschland zurückzukehren, sondern, um zum dritten Mal nach Marokko zu reisen. Diesmal wollen sie jedoch länger bleiben und das Innere des Landes kennenlernen. Vor der Abreise müssen sie die Zimmermiete in Albufeira zahlen. Das Geld für die Miete reißt ein grausames Loch in ihre Geldbörsen, denn für mehr als zwei Monate ist die Miete fällig. Edgar legt hundert Mark als „eiserne Reserve" für den äußersten Notfall zur Seite. Wenn sie das Fährgeld nach Nordafrika bezahlt haben wird - abgesehen von der „eisernen Reserve" - nur noch sehr wenig Geld übrig sein. Zum Reisen und Weiterkommen sind sie ganz auf ihre Füße und auf das Trampen angewiesen.

Kilometerweit marschieren sie durch Casablanca zur Ausfallstraße nach Marrakesch. Kinder aus dem neben der Straße liegenden Slum entdecken die beiden; sie unterbrechen ihr Spiel, laufen herbei und im Nu sind sie von ihnen umringt. Ein eleganter Sportwagen mit französischem Nummernschild nähert sich und hält zehn Meter vor der Kinderschar, welche die Straße versperrt. Sie bahnen sich einen Weg zu dem Wagen. Alexander schaut durch das heruntergelassene Fenster des Beifahrersitzes und fragt den Fahrer: „Monsieur, vous allez à Marrakesch? Monsieur, fahren Sie nach Marrakesch?" Der Mann nickt und Alexander öffnet die Tür. Edgar, der weniger lange Beine hat, nimmt Platz auf dem engen, hinteren Sitz. Alexander macht es sich neben dem Fahrer bequem. Dieser spricht kein Wort. Besonders, nachdem sie Settat hinter sich gelassen haben, drückt er auf das Gaspedal, als wolle er die restlichen zweihundert Kilometer in Rekordzeit schaffen.

Die Landschaft ist leicht hügelig, vegetationsarm, wüstenähnlich. Kilometerweit sehen sie keine menschliche Behausung. Auf der Straße ist wenig Verkehr, selten kommt ihnen ein Auto entgegen. Darüber wundern sie sich, verbindet diese Straße doch die zwei größten Städte Marokkos miteinander. Ihr Rennfahrer schaut nicht nach links und nicht nach rechts, sondern nur vor sich hin auf die Straße. Der Druck seines Fußes auf das Gaspedal wird noch stärker.

Auf halber Strecke zwischen Casablanca und Marrakesch taucht ein Rasthaus auf. Direkt neben der Raststätte bremst der Franzose urplötzlich; die Reifen quietschen, es gibt einen tüchtigen Ruck nach vorne. Der Fahrer macht ein unmißverständliches Zeichen: „Sofort aussteigen!" Sie klettern aus dem Wagen, der Fahrer bleibt sitzen, beugt sich etwas nach rechts und zieht die Tür zum Beifahrersitz zu. Dann gibt er wieder Gas und fährt weiter in Richtung Marrakesch.

Edgar und Alexander schauen sich verdutzt an:

„Was ist denn mit dem los?"

„Der Mann hat vielleicht Angst bekommen", meint Edgar schliesslich, „in Casablanca hat er nicht angehalten, um uns mitzunehmen, sondern weil die Kinder die Straße versperrten. Während der Fahrt überkam ihn dann Furcht, wir könnten ihm etwas antun, ihn überfallen, ihn ausrauben, ihm das Auto klauen usw."

„Und weil bei schneller Fahrt eine Attacke auch für uns selbst lebensgefährlich wäre", setzt Alexander den Gedankengang fort, „ist er wie ein Verrückter gefahren!"

„Genau", sagt Edgar, „und hier am Rasthaus hat er angehalten und uns rausbugsiert, weil Menschen in der Nähe sind und wir ihm deshalb schlecht auf den Leib rücken können."

„Ja, so könnte es gewesen sein."

Sie brauchen nicht lange auf den nächsten Lift zu warten, denn schon das nächste Auto hält. Es ist ein amerikanischer Wagen mit marokkanischem Nummernschild. Der Fahrer ist wieder ein Franzose, ein Apotheker aus Marrakesch. Als Marokko unabhängig wurde und mancher dort ansässige Franzose das Land verließ, ist er geblieben. Seine Apotheke liegt in der Medina, in der Altstadt. Nach etwa einundhalbstündiger Fahrt sagt er: „Bientôt nous arriverons! Bald kommen wir an!"

Die Straße zieht sich lang und weit durch das leicht hügelige Gelände. Der Boden der bis jetzt fast vegetationslosen Landschaft hat eine rötliche Färbung angenommen. Und dann liegt vor ihnen eine weite Ebene. Sie erstreckt sich kilometerweit bis zu dem Gebirgsmassiv des Hohen Atlas. Und in dieser Ebene liegt Marrakesch.

Doch zunächst fällt nicht die Stadt ins Auge, sondern etwas anderes, etwas sehr Schönes. Von der wüstenähnlichen Anhöhe, die sie durchfahren haben, führt die Straße in die Ebene hinab. Und hier befinden sie sich plötzlich in einem Wald von Palmen.

Palmen, Palmen, überall Palmen! So viele Palmen haben sie noch nie in ihrem Leben gesehen. Es ist, als ob man in eine große Oase hineinkommt. Es drängt sich mit Macht der Eindruck auf, daß Afrika hier erst richtig beginnt.

Bezaubernd ist die Fahrt durch den Palmenwald, wunderbar sind die kräftigen Farben in der Sonne des späten Nachmittags: Das Grün der Dattelpalmen, das tiefe Blau des Himmels darüber, die rotfarbene Erde. Ab und zu sieht man Lehmhütten zwischen den Palmen, daneben

Schafe, Esel, einige Menschen. Und dann beginnt die Stadt Marrakesch, zunächst die Neustadt. Sie ist ganz anders als die Neustadt von Casablanca. Hier fehlen die weißen, europäisch oder amerikanisch anmutenden Hochhäuser. Geschmackvoll sind die Gebäude und Häuser in ihrem Farbton dem Boden der Marrakeschebene angepaßt. Warme Rottöne in verschiedenen Variationen herrschen vor: Ocker, Zinnober, Gelbrot, Braunrot usw. Sie verstehen nicht viel von Kunst und Architektur, aber deutlich spüren sie: Hier liegt eine tiefere, für ihr Empfinden eine neuartige Harmonie vor; hier scheint kein Platz zu sein für moderne Stilbrüche, wie sie sie in den anderen Städten erlebten.

Nachdem sie die Neustadt durchfahren haben, zeigt ihr Fahrer nach rechts und sagt: „La Koutoubia!" Ein über sechzig Meter hoher rotgelber Turm ragt wie der ausgestreckte Daumen aus geschlossener Faust zum Himmel empor, das berühmte Minarett der Koutoubia-Moschee, bleibendes Zeugnis aus der Zeit des 12. Jahrhunderts, als Marrakesch unter der Dynastie der Almohaden Hauptstadt des Landes war; und ein Vorbild für die vielleicht noch berühmtere Giralda in Sevilla, die von demselben Baumeister geschaffen wurde.

Die Fahrt geht weiter an einem kleinen Palmen- und Zypressenpark vorbei. Das Stakkato lauter Trommeln dringt in ihre Ohren. Es kommt von einem großen Platz, der links von ihnen liegt. Der Apotheker fährt an den Platz heran, weist mit einer Hand auf ihn hin und sagt bedeutungsschwer: „Le Djemaa el Fna!"

Sie sehen zuerst nur die vielen Menschen. Die einen gehen scheinbar planlos auf dem Platz hin und her oder stehen einfach herum. Andere bilden kreisförmige Gruppen, ganz offensichtlich Schaulustige, die eine Darbietung verfolgen. Wieder andere sitzen oder stehen an einer Reihe von Buden, die in leichten Dunst gehüllt sind. Der Dunst steigt von offenen Holzkohlefeuern auf, über welchen Gerichte zubereitet werden, gewiß auch Kefta, fingerlange gewürzte Hackfleischröllchen, die man hier an kleinen Spießen über dem offenen Feuer röstet.

Der Platz diente in vergangenen Jahrhunderten als Gerichtsstätte und wird deswegen „Djemaa el Fna" genannt, eine Bezeichnung, die mit „Platz der Gehenkten" oder vielleicht richtiger mit „Versammlung der

Hingeschiedenen" wiedergegeben wird. Heute werden hier zwar nicht mehr die Köpfe der Hingerichteten zur Schau gestellt, wie das früher der Fall war, aber die Schaulust wird immer noch befriedigt, jedoch auf sympathischere Weise: Schlangenbeschwörer und Stockfechter geben sich hier ein Stelldichein, Tanzgruppen, Kartenleger, Handleser, Märchenerzähler, fliegende Barbiere, Zahnzieher, Quacksalber und viele andere mehr. Dazu kommen Verkäufer von verschiedensten Dingen; am auffallendsten sind die rotgestreift gekleideten Wasserverkäufer mit ihren Hüten. Ihr lauwarmes Wasser, das sie in ledernen Schläuchen auf dem Rücken tragen und auf Wunsch in gold- und silbrigblinkende Messingschalen füllen, stillt kaum den Durst eines schwitzenden Mitteleuropäers. Auch ein Blinder kann die Wasserverkäufer bemerken, denn sie führen eine ansehnliche Glocke mit sich und künden durch ihr Gebimmel von der Gegenwart des Wassers.

Weit bekannt ist der „Djemaa el Fna"! Berber steigen von den Höhen des Atlasgebirges herab und kommen hierher, um zu sehen, zu hören, Neues zu erfahren oder um selbst ihre Fähigkeiten und Kunststücke öffentlich zu demonstrieren. Der „Djemaa el Fna" hat einen solchen Ruf und eine solche Anziehungskraft, daß er sogar Wüstensöhne aus dem noch recht fernen Mauretanien anlockt, die hier gelegentlich, wie manche Berbergruppen auch, ihre wilden Tänze und Reiterkämpfe vorführen. Natürlich fehlen auch die Touristen nicht, aber es sind recht wenige. Einige sitzen bei einem Glas Menthetee auf dem Dach des Café de France und betrachten von dort aus das bunte Treiben auf dem „Platz der Hingeschiedenen". Andere - es scheint es sind Engländer- stehen fotografierend vor dem Café. Junge Leute aus Europa oder Amerika entdecken sie keine. Die Hippies, welche ein Jahr später das Kolorit dieses Platzes noch um einige Farbtöne bunter machen werden, haben Marrakesch offensichtlich noch nicht entdeckt.

Der Fahrer lädt sie ein, bei ihm zu übernachten, ein Angebot, das sie natürlich nur allzugerne annehmen. Sein Haus und seine Apotheke liegen mitten in der Medina; es ist bewunderungswert, wie er sich mit seinem großen, amerikanischen Wagen durch die engen Straßen mit ihrem Verkehr und Menschentrubel bis dorthin vorarbeitet. Er kann es besser als mancher einheimische Marokkaner, den sie hupend und brüllend herumfahren sehen.

Plötzlich hören sie das laute, klagende Jaulen eines Hundes; er ist mit der Pfote unter das Vorderrad eines anderen Autos gekommen, krümmt sich jetzt im Staub und heult vor Schmerz. Doch niemand kümmert sich um ihn.

Abends auf dem Nachtlager sinnt Alexander über den vergangenen Tag nach. Marrakesch hat ihn sofort tief beeindruckt. Und nun überlegt er warum.

Liegt die Faszination möglicherweise in dem Namen der Stadt, der so geheimnisvoll und bezaubernd klingt und von dem sich sogar der Name des ganzen Landes ableiten könnte: „Maghrib el Aksa - der äußerste Westen - Marrakesch - Marokko"?

Oder ist Marrakesch letztlich nur ein Bild, ein Sinnbild, ein Hinweis für etwas noch Schöneres, noch Tieferes, für etwas Anderes, das ganz heil, ganz rein, ganz unversehrt ist, und nach dem er sich zutiefst sehnt - ohne es vielleicht zu wissen? Kann das klagende Jaulen des angefahrenen Hundes - dieser Mißton im zauberhaften Eindruck, den Marrakesch auf ihn macht - das Indiz für eine sinnbildliche Bedeutung Marrakeschs sein?

18

Sie wollen in den Hohen Atlas und dann so tief wie möglich in das vorsaharische Gebiet Südmarokkos hinein. Schon zwei Stunden stehen Alexander und Edgar einige Kilometer außerhalb von Marrakesch an der Straße, die durch das Atlasgebirge in die etwa hundertfünfzig Kilometer entfernte Stadt Quarzazate führt. Kein einziges Auto kommt während dieser Zeit, abgesehen von einigen Lastwagen, die aber schon wenig später nach links abbiegen, vielleicht zu einem Phosphatwerk.

„In den nächsten fünfzehn Minuten kommt ein Auto und nimmt uns mit!"

„Das glaube ich nicht!" meint Edgar.

„Wollen wir wetten?"

„Okay! Um was?"

Alexander überlegt eine Weile: „Hm, um eine Sahnetorte, sollten wir mal wieder irgendwann zu Hause sein."

„Einverstanden, die Wette gilt!"

Zehn Minuten vergehen, dann hören sie ein Motorengeräusch. Ein Auto nähert sich. Alexanders Herz macht einen Freudensprung, als er sieht, daß es ein Citroen 2 CV ist.

Es gibt auf der ganzen Welt kein Auto, das so gerne Tramper mitnimmt, wie die „Ente" von Citroen. Triumphierend sagt er zu Edgar: „Die Wette habe ich gewonnen!" Der Wagen hält, wieder sind es Franzosen, ein junges Ehepaar, vielleicht noch Studenten. Sie fahren nach Zagora. Das ist ein toller Lift! Zagora liegt etwa dreihundert Kilometer südöstlich von Marrakesch, dort geht das Gebiet des Anti-Atlas schon langsam in die Sahara über. Von Zagora bis zu den unermeßlichen Weiten der algerischen Sahara sind es keine hundert Kilometer mehr.

Schnaufend quält sich die „Ente" den Tizi N'Tichka empor, den höchsten Paß Marokkos. Auf der Höhe des Passes sind sie über 2200 Meter hoch. Im Westen und Osten erheben sich Berge über dreitausend Meter. Etwa vierhundert Dreitausender soll es im Atlasgebirge geben und an die zehn Viertausender. Der höchste von ihnen ist der Djebel Toubkal mit 4167 Metern. Er liegt fünfzig Kilometer südlich von Marrakesch und ist überhaupt der höchste Berg von ganz Nordafrika.

Irgendwo hinter Quarzazate geht die asphaltierte Straße in eine Piste über. Sie haben erst die Hälfte des Weges nach Zagora zurückgelegt. Das Gebiet des hohen Atlas ist längst durchquert, sie kommen in die Region des Anti-Atlas, an dessen Südhänge sich die Sahara anschließt. Im Osten, jedoch tief unter ihnen liegend, zieht sich das Wadi Draa, das Tal des Draa-Flusses hin. Nach Agdz kommt es nahe an die Piste heran und verläuft fast parallel zu ihr. Vom Fluß selbst sehen sie nicht viel, vielleicht weil er jetzt nur wenig Wasser führt, aber daß er da ist, zeigt ein langer Palmen- und Oasengürtel an, der hundert Kilometer weit die Piste flankiert.

Hauptort dieses Oasengürtels ist Zagora, das sie schließlich erreichen. In Nordmarokko war es heiß, in Marrakesch bedeutend heißer, hier aber ist es noch toller, etwa 45-50 Grad im Schatten. Die beiden Franzosen wollen in Zagora übernachten und am anderen Tag wieder nach Marrakesch zurückfahren. Sie bieten an, die zwei Deutschen wieder mitzunehmen, falls sie es wünschen.

Edgar und Alexander machen einen Streifzug durch die Oase.

Männer arbeiten in bewässerten Gärten. Sie tragen Turbane, aber ihre Hautfarbe ist fast schwarz. Ihre Vorfahren waren wahrscheinlich Negersklaven, die man aus Schwarzafrika heraufgebracht hat, und mit denen man dann Verbindungen eingegangen ist. Wiederholt haben südmarokkanische Berberstämme versucht, die Karawanenstraßen der westlichen Sahara unter ihre Kontrolle zu bringen und so ihren Einfluß- und Herrschaftsbereich bis nach Schwarzafrika auszudehnen, und es ist ihnen auch gelungen. Noch jetzt brechen möglicherweise Karawanen von Zagora in die Südsahara auf, gibt doch eine Inschrift folgende Information: „Tombouctou, 52 jours de chameau." (Nach Timbuktu 52 Tage per Kamel).

Das Franzosenpaar und die beiden Tramper sind nicht die einzigen Europäer in Zagora, ein Filmteam befindet sich ebenfalls dort. Einige hundert Meter außerhalb der Oase werden gerade Aufnahmen gemacht.

Eine wüstenähnliche Landschaft: Ziemlich flach, einige Sandaufwehungen, Geröll, Steine, kein Busch, kein Strauch. Einer der Filmschauspieler ist dabei, sich mit dem Rücken und ausgebreiteten Händen an einen Felsen zu lehnen. Edgar glaubt, daß er ein Amerikaner ist, zwar keiner von den ganz berühmten Leuten, aber ihm scheint, daß er ihn schon wiederholt in Kinofilmen gesehen hat.

Der andere ist der deutsche Schauspieler Horst Frank, ein blonder Mann, dem man in Filmen gerne die Rolle des Bösewichts überträgt. Hier handelt es sich um Aufnahmen für den Abenteuer- und Spionagefilm „Drei gegen Casablanca", dessen historischer Rahmen das Treffen von Churchill und Roosevelt im Anfa-Hotel in Casablanca während des zweiten Weltkrieges bildet. Damals, es war im Jahr 1943, wurde die Landung der Alliierten in Sizilien beschlossen.

Die Filmleute und das französische Ehepaar übernachten und speisen in einer bescheidenen Unterkunft. Edgar und Alexander können sich dort nicht einmal ein Glas Pfefferminztee leisten, von einer Mahlzeit oder einem Zimmer gar nicht zu reden. Alexander hat keinen roten Heller mehr, und von Edgars „eiserner Reserve" ist auch nicht mehr viel übrig. Sie wird wohl gerade noch für einige Briefmarken und Postkarten reichen. Und für das Fährschiff von Ceuta nach Algeciras, falls sie sich dazu entschließen, auf diesem Weg nach Europa zurückzukehren.

Es scheint, daß es südlich von Zagora in Marokko keine weiteren Ortschaften gibt, da sie keine richtige Piste entdecken, die dorthin führt, von einer asphaltierten Straße ganz zu schweigen. Und sollte man doch noch weiter nach Süden können, wann wird dann ein Auto kommen, das sie mitnimmt? Tage- oder wochenlang auf eine Mitfahrgelegenheit warten, das wollen und können sie nicht. So entschließen sie sich, das Angebot des französischen Ehepaares anzunehmen und am nächsten Tag mit ihnen nach Marrakesch zurückzufahren.

19

Alexander ergreift eine Orange, hält sie in die Höhe und ruft dem Händler, der hinter einem Apfelsinenberg sitzt, die arabischen Worte zu: „Wualu fluus! Barakallaufik! Ich habe kein Geld! Dankeschön!" Gespannt schauen sie auf das Gesicht des Orangenverkäufers: Verfärbt es sich, wird es rot oder blass vor Zorn, dann legt er die Frucht schnell wieder auf den Obsthaufen zurück. Zeigt sich auf ihm ein großzügiges Lächeln oder auch nur eine Mischung aus Wohlwollen und Ärger, die in etwa besagt: „Ihr Lausbuben, man sollte euch die Bastonade geben, aber behaltet nun die Frucht und macht, daß ihr davonkommt!", läßt er die Apfelsine in die große Tasche gleiten, die Edgar trägt. Dann gehen sie weiter zu einem anderen Stand, wo sich dasselbe Spielchen mit kleinen Variationen wiederholt.

An einem Stand ist es eine Mohrrübe, die er mit den Worten: „Wualu fluus! Barakallaufik!" in die Höhe hält, an einem anderen eine Gurke oder eine Artischocke; an einem dritten Stand ist es eine Tomate oder eine Paprikaschote, an einem vierten schließlich eine Feige oder eine Dattel. Es macht nichts, wenn sie ab und zu eine tüchtige Abfuhr bekommen! Riesengroß ist der Gemüse- und Obstmarkt von Casablanca. Hunderte von Metern zieht er sich auf beiden Seiten der Straße hin. Verjagt sie ein Händler von seinem Stand, so ist ihnen ein anderer wieder besser gesonnen.

Mit der Tasche voll Hamstergut steigen die beiden die Treppe eines Hochhauses empor. An einer Tür machen sie halt; Edgar zieht einen Schlüssel aus der Hosentasche und öffnet sie. Sie betreten einen recht großen Raum; in einer Ecke liegen ihre ausgerollten Schlafsäcke auf dem Boden; auf dem Tisch befinden sich Schreibutensilien: Briefpapier, Postkarten, Kugelschreiber, einige unfrankierte Briefe. Der Raum dient gleichzeitig als Küche; ein Gasherd steht darin, und alles, was man zum Kochen, Braten und Essen benötigt, ist vorhanden: Töpfe, Pfannen, Teller, Besteck, Schüsseln. Eine Tür führt zu einem zweiten Raum, der mit Bett, Kleiderschrank, Schreibtisch und Bücherregal ausgestattet ist. In diesem Zimmer haben sie jedoch nichts zu suchen, sie betreten es auch nicht.

Sie haben Glück gehabt! Kurz nachdem sie von Marrakesch nach Casablanca zurückgetrampt waren, lernten sie einen jungen Amerikaner kennen, der an der dortigen Berlitz-Schule als Lehrer tätig ist. Er bot ihnen kostenlose Unterkunft in seiner Wohnung an. Tagsüber ist er in der Schule und sie können in dem Küchenraum tun und lassen, was sie wollen. Jetzt soll es Gemüseeintopf geben! Sie wollen so viel davon kochen, daß er auch noch - wieder aufgewärmt - für den Abend und den nächsten Tag reicht.

Sie putzen das Gemüse, waschen und schneiden es. Zwei Berge liegen schließlich vor ihnen, ein Berg mit dem härteren Gemüse -

Möhren zum Beispiel - und ein Berg mit dem weicheren. Auf der Gasflamme steht schon der größte Kochtopf, Wasser siedet darin. Edgar gibt das Hartgemüse hinein, Alexander schüttet noch etwas Wasser nach und Edgar stülpt den Deckel auf den Topf.

„Vielleicht ist heute ein Brief angekommen", sagt Edgar. „Ich gehe zur Hauptpost und schaue nach."

„Okay", sagt Alexander. „Sei aber so gut und nimm diese Briefe und Karten mit und gib sie auf! Meinst du, daß das Geld noch für's Porto reicht?"

„Ja, ich glaube, daß es genügt!"

Nachdem sie in Casablanca eingetroffen waren, machten sie sich ernsthaft Gedanken, wie es weitergehen sollte. Nach Hause zurückkehren wollten sie nicht, das schien ihnen viel zu früh zu sein. Sie hatten in ihrem Heimatort gesagt, daß es mindestens fünf Jahre dauern würde, bis man sie wieder zu Gesicht bekäme, und seit ihrer Abreise war erst ein Vierteljahr vergangen. Doch was sollten sie tun? Zwei Möglichkeiten waren ihnen sympathisch. Die eine war, von Casablanca nach Süden die Küstenstraße entlang bis Agadir zu trampen und dann weiter nach Goulimine. Von dort führt eine Piste über den im äußersten Westen der algerischen Sahara gelegenen Ort Tindouf durch das riesige, fast nur aus Wüste bestehende Mauretanien bis nach Dakar, der Hauptstadt Senegals. Da es auf dieser Piste Lastwagenverkehr geben soll - allerdings nur sehr sporadisch - könnte eine Chance zum Trampen gegeben sein. Erst einmal im Senegal angekommen, wäre eine Weiterreise in andere Länder Schwarzafrikas wohl durchaus möglich.

Die zweite - in einer ganz anderen Richtung liegende - Möglichkeit war, über Südeuropa - Spanien, Frankreich, Italien, Jugoslawien, Griechenland, europäische Türkei - nach Kleinasien zu trampen und von dort vielleicht noch tiefer nach Asien hinein. Den Weg über Nordafrika nach Asien können sie nicht nehmen, er ist versperrt. Es ist Anfang Juni 1967, gerade hat zwischen Israel und Ägypten der berühmte Sechstagekrieg (5. bis 10.Juni) begonnen.

Sie entschieden sich für die zweite Möglichkeit, da diese aus mehreren Gründen leichter zu realisieren ist. Doch ein Kinderspiel ist die geplante Tour nach Kleinasien allerdings auch nicht. Immerhin werden sie keinen Pfennig Geld mehr in der Tasche haben, wenn wieder europäischer Boden unter ihren Füßen sein wird. Aber Alexander ist sehr zuversichtlich. Irgendwie werden sie sich schon durchschlagen; vielleicht können sie irgendwo eine Zeitlang arbeiten. Möglicherweise ist ihnen auch ganz einfach das Glück weiterhin hold. Nach Alexanders bisherigen Erfahrungen als Tramper ist es am besten, sich nicht allzuviel Gedanken zu machen. Je zuversichtlicher man ist, desto besser klappt alles. Gerade zur rechten Zeit bekommt man einen Lift, findet sich eine passende Schlafgelegenheit, wird einem eine Mahlzeit spendiert. Und zur Not kann man auch um etwas Nahrung betteln.

Obendrein haben sie einige finanzielle Pläne. Nichts Großes! Kleinigkeiten, die allerdings weiter helfen werden. In Barcelona wollen sie zum Blutspenden gehen. Sie kennen eine Adresse, wo man dafür vierhundert Pesetas bekommt, das sind etwa achtundzwanzig deutsche Mark. Dann soll die Tour weitergehen nach Marseille. Es wäre schön, wenn sie dort eine finanzielle Spritze bekämen. Zu diesem Zweck hat Alexander einigen Freunden und ehemaligen Klassenkameraden geschrieben. Er bat sie, ihm postlagernd nach Marseille ein Brieflein mit einem beiliegenden Zehnmarkschein zu schicken. In der Hoffnung, daß der eine oder andere vielleicht noch etwas mehr Geld beifügen würde, hat er diese Bettelbriefe gerade Edgar zum Wegschicken mitgegeben.

Das Hartgemüse ist mittlerweile schon eine ganze Weile am Sieden. Es ist Zeit, das Weichgemüse dazuzugeben. Alexander hebt den Deckel ab, packt das Gemüse mit beiden Händen und läßt es vorsichtig in den Topf gleiten. Dann gibt er tüchtig Wasser hinzu und rührt das Ganze um, bis alles gut vermischt ist. Ach ja, Salz muß auch noch dazukommen, jedoch nicht zuviel! Nachsalzen und nachwürzen können sie ja bei Bedarf immer noch.

Er plaziert den Deckel wieder auf den Topf. Da er viel frisches Wasser zugegossen hat, hat es zu sieden aufgehört. Es wird eine Weile dauern, bis das Wasser wieder zu sieden beginnt. Und dann eine weitere Weile, bis alles gar ist. Alexander richtet schon den Tisch her, stellt Teller darauf und legt Besteck daneben. Etwas Brot ist auch noch da und als Nachspeise erhamstertes Obst. Das wird ein feines Mahl geben!

Seine Gedanken wandern in die Zukunft und in die Vergangenheit. Da er nichts mehr zu tun hat, außer ab und zu den Eintopf umzurühren, kann er ihnen freien Lauf lassen. Bald wird er also in Marseille sein!

„Marseille!" An dieses Wort knüpfen sich eine ganze Reihe gedanklicher Verbindungen. Erinnerungen steigen auf, eine Rückschau auf seine erste Tramptour vollzieht sich in seinem Geist.

Lautes Pochen an der Wohnungstür dringt in Alexanders Ohren. Er ist weder in Marseille, noch in seiner Heimat. Auch Isabelle ist weit weg! Heute ist eine andere Zeit und er sitzt in einer Küche in Casablanca. Er muß den Topf zudecken, aus dem seine Erinnerungen herausgedampft sind, und er muß sich wieder dem Topf auf dem Gasherd zuwenden!

„Gewiß ist es Edgar, der klopft, denn als er zur Post ging, nahm er den Schlüssel nicht mit!" murmelt er und öffnet die Tür.

Edgar lacht und wedelt mit einem Brief in der Luft. Endlich ist Post für ihn da! Ein Brief von seinem Vater, aus dem er vorliest.

Als sie aus Marrakesch zurückkehrten, fand Alexander postlagernd einen Brief von seiner Schwester Renate vor. Sie bat ihn, doch wieder nach Hause zurückzukehren, immerhin sei er schon ein Vierteljahr fort. Auch Edgars Vater versucht, seinen Sohn zur Heimkehr zu bewegen. Er bittet ihn jedoch nicht direkt darum, sondern geht anders vor. Gleich zu Beginn schreibt er: „Es ist Sonntag und wir haben gerade das Mittagessen beendet. Es gab leckere Brathähnchen. Eines hättest Du bekommen, wenn Du hier gewesen wärest."

Alexander nimmt einen Teller vom Tisch und stellt ihn auf den Herd. Tief taucht er die Schöpfkelle in den Gemüseeintopf hinein und füllt den Teller fast randvoll. Vorsichtig balanciert er ihn zurück auf den Tisch. Mit dem zweiten Teller macht er es ebenso und stellt ihn vor Edgar hin.

Dann zeigt er auf den Brief von Edgars Vater und bemerkt schmunzelnd: „Mein Kommentar dazu: Guten Appetit!"

Als sie essen und schweigen, denkt Alexander an die Grübchen in Isabelles fein geschnittenem, ihm tief vertrautem Gesicht.

Zweiter Teil:
Paris, Medaillen, Brüche und lauter Edgars

1

„Also abgemacht," sagt Alexander zu Edgar, „wir treffen uns um 19.00 Uhr an der Kathedrale in Murcia; sollte ich um diese Zeit noch nicht dort sein, dann sehen wir uns morgen früh um 8.00 Uhr. Erscheine ich immer noch nicht, dann legen wir den nächsten Termin auf 12.00 Uhr mittags. Aber solange wird es sicher nicht dauern, bis ich Murcia erreiche."

Edgar steigt in das Fahrzeug und nimmt Platz auf dem Beifahrersitz. Mit der Hand winkt Alexander dem Fahrer des Wagens einen Gruß zu: „Muchas gracias, Señor!" Zu Edgar sagt er: „Also dann, bis bald! Mach's gut!"

Edgar zieht die Tür zum Beifahrersitz zu und der Fahrer dreht den Schlüssel im Zündschloß. Der Motor lärmt auf und wenig später setzt sich das Fahrzeug in Bewegung. Alexander schaut ihnen nach, bis das Auto kleiner und kleiner wird und schließlich in der Ferne verschwindet.

Von Ceuta aus hatten sie wieder mit dem Fährschiff von Afrika nach Europa, nach Algeciras, übergesetzt und mit dieser kurzen Schiffsfahrt innerhalb weniger Monate zum sechsten Mal die Meerenge von Gibraltar passiert. Nun sollte die Reise an der spanischen Mittelmeerküste entlang nach Barcelona, von dort nach Marseille und dann weiter in Richtung Kleinasien gehen. Von Algeciras trampten sie zunächst die

Costa del Sol entlang und kamen über Malaga nach Almeria. Dort verläßt die Straße die Küste und nimmt ihren Lauf durch das Innere des Landes, um erst nach rund dreihundert Kilometern bei Alicante wieder auf das Mittelmeer zu stoßen. Von Almeria bekamen sie einen kleinen Lift; dreißig bis vierzig Kilometer. Dann standen sie in der einsamen Landschaft östlich der Sierra Nevada in der heißen Sonne des frühen Nachmittags am Straßenrand. Vor knapp zehn Minuten hielt ein Auto an; der Fahrer rief: „Solamente una persona! Nur eine Person!"

Es war ein Handelsvertreter, der in die nicht ganz zweihundert Kilometer entfernte Stadt Murcia fuhr. Er hatte nur Platz für eine Person, denn sein Wagen war mit allerhand Waren vollgepackt; nur der Beifahrersitz war noch frei.

Nun mußten sie einen schnellen Entschluß fassen: Entweder ganz auf das Mitfahren verzichten oder sich für einige Zeit trennen. Sie wählten die zweite Möglichkeit. Edgar fuhr mit. An der Hauptkirche in Murcia - wohl eine Kathedrale - wollten sie sich zum vereinbarten Termin wieder treffen.

Auch Alexander hat Glück. Er kommt gut nach Murcia, schon eine Stunde vor dem Termin ist er dort. Murcia ist eine recht große Stadt, in der es wohl mehrere Kirchen gibt. Eine fällt ihm jedoch sofort auf. Ihm scheint, daß dies die Kathedrale ist.

Um 19.00 Uhr ist er zur Stelle; Edgar ist noch nicht da. „Er wird sich etwas verspätet haben", denkt Alexander, „sicher trifft er jeden Augenblick ein." Aber Edgar erscheint nicht, um 20.00 Uhr ist er immer noch nicht da. Das kommt Alexander merkwürdig vor, aber er findet auch Erklärungen: Möglicherweise lud ihn jemand zum Abendessen ein. Vielleicht fand er eine sehr günstige Schlafgelegenheit. Ebenso wie Alexander selbst hat auch Edgar keinen Pfennig Geld mehr. Das Fährschiff von Ceuta nach Algeciras hat seine letzten finanziellen Mittel aufgebraucht. Es ist verständlich, wenn er sich eine gute Mahlzeit oder eine kostenlose Schlafgelegenheit nicht entgehen läßt. Treffen können sie sich ja immer noch am nächsten Tag, so würde Edgar wahrscheinlich denken.

Alexander wird also in Murcia übernachten müssen. Zwei Möglichkeiten bieten sich ihm dazu an: Ein in der Nähe gelegener Park oder eines der vielen mehrstöckigen Mietshäuser mit Wohnungen auf jeder Etage und einem Speicher ganz oben. Um dort zu schlafen, muß man unbemerkt zu Fuß oder mit dem Aufzug bis zur obersten Etage gelangen und dann die Treppe zum Speicher hinaufsteigen. Dieser ist üblicherweise abgesperrt, aber das macht nichts. Denn vor der Speichertür befindet sich immer eine kleine Plattform, die ausreichend Platz bietet, um sich im Schlafsack hinzulegen. Hier wird man weniger von Moskitos belästigt, als in den spanischen Parks. Man kann jedoch auch Pech haben, wenn gerade jemand von den Hausbewohnern auf den Speicher geht. Abends entgeht man der Gefahr der Entdeckung am ehesten.

Daß er in dieser Nacht in dem sauberen Bett einer Pension schlafen wird, kommt Alexander allerdings nicht in den Sinn. Aber genau das wird der Fall sein!

Ein junger Spanier geht an ihm vorbei; er ist in etwa gleichaltrig, etwa neunzehn bis zwanzig Jahre alt. Sein Blick heftet sich an den kleinen schwarz-rot-goldenen Wimpel, der an Alexanders Feldflasche angebracht ist. Er bleibt stehen und fragt: „¿Eres aléman? Bist du ein Deutscher?" „Si, si! Ja, ja!" nickt Alexander.

Nun zeigt der junge Mann größtes Interesse für den Tramper.

„¿De dónde vienes exáctamente? Wo kommst du gerade her?" fragt er. „¿Adónde viajamos? Wohin geht die Reise?"

Alexander antwortet in einem Portugiesisch, dem auch lateinische, spanische und italienische Ausdrücke hinzugefügt sind. Der Spanier versteht das Kauderwelsch recht gut und so kommen sie ins Gespräch. Alexander berichtet ihm von seiner Verabredung mit Edgar und daß er über Nacht in Murcia bleiben muß.

„¿Dónde vas a dormir? Wo schläfst du?" fragt der Spanier.

Ihm die Übernachtungsmöglichkeit vor der Speichertür eines Mietshauses verständlich zu machen, ist Alexander zu kompliziert. Und so antwortet er: „En el Parque! Im Park!"

Damit ist der Spanier ganz und gar nicht einverstanden.

„Mir bleibt kaum eine andere Möglichkeit", antwortet der Deutsche, „denn ich habe nicht eine Peseta."

Der Spanier überlegt einen Augenblick, dann sagt er: „Ven conmigo! Komm mit mir!"

Alexander folgt ihm durch einige Straßen und Gassen; vor einer kleinen Pension bleibt der Spanier stehen und erklärt: „Vas a dormir aquí! Yo asumo los gastos! Du schläfst hier! Die Kosten übernehme ich!"

Er begleitet Alexander auf das Zimmer, dann meint er: „Espérame, ya vengo! Warte auf mich, ich komme zurück!"

Nach einer halben Stunde ist er wieder da. Er hat eine Tüte mit Bocadillos, mit großen spanischen Wurstsandwiches, dabei.

„Regreso mañana temprano al las 7.30 hs. Morgen früh um halb acht komme ich wieder", erklärt er und verabschiedet sich.

Am nächsten Morgen bringt er wieder Bocadillos mit, begleicht die Rechnung in der Pension und begleitet den Gast dann zum Treffpunkt mit Edgar. Edgar ist wieder nicht da, auch um 12.00 Uhr mittags läßt er sich nicht blicken.

„Wir müssen eine Suchanzeige in die Zeitung setzen", sagt der junge Wohltäter, „deswegen mußt du unbedingt auch diese Nacht in Murcia bleiben."

Nachmittags nimmt er Alexander mit nach Hause. Hier findet er eine teilweise Erklärung für die große Freundlichkeit. Der Spanier legt eine Langspielplatte auf: Original deutsche Marsch- und Soldatenlieder erschallen. Dann zeigt er Fotos von einem spanischen Freiwilligenkorps, das im Zweiten Weltkrieg auf der Seite der Wehrmacht in Rußland kämpfte. Der junge Mann ist ein spanischer Rechtsnationalist, der sich der deutschen Wehrmacht sehr verbunden fühlt, auch heute noch, nach so vielen Jahren seit Ende des Krieges und nach der Befreiung der Welt vom deutschen Faschismus.

Seine Liebe zu soldatischen Utensilien und Gebräuchen ist Alexander allerdings nicht ganz fremd. Im Alter von dreizehn, vierzehn Jahren hatte er selbst eine Periode, in der er mit Leidenschaft Dinge aus dem Zweiten Weltkrieg sammelte: Eiserne Kreuze, Stahlhelme, Gasmasken,

Bajonette, Granathülsen und sogar scharfe Munition. Hauptfundorte waren ein Weiher in der Nähe seiner Heimatstadt, den man nach Kriegsende zur „Entsorgung" von Wehrmachtsmaterial benutzte, und zwei abgelegene Bunker, welche die Amerikaner bei ihren Sprengungen übersehen hatten. Neben diesen Bunkern fanden sie eine ganze Menge Gewehrmunition. Die Patronen waren verrostet und von der Witterung stark angegriffen. Deswegen ließen sich die Geschosse leicht von den Patronenhülsen abschlagen. Das Schwarzpulver sammelten sie und zündeten es an. An der aufzischenden Stichflamme hatten sie ihr Vergnügen.

Als Alexander fünfzehn war, wurde diese mehr als fragwürdige Leidenschaft von einer anderen Leidenschaft überlagert, nämlich von einer großen Liebe zu deutscher Schlager- und englischer Beatmusik. Drei englische Bands übten einen besonders starken Einfluß aus.

Es begann mit den „Tornados". Im Jahr 1962 brachten die Amerikaner den ersten Nachrichtensatelliten in die Erdumlaufbahn. Mit dem Namen dieses Satelliten - er hieß „Telstar" - bezeichnete eine englische Instrumentalgruppe, die sich „Tornados" nannte, ein Musikstück, das ein „Superhit" wurde. Dieses mit elektrischen Gitarren und Hammondorgel gespielte Instrumentalstück erweckte in Alexanders Herzen eine undefinierbare Sehnsucht. Der damalige Chef von Radio Luxemburg, Camillo Felgen, brachte „Telstar" in einer gesungenen Version auf den Markt. Mit seiner kraftvollen Stimme sang er selbst darin in deutscher Sprache: „Irgendwann erwacht ein neuer Tag, ein neues Leben bricht herein!"

Die zweite Band, die ihn sehr anrührte, waren die „Shadows". Diese Gruppe war einerseits die Begleitband des englischen Sängers Cliff Richard, andererseits machte sie aber auch eigene, von Cliff unabhängige Musik. Das waren mit elektrischen Gitarren gespielte, harmonische, bisweilen von einem Violinorchester begleitete Instrumentalstükke, die einfach wunderbar klangen: Sie hatten etwas Reines und Heiles an sich und weckten im Herzen eine nicht erklärbare Sehnsucht. Besonders liebte er die Titel: „Wonderful land" (Wunderbares Land), „Kontiki" und vor allem das ganz herrliche „Atlantis".

Als dritte Band brachen dann die „Beatles" in besonderer Weise in sein Leben ein. Jetzt, im Jahr 1967, sind sie immer noch die führende und populärste Band auf der ganzen Welt. An zweiter Stelle dürften wohl die „Rolling Stones" kommen. Mehrere Lieder Mick Jaggers und seiner Gruppe gefallen ihm, eine besondere Zuneigung zu den „Stones" empfindet er jedoch nicht.

Alexander übernachtet wieder in der Pension. Am nächsten Morgen bringt sein junger, spanischer Wohltäter neben Bocadillos auch die Tageszeitung mit. Tatsächlich ist die Suchanzeige nach Edgar darin. Gegen Mittag sitzen sie in einem Lokal. Alexander hat sich ein Bier bestellt, der junge Spanier hat ihn eingeladen. Als das Bier kommt, studiert der Spanier das Etikett der Flasche ganz genau. Dann ruft er den Kellner und bestellt sich einen Wein. Alexander guckt ihn fragend und leicht verblüfft an und der Spanier sagt lächelnd, er trinke kein jüdisches Bier. Als Alexander begriffsstutzig wird, zuckt er die Achseln.

Später fragen sie bei der Zeitung an, ob irgendwelche Mitteilungen über Edgar eingegangen seien. Die Antwort ist abschlägig. Nun will Alexander nicht länger in Murcia bleiben. Edgar erwartet Post in Marseille; wenn er dorthin weitergereist ist, wird Alexander dort sicher eine aufklärende Nachricht von ihm vorfinden. Er nimmt Abschied von seinem neuen, spanischen Bekannten. Mag dessen politische Einstellung auch mehr als nur zweifelhaft sein, Alexander gegenüber hat er sich erstaunlich hilfsbereit und großzügig verhalten. Darum bedankt sich Alexander zum Abschied auch; allerdings vermeidet er die Worte „Auf Wiedersehn!"

2

Die Sonne ist im Begriff, am westlichen Horizont unterzugehen. Irgendwo zwischen Alicante und Valencia wandert er auf der Küstenstraße nach Norden. In einer Entfernung von zwei- bis dreitausend

Metern liegt das Mittelmeer zu seiner Rechten. Etwa fünfzig Meter vor ihm zweigt eine kleine Seitenstraße zur Küste hin ab. Von Norden nähert sich ein Wagen; sein Blinklicht zeigt an, daß er in die Seitenstraße einbiegen will. Genau an der Abfahrt treffen sie zusammen. Ein Ehepaar sitzt in dem Fahrzeug. Alexander schaut auf das Nummernschild und öffnet vor Staunen den Mund. Das Schild ist nicht nur ein deutsches, sondern es trägt auch das Kennzeichen seines kleinen Heimatortes. Noch bleibt die Frage offen, ob das Ehepaar direkt aus dem Ort kommt oder aus dem Kreisbezirk. Mit beiden Händen gibt er dem Fahrer Zeichen, unbedingt anzuhalten. Der tut es und schaut ihn fragend an.

„Entschuldigen Sie, aber sind Sie aus Hochwald.?" erkundigt sich Alexander.

„Ja, warum?"

„Ich auch!"

„Ja, zu wem gehören Sie denn?"

„Ich bin der Sohn vom Lehrer Heller."

„Ach, der Sohn vom Heinz!" ruft der Mann erstaunt seiner Frau zu. Alexander erfährt, daß der Mann Polizeibeamter in seiner Heimatstadt ist, aber noch nicht sehr lange dort wohnt. Er kennt jedoch seinen Vater von Jugend an, stammen doch beide aus ein und demselben Städtchen an der Mosel. Die Wohnung des Ehepaares befindet sich nur zweihundert Meter von seinem Elternhaus entfernt. Zur Zeit machen die beiden Urlaub in Spanien. Sie plaudern noch ein wenig, dann verabschieden sie sich. Der Wagen fährt weiter in Richtung Meer; nicht weit vom Strand haben die beiden ein kleines Ferienhaus gemietet.

Wieder marschiert Alexander auf der Küstenstraße nach Norden. Sein nächstes Ziel ist Valencia, dann soll es weitergehen nach Barcelona. Heute wird er allerdings nicht mehr sehr weit kommen! Die Dämmerung hat eingesetzt und er ist müde. Die Straße steigt etwas an, sie führt jetzt durch eine kleine Sierra. Bald wird er abseits von der Straße in seinen Schlafsack kriechen. Bevor es ganz dunkel ist, muß er nach links und rechts Ausschau halten, nach einem für das Übernachten geeigneten Platz.

Plötzlich hört er hinter sich ein Auto hupen. Er dreht sich um und schon hält ein Wagen neben ihm. Es ist wieder das Ehepaar aus seiner Heimatstadt.

„Bald wird es dunkel", sagt der Mann, „wir haben gedacht, daß Sie bei uns übernachten könnten. Möchten Sie?"

„Oh, prima! Selbstverständlich möchte ich!"

Wenig später sitzt der mittellose Tramp aus gutem Haus in dem netten Ferienhaus in der Badewanne und seift sich tüchtig ein. Dann geht er mitsamt dem Kopf auf Tauchstation. Das Wasser nimmt eine recht dunkle Färbung an. „Wen wundert's", denkt Alexander und lächelt zufrieden, „komme ich doch schließlich aus dem ‚Schwarzen Erdteil', aus Afrika!"

Währenddessen hat die Hausfrau ein köstliches Abendessen bereitet. „Hm, das schmeckt!" sagt Alexander und strahlt vor Glück und Zufriedenheit, als ihn die Frau das Übliche gefragt hat. Alles, was ein hungriges Tramperherz begehren kann, ist vorhanden; ja, mehr als das! Nach dem Souper berichtet der Mann von dem kürzlich beendeten Sechs-Tage-Krieg; auch deutsche Zeitungen gibt er ihm zur näheren Information.

Im Mai hatte der ägyptische Präsident Nasser Truppen auf der Sinai-Halbinsel zusammengezogen und die Sperrung des Golfs von Akaba eingeleitet. Für die Handelsbeziehungen zwischen Israel und verschiedenen afrikanischen und asiatischen Staaten war der Golf von Akaba höchst wichtig.

Die israelische Regierung faßte diese Sperrung als Angriffsakt auf; am 5.Juni kam es zum militärischen Konflikt. Auf arabischer Seite waren an dem Krieg vor allem ägyptische, jordanische und syrische Truppen beteiligt. Israel drang bis zum östlichen Ufer des Suezkanals vor und besetzte innerhalb von sechs Tagen den Gaza-Streifen, die Sinai-Halbinsel, die Altstadt von Jerusalem, Westjordanien und Gebiete Syriens. Am 11.Juni kam es aufgrund der Vermittlung der Vereinten Nationen zur Waffenruhe. Doch wie würde es weitergehen?

Am nächsten Morgen machen seine freundlichen Gastgeber vor dem Ferienhaus noch ein paar Fotos von Alexander, dann verabschiedet er sich von ihnen. Auf der Küstenstraße trampt er weiter in Richtung Barcelona. Irgendwo nördlich von Valencia sieht er neben der Straße einen großen Orangenhain; prächtige Apfelsinen - vollreif und fast so groß wie Kinderköpfe - hängen an den Ästen; weit und breit ist kein Mensch zu sehen, auch ist der Orangenhain weder durch einen Zaun, noch durch eine Mauer eingefriedet: Er lädt direkt zur Selbstbedienung ein. Alexander widersteht dieser Einladung nicht, stellt Rucksack und Schlafsack am Straßenrand ab und geht in den Hain, um sich einige Früchte zu stibitzen. Doch kaum hat er die Hand nach einer Orange ausgestreckt, da hört er Motorengeräusch. Ein Wagen nähert sich und hält direkt neben seinem Gepäck. „Ein Lift hat Vorrang vor einer Apfelsine!" denkt er. Schnell zieht er seine Hand zurück und läuft zur Straße. Ein blauer Ford-Taunus mit Frankfurter Nummer wartet auf ihn.

Er ruft: „Da gibt es einen ganzen Wald mit prächtigen Orangen!" Postwendend erschallt aus dem Inneren des Wagens die Antwort: „Bring uns auch welche mit!"

Wenig später sitzt er auf dem Rücksitz des Wagens, der zügig Barcelona entgegeneilt. Der Fahrer ist ein etwa vierzigjähriger Deutscher aus Frankfurt am Main. Ein junger Marokkaner in Alexanders Alter begleitet ihn. Er spricht etwas deutsch. Recht vertrauensselig schildert Alexander seine Lage und seine weiteren Reisepläne. Die beiden scheinen knapp bei Kasse zu sein. Die Nachricht, daß er in Barcelona für vierhundert Peseten Blut spenden will und vor allem, daß er in Marseille Geld erwartet, läßt sie aufhorchen. Sofort erklären sie sich bereit, ihn zum Blutspenden und dann nach Marseille zu bringen.

Sie fahren die Ramblas entlang, die wohl bekannteste Straße in Barcelona. Die Straße ist zweispurig. Zwischen den beiden Spuren befindet sich ein breiter Gehweg, der von Bäumen gesäumt ist. Wohin man auch schaut, ob nach links oder nach rechts, überall gibt es Interessantes zu sehen. Ein Hippie, der ein Äffchen auf der Schulter trägt, erweckt Alexanders besondere Aufmerksamkeit. Schließlich gelangen sie zum Hafen. Ein altes Schiff liegt dort, das von den Touristen bestaunt wird. Es ist die getreue Nachbildung der „Santa Maria", mit welcher Christoph Columbus Amerika gefunden hat, oder, wie man auch sagen könnte, Amerika für die „westliche Welt" entdeckt hat. Eine hohe Säule mit dem Standbild des berühmten Seefahrers befindet sich ganz in der Nähe.

Ohne große Schwierigkeiten finden sie die Blutspendebank, wo Alexander zur Ader gelassen wird. Tatsächlich bekommt er 400 Pesetas dafür, das sind etwa 28 DM, und das kommt Alexander recht viel vor für das Bißchen Blut. Sie kaufen für das Geld Brot, Wein und Käse. Den Rest steuert Alexander als Benzingeld bei.

Von Barcelona geht die Reise weiter an der felszerklüfteten Costa Brava entlang nach Frankreich. Des Nachts passieren sie Perpignan, Montpellier und Nîmes und kommen schließlich morgens früh in Marseille an. Auf der Hauptpost findet er eine Nachricht von Edgar, einen Brief von seiner Mutter und zwei weitere Briefe von Klassenkameraden vor.

Edgar schreibt: „Lieber Alex, da wir uns in Murcia nicht getroffen haben, habe ich mich allein auf den Weg nach Marseille gemacht. Nun befinde ich mich hier, habe riesigen Hunger und möchte mich wieder richtig sattessen. Deswegen trampe ich jetzt nach Hause und schlage am Collenberger Steinbruch mein Zelt auf. Nachts steige ich heimlich in mein Elternhaus ein, versorge mich mit Nahrungsmitteln und kehre dann zum Steinbruch zurück. Dort warte ich auf dich. Komm also bitte sofort zum Steinbruch! Sobald du eingetroffen bist, reisen wir gemeinsam in die Türkei weiter. Bis bald! Edgar."

Armer Edgar! Sein großer Hunger beweist, daß es ihm nicht so gut ergangen war, wie Alexander. Aber wieso haben sie sich in Murcia nicht getroffen? Offensichtlich hat Edgar ja dort, wie abgemacht, auf ihn gewartet. Alexander findet nur eine Erklärung: Edgar hat eine andere Kirche für die Hauptkirche gehalten, und so warteten sie - natürlich vergebens - an verschiedenen Orten aufeinander. Und nun schlägt er einen neuen Treffpunkt vor: Einen stillgelegten Steinbruch, der sich etwa einen Kilometer außerhalb ihrer Heimatstadt in der Nähe des kleinen Weilers Gollenberg befindet. Sofort entschließt er sich, zu dem neuen Treffpunkt aufzubrechen. Er wird schnell dort sein! Von Frankfurt aus, wohin ihn seine beiden derzeitigen Reisegefährten gewiß mitnehmen werden, sind es nur noch hundertsechzig Kilometer bis zu seinem Heimatort. Morgen kann er also schon am Steinbruch sein!

Dem Brief von seiner Mutter liegen zwanzig Mark bei. Ein Klassenkamerad, der das Gymnasium nach der Mittleren Reife verlassen hat, schreibt: „Ich schicke dir kein Geld. Du hast das Abitur gemacht und damit stehen dir alle Türen offen. Nütze diese Chancen!" Der Brief von Heribert, einem anderen Klassenkameraden, macht mehr Freude. Ihm liegen zwei Zehnmarkscheine bei, einen davon hat Franz spendiert.

Die ganze Ausbeute beträgt also 40 DM. Vielleicht sind seine beiden Reisebegleiter über diese eher magere Summe enttäuscht. Da er das Geld sofort wieder für Nahrungsmittel und Benzin zur Verfügung stellt, bringt der Umweg, den sie nach Marseille gemacht haben, ihnen sicherlich keinen finanziellen Verlust, denkt Alexander.

3

Schon bald befinden sie sich auf dem Weg nach Deutschland. Der Fahrer hat sich für die Route über Norditalien und die Schweiz entschieden. Irgendwo im italienischen Voralpengebiet sagt er plötzlich zu Alexander: „Du, ich möchte dir einen Vorschlag machen!"

„Ja, um was handelt es sich?"

„Telegrafiere deiner Mutter, sie soll uns einige hundert Mark überweisen!"

Zunächst traut Alexander seinen Ohren nicht, dann antwortet er ganz entschieden: „Nein, das mache ich nicht!"

Beklemmende Stille herrscht im Auto, keiner spricht ein Wort. Rechts vor ihnen taucht eine größere Stadt auf. Der Fahrer drosselt das Tempo, setzt den Blinker nach rechts und biegt dann in die Seitenstrasse ein, welche zur Stadt führt. Auf einem großen Parkplatz hält er an und sagt: „Die Reise ist jetzt für dich zu Ende Alex, aussteigen!"

„Nein, so einfach rausschmeißen lasse ich mich nicht!"

Der Fahrer schweigt und schaut forschend durch die Windschutzscheibe. Sein Blick bleibt an einem Polizisten hängen, der sich am anderen Ende des Parkplatzes befindet und die Nummernschilder der Autos kontrolliert.

Plötzlich steigt er aus und geht in Richtung des Polizisten. Er fängt an, mit beiden Händen in der Luft herumzufuchteln und zu rufen: „Hallo, hallo, Polizei! Polizei! Polizei!"

Der Gendarm unterbricht seine Kontrolle, kommt auf sie zu und schaut fragend den Fahrer an.

Der zeigt auf Alexander und ruft: „Dieser Gammler da, er kommt einfach her, setzt sich in meinen Wagen und verlangt von mir, daß ich ihn nach Deutschland fahre!"

Zu allem Überfluß versteht der Polizist deutsch, er sagt zu Alexander: „Das geht nicht, Sie müssen aussteigen!"

Der protestiert: „Der Mann lügt, es ist nicht wahr, daß ich einfach eingestiegen bin." Und auf den jungen Marokkaner weisend: „Er kann das bezeugen!"

Der Polizist blickt auf den Nordafrikaner. Der sagt: „Doch, doch, er ist hergekommen und einfach eingestiegen."

Alexander schaut den Burschen an: „Du Schuft!" zischt er zwischen seinen Zähnen hervor.

Es bleibt ihm nichts anderes übrig als auszusteigen, während der Fahrer wieder seinen Platz einnimmt. Alexander ist wütend, läuft um den Wagen herum und steht neben dem Fahrer, der gerade die Autotür zugezogen hat. Das Seitenfenster ist heruntergelassen. Alexander kann sich nicht beherrschen; er bedenkt nicht, daß diese Leute natürlich nicht verpflichtet sind, ihn bis nach Deutschland mitzunehmen.

„Nicht wahr, der Mohr hat seine Schuldigkeit getan!?" ruft er dem Fahrer zu.

Dann ballt er seine rechte Hand zur Faust, winkelt den Arm an und läßt ihn durch das geöffnete Fenster ins Innere des Wagens sausen. Die Faust landet direkt im Gesicht des Fahrers.

„Unverschämter Kerl!" schreit der, gibt aber dann - wohl um keinen zweiten Schlag einzustecken - sofort Gas und fährt davon.

Der Polizist hat bei der ganzen Szene zugeschaut und nicht eingegriffen. Auch jetzt sagt er nichts.

Er ist sich wohl auch nicht mehr sicher, ob sich alles so verhält, wie die beiden es erzählt haben.

4

Es ist Nacht und Alexander befindet sich irgendwo auf einer einsamen Alpenstraße in der Südschweiz. Rechts vor ihm ragt im hellen Mondlicht eine Gruppe Fichten auf.

„Jetzt kommt kein Auto mehr", denkt er, „und sollte doch noch eines auftauchen, dann wird es kaum anhalten! Am besten lege ich mich unter den Fichten zum Schlafen nieder."

Kaum hat er den Gedankengang beendet, da hört er Motorengeräusch; Scheinwerferlicht flackert auf, ein Fahrzeug nähert sich.

Er bleibt stehen und streckt Arm und Daumen aus. Das Auto - ein Kombiwagen - hält direkt neben ihm.

„Ich fahre nach Winterthur", sagt der Fahrer, „mache aber vorher noch einige Stunden Rast."

Ein schöner Lift, fast durch die ganze Schweiz in süd-nördlicher Richtung! Von Winterthur bis zur deutschen Grenze sind es nur noch fünfzig Kilometer. Der Fahrer hat Waren nach Italien gebracht, nun ist er müde und will einige Stunden ruhen. Vor einem einsam gelegenen Gasthaus hält er und sagt: „Du hast ja einen Schlafsack dabei, leg dich hinten in den Laderaum und nimm 'ne Mütze Schlaf!"

Problemlos kommt Alexander seinem Wunsch nach.

„In zwei bis drei Stunden fahren wir weiter", meint er noch, dann schlägt er die Tür zum hinteren Teil des Kombis zu und geht ins Gasthaus.

Nach fünf Minuten öffnet er sie jedoch wieder: „Ich habe gedacht, ein Schlaftrunk könnte dir gut tun, wir bringen dir einen."

Alexander setzt sich im Schlafsack auf und schaut hinaus. Zur Rechten und zur Linken des Mannes steht je eine Kellnerin. Die eine lugt neugierig in den Kombiwagen hinein, die andere hält ein schmales, hohes Glas in den Händen und reicht es Alexander. Vorsichtig nimmt er es ab und nippt daran. Das Getränk ist genau nach seinem Geschmack: Ein köstlicher, nicht allzu hochprozentiger Kirschlikör, den man zügig trinken kann, ohne sich die Kehle zu verbrennen. Er setzt das Glas richtig an und leert es ohne abzusetzen. Er leckt sich die Lippen: „Hm, merci! Das war genau das richtige für mich!"

Wieder wird die Wagentür zugeschlagen, gedämpft dringt noch einige Augenblicke Lachen in seine Ohren, dann ist alles still. Er legt sich nieder und schläft schnell ein.

Morgens fahren sie am Züricher See entlang; er ist in leichten Dunst gehüllt, majestätisch gleiten Schwäne auf der schillernden Wasserfläche dahin. Der Fahrer schlägt vor, daß Alexander bei ihm in Winterthur bleibt und erst am nächsten Tag weitertrampt. Gerne nimmt er das Angebot an. Die Ehefrau des Fahrers ist allerdings weniger begeistert, den wildfremden Tramper in ihrer Wohnung zu sehen. Alexander schläft auf dem Wohnzimmerteppich; am nächsten Morgen bricht er früh wieder auf, um die letzten fünfhundert Kilometer bis zu seiner Heimatstadt zurückzulegen.

Am späten Nachmittag befindet er sich fünfzehn Kilometer vor seinem Ziel. Er hat Hunger und läutet an dem erstbesten Haus neben der Straße. Eine Frau öffnet.

„Entschuldigen Sie", sagt er, „wären Sie so lieb, mir ein Butterbrot zu machen? Ich komme von weit her und bin hungrig."

Die Frau schaut ihn einen Augenblick erstaunt an, dann faßt sie sich und sagt: „Selbstverständlich, bitte warten Sie einen Augenblick!"

Wieder bekommt er einen Lift. Zum Glück ist es ein Fremder, der ihn mitnimmt und kein Einwohner seines Heimatortes. Es soll nicht bekannt werden, daß er hier ist! Zwei Kilometer vor der kleinen Stadt läßt er sich absetzen. Kein Mensch begegnet ihm, als er die Straße verläßt und über Felder, Wiesen und durch Wälder zum Steinbruch wandert. Endlich kommt er an dem einsamen Treffpunkt an.

„Edgar! Edgar!" ruft er.

Erschreckt fliegen einige Vögel aus dem Gebüsch auf, aber kein Mensch antwortet.

Beim Herumsuchen entdeckt er auf der Wiese oberhalb des Steinbruchs ein Rechteck niedergedrückten Grases. Hier könnte das kleine Zelt, das Edgar bei sich hatte, gestanden haben!

Hat sein Freund vielleicht einige Zeit gewartet und ist dann, mutlos geworden, nach Hause gegangen?

Um das zu erkunden, schleicht Alexander sich spät abends in die Stadt. Edgars Zimmer im Elternhaus ist dunkel, aber im Zimmer eines anderen Freundes, der ganz in der Nähe wohnt, brennt Licht. Oft saß er dort mit Wolfgang und hörte Musik. Er denkt: „Vielleicht weiß Wolfgang etwas über Edgar, vielleicht kann er mir Auskunft geben?"

Er wirft Steinchen an das erleuchtete Fenster und zieht sich dann zur Sicherheit in ein nahes Gebüsch zurück. Nach einer Weile hört er Geräusche an der Haustür. Sie öffnet sich und Wolfgang kommt mit seinem Vater heraus. Alexander erschrickt: „Herr Schmitt darf mich nicht sehen, wenn er weiß, daß ich hier bin, dann erfahren es auch meine Eltern!"

Er legt sich auf den Bauch und kriecht tiefer ins Gebüsch; die beiden leuchten mit Taschenlampen herein; ihm stockt der Atem, aber sie entdecken ihn nicht.

Eine Zeitlang suchen sie noch an anderen Stellen, dann kehren sie in das Haus zurück.

Alexander wagt nun nicht mehr, an Edgars Fenster zu klopfen. Edgars Elternhaus liegt nur hundert Meter entfernt, aber der Boden hier ist im Augenblick zu heiß. Außerdem hat Alexander noch etwas anderes vor. Er schlägt die Richtung zu seinem Elternhaus ein; es liegt dunkel da, Türen und Fenster sind verschlossen. Dennoch gelingt es ihm, ohne etwas zu beschädigen, in den Keller einzusteigen. Er nimmt seinen Rucksack von der Schulter, den er am Steinbruch entleert hat, und er füllt ihn mit Getränken und Eßwaren, die er - Brot ausgenommen - in reichlichem Maße vorfindet. Dann zieht er sich aus dem Kellergeschoß zurück, schleicht durch die Stadt und begibt sich wieder zu seinem „Treffpunkt" im Steinbruch. Unter dem Sternenhimmel hält er in aller Seelenruhe ein üppiges Mahl.

Am nächsten Tag macht er sich auf und wandert in eine fünf Kilometer entfernte Ortschaft. Dort wohnen die beiden Klassenkameraden, die ihm je zehn Mark nach Marseille geschickt haben. Er kommt an dem Grundstück vorbei, auf welchem sich die Statue der Lourdesmadonna befindet, zu der er als Kind wiederholt mit seiner Pfarrgemeinde gepilgert ist. Die beiden Freunde, Heribert und Franz, sind zu Hause, sie empfangen ihn freundlich. Bald sitzen sie bei einem kühlen Glas Bier in einer Gaststätte und Alexander erzählt in seiner etwas spröden Sprache auf eigentümlich mitreißende Art von seiner marokkanischen Reise.

Franz hat etwas zu erledigen und verläßt sie für eine Weile. Als er zurückkommt, bringt er eine Neuigkeit mit: „Mein Cousin hat erfahren, daß du hier bist", sagt er zu Alexander, „und weißt du, was er gemacht hat?"

„Keine Ahnung!"

„Er rief deine Mutter an und teilte es ihr mit; und sie sagte, du solltest unbedingt nach Hause kommen."

Alexander weiß nicht, ob er sich über diese Nachricht freuen oder ärgern soll. Der Cousin ist ein guter Freund seines älteren Bruders Achim. Da er öfters zu Besuch kommt, kennt er seine Eltern und fühlte sich wohl verpflichtet, sie zu benachrichtigen. Nach einer Weile des Schweigens sagt er: „Jetzt, da meine Familie weiß, daß ich hier bin, kann ich nicht gut wieder fortreisen, ohne vorher zu Hause vorbeizuschauen."

Er verabschiedet sich von seinen Kameraden. Als er Franz die Hand gibt, ahnt er nicht, daß er ihn nicht mehr sehen wird. Seit ihrer letzten Begegnung sind Jahre vergangen. Zuletzt sahen sie sich einige Tage nach ihrer Rückkehr aus Marseille.

Damals wechselten sie vor lauter Lachen keine zehn vernünftigen Worte miteinander. Franz ist niemand anderes als der „Sparbuchfreund" der Marseillereise.

Nun ist es ein wahrer Abschied, denn nicht viel mehr als ein halbes Jahr wird vergehen, und Alexander und Heribert werden hier an seinem Grab stehen.

5

Da Ferienzeit ist, trifft Alexander zu Hause nur seine Mutter an. Vater Heller ist mit einigen jüngeren Geschwistern nach Jugoslawien gefahren. Die anderen Geschwister sind an ihren Studienorten geblieben oder ebenfalls irgendwo im Ausland unterwegs. Nie hat er sein Elternhaus so still und verlassen erlebt, kam es doch kaum einmal vor, daß alle Geschwister - sie sind vier Mädchen und vier Jungen - gleichzeitig außer Haus waren. Seine Mutter weiß diese Stille allerdings zu schätzen und zu genießen.

Alexander kommt sich fehl am Platze vor. Im Elternhaus zu sein, war eigentlich nicht seine Absicht, er empfindet seine Anwesenheit hier als eine Art Mißverständnis.

Auch Edgar kann das Mißverständnis nicht aufhellen. Er ist tatsächlich wieder zu Hause; er hat sich entschlossen, an seinen alten Arbeitsplatz zurückzukehren. Alexander hat diese unerwartete Entwicklung zur Kenntnis zu nehmen. Er wundert sich, er ärgert sich auch ein wenig, schmiedet dann jedoch neue Reisepläne - unabhängig von seinem Freund.

Einige Tage bleibt er, dann verabschiedet er sich wieder von seiner Mutter. Sie versucht nicht, ihn zurückzuhalten. Das wäre völlig sinnlos. Sie hat noch sieben andere Kinder erzogen, keines davon wie Alexander; sie weiß, wann man loslassen muß und wie man es am besten mit der Erziehung anstellt.

Und so steht ihr schwarzes Schaf, wiederum mit nur ein paar Mark in der Tasche, bald wieder am Straßenrand und streckt Arm und Daumen raus.

Seinen Rucksack hat er gegen eine Reisetasche eingetauscht; sie ist schicker als der Rucksack, aber weniger praktisch. An seiner Hüfte baumelt sein wichtigster Gefährte: Der Schlafsack. Er ist in eine Plastikfolie eingerollt, die beim Schlafen im Freien die Nässe des Frühtaus abhalten soll.

Sein Reiseziel hat sich geändert. Statt nach Kleinasien, soll es nach Skandinavien gehen: Zunächst nach Kopenhagen, dann mit der Fähre nach Schweden und schließlich per Autostop weiter nach Norwegen und Finnland. Wer weiß, vielleicht wird er dort oben das große Glück finden?

Abends kriecht er bei Kassel in der Nähe der Autobahnauffahrt in den Schlafsack. Frühmorgens nimmt ihn ein Handelsvertreter nach Hannover mit, und mittags ist er in Hamburg. Über Neumünster geht die Tramptour durch Schleswig-Holstein und am Abend passiert er die Grenze nach Dänemark und befindet sich somit auf der Halbinsel Jütland.

Es ist Nacht und er schreitet auf einer Straße Richtung Norden tüchtig aus. Ein anderer Wanderer kommt ihm entgegen. Es ist ein schon älterer Tippelbruder aus Finnland, der sich auf dem Weg nach Deutschland befindet. Er zieht eine Schnapsflasche aus der Tasche und reicht sie dem Deutschen. Alexander nimmt zwei, drei tüchtige Schluck, und dann heißt es: „Thank you, good-bye! Dankeschön, auf Wiedersehn!"

Bei Kolding verläßt er Jütland und wechselt auf die Insel Fünen über. Das geht problemlos, weil an dieser Engstelle eine Brücke über den kleinen Belt führt. Ein Simca mit französischem Nummernschild hält an und nimmt ihn mit.

Der Fahrer ist ein junger Franzose. Sein Ziel ist Kopenhagen. Er scheint krank zu sein, hustet viel und spuckt dauernd in sein Taschentuch. Vielleicht hat er Tuberkulose und sucht in der gesunden dänischen Meeresluft Heilung. Mit der Autofähre setzen sie von Fünen über den großen Belt nach der Insel Seeland über, an deren Ostküste Kopenhagen liegt. Nachmittags kommen sie in der dänischen Hauptstadt an.

Der Franzose hat vor, am nächsten Tag weiter nach Norden zu fahren. Da dies auch Alexanders Richtung ist, fragt er ihn, ob er mitkommen kann. Der Franzose ist einverstanden und so kommen sie überein, sich am nächsten Morgen wieder zu treffen.

Alexanders Plan ist, von der vierzig Kilometer nördlich von Kopenhagen gelegenen Stadt Helsingör nach Schweden überzusetzen. Von Helsingör bis zu der gegenüberliegenden schwedischen Stadt Helsingborg ist es nur ein Katzensprung. Gewiß ist der Fährpreis an dieser engsten Stelle des Öresund viel billiger als auf der Fährlinie von Kopenhagen nach Malmö.

Da es zu lästig ist, die Reisetasche mit sich herumzuschleppen, bittet Alexander den Franzosen, die Tasche bis zum nächsten Tag bei ihm im Wagen lassen zu dürfen. Auch dafür gibt er sein Einverständnis. Dann verabschieden sie sich.

Alexander geht zum Bahnhof. Auf der Treppe vor dem Haupteingang sitzen einige Tramper und Beatniks. Er nimmt neben einem Deutschen Platz.

„Du", fragt er ihn, „wo kann man hier schlafen?"

„Ich rate dir, in die Jugendherberge zu gehen!"

„Die kostet Geld, ich suche jedoch eine Gratismöglichkeit zum Übernachten."

„Das habe ich schon kapiert", fährt der junge Mann fort, „aber wenn du es klug anstellst, dann kannst du in der Jugendherberge kostenlos schlafen."

„Und wie macht man das?"

„Paß auf! Die Herberge schließt um 22.00 Uhr. Geh einfach vorher rein, da ist jetzt soviel Betrieb, daß der Jugendherbergsvater keine Übersicht mehr hat, wer für die Nacht gezahlt hat und eingetragen ist und wer nicht. Im großen Schlafsaal sind immer noch einige Betten frei. Warte bis viertel nach zehn, such dir dann eines von den leeren Betten aus und leg dich schlafen."

Staunend schaut Alexander den Landsmann an: „Eine wirklich ausgezeichnete Idee, danke für den Tip!"

Am Abend ist er pünktlich in der Jugendherberge. Um 22.00 Uhr ist im Schlafraum noch ziemlich viel Lärm und Herumgelaufe, eine Viertelstunde später wird es dann stiller. Tatsächlich sind einige Betten nicht belegt. Alexander setzt sich auf eines davon, und als bald darauf das Licht gelöscht wird, zieht er sich Schuhe, Jacke und Jeans aus und legt sich hinein. „Alles klappt ja wunderbar, nicht mal meinen Schlafsack muß ich ausrollen", denkt er, während er sich in die herbergseigenen Wolldecken kuschelt. Rasch schläft er ein.

Er hat keine fünfzehn Minuten geschlummert, da rüttelt ihn jemand an der Schulter. Sofort ist er hellwach. Das Licht im Schlafsaal ist wieder eingeschaltet, an seinem Bett stehen der Jugendherbergsvater und neben ihm ein junger Mann mit einem großen Rucksack. Die Situation ist augenblicklich klar. Ein Nachzügler wurde noch eingelassen und ausgerechnet Alexanders Bett wurde ihm zugewiesen. Und nun liegt schon jemand drin!

„You are lying in the wrong bed! Du liegst im falschen Bett", sagt der Herbergsvater. „What's the number of your bed? Welche Nummer hat dein Bett?"

Alexander schlägt die Decken zurück, setzt sich auf die Bettkante und beginnt, seine Jeans anzuziehen. Der Herbergsvater hat noch nichts begriffen. „Your number! Your number!" wiederholt er.

Ohne ein Wort zu sagen, schlüpft Alexander unter dem staunenden Blick des Dänen in seine Schuhe, ergreift Jacke und Schlafsack und verläßt den Saal. Ein Gang führt zur Außentür. Sie ist noch offen und Alexander tritt hinaus in das nächtliche Kopenhagen.

In dem Hinterhof eines Häuserblocks breitet er in einer Ecke den Schlafsack aus. Es liegt sich etwas hart auf dem Betonboden, aber hier wird ihn kein Jugendherbergsvater stören! Höchstens eine Maus könnte auf verzweifelter Flucht vor der Katze Zuflucht unter oder gar in seinem Schlafsack suchen.

6

Am nächsten Morgen macht er sich zeitig auf zu dem Treffen mit dem französischen Simcafahrer. Lange wartet er auf ihn, aber der junge Mann erscheint nicht. Dahin ist sie also mal wieder, seine Reisetasche! Ein bißchen leid tut es ihm um sein schönes Pumamesser, das darin war, ansonsten trauert er der Tasche jedoch nicht nach, braucht er sie doch jetzt nicht mehr mit sich herumzuschleppen.

Hauptsache, daß ihm Ausweis und Schlafsack geblieben sind! Ausserdem steckt in der Jackentasche eine Zahnbürste, im Schlafsack ist ein Handtuch eingerollt und im Besitz einer Badehose ist er auch noch. Die ideale Tramperausrüstung; je weniger Gepäck man dabei hat, desto besser ist es!

Nun meldet sich der Hunger. Alexander hofft, im Bahnhof etwas Eßbares zu bekommen. Wenn man ohne Geld unterwegs ist, darf man nicht zimperlich sein! Zur Not verleibt man sich an einem Büfett in irgendeinem Hotel ein, was andere auf ihren Tellern übriggelassen haben.

In der Bahnhofshalle herrscht ein Betrieb wie in einem Bienenstock. In dem Strom von Menschen, welche dem Ausgang zustrebend, ihm entgegen kommen, fällt ihm eine Person in besonderer Weise auf. „Aber das ist doch...Helmut!" ruft er und winkt mit dem Arm.

Helmut hat ihn auch gesehen und kommt auf ihn zu. Fast gleichzeitig fragt einer den anderen: „Ja, was machst du denn hier?"

„Wenn das auf meinen Tramptouren so weitergeht, kann ja nichts schiefgehen", denkt Alexander. „In Südspanien traf ich das Ehepaar aus unserer Nachbarschaft und hier im Norden begegne ich einem meiner besten Freunde."

Es ist Helmut Zermar aus seinem Heimatort. Mit ihm hatte Alexander verrostete Wehrmachtskarabiner, Stahlhelme und Granathülsen aus dem „Froschweiher" gefischt, sowie Gewehrmunition bei den Bunkern gesucht. Manchen Schabernack hatten sie gemeinsam getrieben, manchen Streich gespielt.

Einmal, nach dem Schulunterricht, gingen sie in ein Schuhgeschäft und taten so, als wollten sie für Helmut ein paar Schuhe kaufen. Helmut war in das Mädchen, das bediente, von den Zehenspitzen bis zu den Haarspitzen verschossen, aber Helmut traute sich nicht, sie anzusprechen. Nun brachte das schöne Geschöpf geduldig und lächelnd Schuhkarton um Schuhkarton herbei. Sie half ihm bei der Anprobe und berührte ihn immerhin mit einem Schuhlöffel. Helmut konnte den Duft ihrer Haare einatmen, wenn sie vor ihm kniete und einen neuen Schuh anprobierte. Endlich entschied sich Helmut für ein Paar. „Meine Mutter kommt am Nachmittag vorbei und holt die Schuhe ab", schwindelte er und wurde puterrot. Das schöne Fräulein wollte nun den Namen seiner Mutter wissen, um ihn aufzuschreiben und den Zettel als Vermerk am Karton anzubringen. Mit dieser Frage hatte Helmut nicht gerechnet. Er war darüber so erstaunt, daß ihm nichts anderes einfiel, als stotternd zu antworten: „Äh, äh, meine Mutter ist die Frau...Heller!" Damit hatte er aber nicht den Namen seiner Mutter genannt, sondern den Namen von Alexanders Mutter. „Du Schuft!" schalt Alexander ihn lachend, aber auch ein wenig empört, als sie wieder draußen auf der Straße waren. Die Schuhe wurden natürlich niemals abgeholt und Helmut traute sich von nun an erst recht nicht mehr, seine große Jugendliebe anzusprechen.

Nun macht Helmut also Urlaub in Kopenhagen! Er hat sein Zelt auf einem Campingplatz am Meer aufgeschlagen. Schnell ist abgemacht, daß Alexander einige Tage bei ihm bleibt; bezüglich des Übernachtens gibt es keine Probleme: Er hat den Schlafsack dabei und das Zelt ist groß genug für zwei Personen; auch hat Helmut nicht vor, seinen Freund verhungern zu lassen. Bald sitzen sie plaudernd auf der Terrasse einer kleinen Gaststätte in der Nähe des Campingplatzes.

Am nächsten Tag findet auf der Wiese neben dem Strand ein Ballspiel statt. Ein Handballfeld mit zwei Toren befindet sich dort. Aus Leuten vom Campingplatz und einigen in der Nähe wohnenden Dänen haben sich zwei Mannschaften gebildet. Helmut und Alexander machen ebenfalls mit.

Der Ball wird ihm zugeworfen, er flitzt an zwei gegnerischen Spielern vorbei und setzt zu einem Sprungwurf an. Hart und regelwidrig umfaßt ihn von hinten ein Arm und hält ihn fest. Der Torwurf wird verhindert und Alexanders Körper herumgerissen. Er stürzt und schlägt mit dem linken Schlüsselbein - das ist der erste Knochen unterhalb des Halses - voll auf den harten Wiesenboden auf. Ein stechender Schmerz, ein sehr ungewohntes Gefühl am besagten Körperteil lassen ihn sofort erkennen, daß das linke Schlüsselbein gebrochen ist.

Im nahen Krankenhaus wird seine spontane Eigen-Diagnose bestätigt. Der Bruch muß genagelt werden, aber man ist aus finanziellen Gründen nicht bereit, die Operation hier in der Klinik durchzuführen. Er ist Ausländer und hat keine Krankenversicherungskarte dabei. Wer garantiert, daß die Kosten beglichen werden?

Immerhin legt man ihm einen Notverband an, durch den die Bruchstelle einigermaßen stillgelegt wird. Dann entläßt man ihn mit dem Rat, möglichst schnell nach Deutschland zurückzukehren und sich dort operieren zu lassen.

Damit ist Alexanders Skandinavienreise zu Ende.

Doch wie soll er nach Deutschland kommen? Trampen kann er in diesem Zustand nicht, und Geld für ein Zugticket hat er nicht. Ein junger Mann aus Lübeck, der neben ihnen auf dem Campingplatz zeltet, bietet sich an, Alexander in seinem VW-Käfer in seine Heimatstadt mitzunehmen. Während Helmut erst am Anfang seines Urlaubs steht, hat der Lübecker vor, in zwei Tagen heimzureisen.

Alexander schreibt einen Brief an seine Mutter, schildert ihr den Unfall und bittet sie, ihm nach Lübeck Geld für ein Zugticket zu schicken.

Bis zur Abfahrt liegt er fast die ganze Zeit im Zelt und jammert tüchtig.

Auf der Rückreise lernt er noch den Süden von Seeland kennen und die dänischen Inseln Falster und Lolland. Von Rødbyhavn auf Lolland nehmen sie die Autofähre nach Puttgarden auf der deutschen Insel Fehmarn. Zwei, drei Stunden später kommen sie in Lübeck an. Hier muß er zwei weitere Tage auf die Geldüberweisung von seiner Mutter warten. Währenddessen ist er zu Gast bei der Familie des jungen

Mannes. Endlich trifft das Geld ein und er kann ein Zugticket in die Heimat lösen.

Da es ihm vetraut ist, sucht er das Krankenhaus in der Nachbarortschaft auf. Hier lag er schon einmal mit einem Knochenbruch. Vor gut einem Jahr, als er noch das hiesige Gymnasium besuchte und das Abitur noch nicht abgelegt hatte, brach er sich im Sportunterricht den Arm. Er turnte am Hochreck, stürzte ab und fiel recht unglücklich, als er eine Riesenfelge versuchte. Jedenfalls ist das meine Erinnerung. Vom Rand der Halle aus sahen auch ein paar Mädchen zu; auch Isabelle war darunter. Als Alexander vom Reck stürzte, verzog sie schmerzhaft ihr Gesicht. Es gab aber Helfer genug und Isabelle brachte nicht den Mut auf, ihn im Krankenhaus zu besuchen. Dafür schrieb sie ihm einen zarten Brief. Der letzte Satz war etwas verwischt, vielleicht durch eine Träne oder einen Kuß?
Es war eine recht komplizierte Fraktur des Ellenbogengelenks, die eine starke, bis jetzt noch nicht vollständig behobene Schwächung des linken Armes zur Folge hatte und ihm auch die Einberufung zur Bundeswehr ersparte. Auch der jetzige Aufenthalt wird nicht sein letzter sein. In knapp zwei Jahren wird er wiederum hier auftauchen, mit einem gebrochenen Fußgelenk.

Nach der Entlassung aus dem Krankenhaus nimmt der Redakteur der Zeitung seiner Heimatstadt Kontakt mit ihm auf. Er bittet ihn, einen Bericht über die Marokkoreise zu schreiben. Für jede Folge, die in der Zeitung erscheint, soll es auch ein kleines Honorar geben. Alexander kommt seinem Wunsch nach, ist jedoch nicht ganz aufrichtig. Er berichtet, daß ihm bei der Ankunft in Tanger Haschisch angeboten wurde, leugnet jedoch, daß er das Angebot annahm. Erst recht hat er kein Interesse daran, das Ausprobieren der „Haschischkandies" an die große Glocke zu hängen.
Zuhause kommt es zu einem ernsthaften Gespräch zwischen Alexander und seinem Vater. Der Vater meint, sein Sohn müsse endlich an die Zukunft denken und solle seine Zeit nicht länger mit Herumvaga-

bundieren verbringen. Ganz konkret schlägt er vor, an der Johannes-Gutenberg-Universität in Mainz ein Englisch- und Sportstudium zu beginnen. Alexander kann sich beim besten Willen nicht vorstellen, einmal Englisch- und Sportlehrer zu werden, mehr noch, er ist sich ziemlich sicher, daß dies nie der Fall sein wird. Dennoch stimmt er schließlich dem Vorschlag zu. Einmal, weil er im Augenblick tatsächlich nicht weiß, was er konkret tun soll und dann, weil er sich denkt: „Ach, es kann nicht schaden und vielleicht recht interessant sein, auch einmal das Studentenleben kennenzulernen." Keine sehr hochwertige Motivation für ein Universitätsstudium!

7

Am Nachmittag ist frei. Ich schlendere mit Alexander ein wenig auf dem Gelände des Sportinstituts umher; es ist der zweite Tag der Aufnahmeprüfung. Neben der Schwimmhalle sitzen plaudernd vier Sportler in Trainingsanzügen im Gras. Obwohl sie hocken, sieht man, daß es große Kerls sind. Einer von ihnen hat eine schmale Körperstatur, die anderen sind breitschultrig und kräftig gebaut. Wir setzen uns zu der Gruppe. Das Gespräch dreht sich um Wettkämpfe. Da Alexander wissen will, von welchen Disziplinen die Rede ist, fragt er: „Was macht ihr denn?" „Wie, du kennst Deutschlands Zehnkämpfer nicht?" ruft der Schmale ihm zu und zeigt dabei auf die drei anderen. Der jüngste von ihnen ist der deutsche Juniorenmeister im Zehnkampf, die beiden anderen sind Horst Beyer und Manfred Bock. Der lange Schmale heißt Brosius und ist der derzeit beste Langstreckenhindernisläufer Deutschlands.

Horst Beyer belegte 1964 bei den Olympischen Spielen in Tokio im Zehnkampf den sechsten Platz vor dem russischen Europameister Wassili Kuznetsow und unmittelbar hinter dem Weltrekordinhaber Cuan Yang aus Taiwan. Dennoch war er traurig, da sein Herzenswunsch - mit seinen beiden Kameraden Willi Holdorf und Hans-Joachim Walde auf das olympische „Treppchen" zu kommen - nicht in Erfüllung ging. Hans-Joachim Walde, der im Olympiajahr 1964 vor Beyer Deutscher Zehnkampfmeister wurde, gewann in Tokio die Bronzemedaille. Willi Holdorf, der bei den deutschen Meisterschaften hinter Beyer den dritten Platz belegte, wurde in Tokio Olympiasieger. In einem Glückwunschbrief an Holdorf zu seinem Olympiasieg hieß es: „Gleichzeitig bitten wir Sie, ebenfalls an Joachim Walde und Horst Beyer für ihre großartigen Leistungen herzliche Glückwünsche weiterzugeben." Hier wurde der sechste Platz von Horst Beyer wohl richtiger eingeschätzt, als durch ihn selbst.

Mehr Grund zur Traurigkeit hatte Manfred Bock, der Dritte bei den Europameisterschaften 1962 in Belgrad. In den Jahren 1963 und 1964 brachte er so gute Zehnkampfleistungen, daß er von allen deutschen Zehnkämpfern die meisten Chancen auf eine Medaille in Tokio hatte. Eine schwere Verletzung setzte jedoch diesen Hoffnungen ein Ende. Er war in Tokio nur als Zuschauer dabei. Dennoch ging ihm der Zehnkampf unter die Haut, und besonders der dramatische, abschließende 1500-Meter-Lauf. Der französische Sportjournalist Edouard Seidler, dessen Reportage über diesen Lauf als der beste Tokio-Bericht überhaupt preisgekrönt wurde, sagte von dem deutschen Pechvogel: „Manfred Bock, der neben uns saß, hatte seine Ledermütze vom Kopf gerissen und zerdrückte sie in seinen feuchten Händen. Er war der beste deutsche Zehnkämpfer, vielleicht sogar der beste der Welt. Nur eine Verletzung hatte es vereitelt, daß er auf dem roten Ring mit seinen Kameraden kämpfte. In diesem Augenblick aber dachte Bock nur an Holdorf und starb mit ihm."

Was war der Grund für dieses „Sterben"? Um was ging es?

Nach neun Disziplinen lag Willi Holdorf an der Spitze vor dem Russen Rein Aun. Nun mußte nur noch der 1500-Meter-Lauf absolviert werden. Aun war hervorragend über diese Distanz, Holdorf dagegen eher schwach. Lief Aun 17 Sekunden früher als Holdorf ins Ziel ein, dann würde die Goldmedaille an ihn fallen. Es war ein spannender Lauf, dessen entscheidende Augenblicke Edouard Seidler folgendermaßen schilderte:

„Rain Aun dehnte seinen Vorsprung ständig aus. Man hatte es für unmöglich gehalten, daß er sein Tempo durchhalten könnte. Aber er lief gleich schnell der Goldmedaille entgegen. Holdorf lag gute zehn Sekunden hinter ihm, mit verzerrter Miene und schwer kämpfend. Der Kontrast zwischen der Frische des Ersten und der Erschöpfung des Zweiten war so groß, daß der Sieg des Russen sicher schien.

Und jetzt erlebte man dramatische letzte vierhundert Meter. Holdorf war am Ende seiner Kräfte. Aber er biß die Lippen zusammen, ballte die Fäuste und klammerte sich an die Laufbahn wie an einen Rettungsring bei einem Schiffbruch. Dreihundert Meter vor dem Ziel und mit einem Rückstand von zwölf Sekunden ging Willi Holdorf, der Sterbende, zum Angriff über. Er holte aus sich selbst Reserven heraus, die niemand hatte vermuten können, warf die Arme vor, setzte mit Wucht ein Bein vor's andere, und in einem wilden, heroischen Lauf folgte er dem Sowjetrussen, der bereits in die Zielgerade einbog.

Niemand saß mehr im Stadion und alles brüllte. Aun überquerte die Ziellinie, aber Holdorf lief immer noch. Zehn Meter vor dem weißen Strich begann der Deutsche hin und herzutaumeln. Mit geschlossenen Augen und schmerzverzerrtem Gesicht passierte er hart an der Ballustrade die Ziellinie und brach dann zusammen. Rein Aun war der erste, der ihn aufhob. Er sagte zu ihm: *Olympic champion, you, olympic champion!* - (Olympiasieger, du, Olympiasieger!).

Alexander und ich waren überdurchschnittlich gute Sportler. Darum studierten wir auch dieses Fach und hatten schließlich die Aufnahmeprüfung ohne Schwierigkeiten bestanden. Aber wir selbst waren keine sportlichen Olympioniken, davon waren wir weit entfernt. Neben dem Training, neben dem theoretischen Studium in überfüllten Räumen und muffigen Bibliotheken, gab es für Alexander Isabelle.

Er himmelte sie immer noch an. Er schrieb ihr heimliche Briefe und saß nächtelang vor ihrem Elternhaus. Nur einmal in seinem Leben hat er sie gesprochen. Und richtig gesprochen hat er auch nur ein Wort. Nach der Abiturfeier im Bus nach Haus. Isabelle, der sanfte, ländliche Engel, der heimliche Schwarm sämtlicher Schüler ab der Tertia, flog auf ihn zu und hauchte: „Herzlichen Glückwunsch zum bestandenen Abitur!" „Danke!"

Dieses eine „Danke" und dieser eine Glückwunsch waren die einzigen Worte, die je zwischen Alexander und Isabelle gewechselt wurden. Dabei liebte Alexander Isabelle und Isabelle liebte ihn.

8

Mit seinem ältesten Bruder bewohnt er ein Doppelzimmer in einem Studentenwohnheim. Otto studiert schon seit einiger Zeit in Mainz Romanistik und Geschichte. Wahrscheinlich haben ihre Eltern Otto gebeten, ein Auge auf Alexander zu haben. Während ihre Wege wochentags oft auseinandergehen, sind sie in den ersten zwei bis drei Monaten, besonders an den Sonntagen, viel zusammen. Morgens geht Otto an diesen Tagen zum Gottesdienst und ihm gelingt das Kunststück, seinen ungläubigen jüngeren Bruder mitzunehmen. Hinten, in der Nähe des Ausgangs nehmen sie einen Stehplatz ein. Was Alexander betrifft, so verbringt er - am gottesdienstlichen Geschehen völlig desinteressiert - die Zeit damit, auf das Ende der Messe zu warten.

Im Gegensatz zu den Wochentagen, an welchen sie gewöhnlich in der Universitätsmensa essen oder sich in der Küche des Studentenwohnheims etwas zubereiten, suchen sie sonntags nach dem Kirchgang ein in der Nähe des Bahnhofs gelegenes Speiselokal auf. Es heißt „Escalope" und sie bestellen dort immer das Gleiche: Ein paniertes Riesenschnitzel, das mit Pommes Frites und Salat nur fünf Mark kostet.

Einmal, als sie wieder im „Escalope" sitzen, auf ihre Gigantenschnitzel warten und ein wenig ihre Blicke im Restaurant umherschweifen lassen, fällt Alexander ein Mädchen auf, welches mit einem jungen Mann an einem Tisch sitzt. Eine tiefe Röte überzieht sein Gesicht. „Aber das ist doch Isabelle!" denkt er. „Du Otto", sagt er zu seinem Bruder, „da hinten am Tisch sitzt eine Schulkameradin von mir, ich will mal hingehen und sie begrüßen." Zielstrebig steuert er auf den Tisch zu, den Blick fest auf Isabelle gerichtet. Sie sieht ihn kommen und schaut ihn mit Augen voller fragendem Erstaunen an. Als er direkt vor dem Mädchen steht, erkennt er, daß es nicht Isabelle ist, auch nicht Uschi Glas, die ihn auch immer an Isabelle erinnert, sondern eine junge wildfremde Frau, die ihr verblüffend ähnlich sieht. Er errötet zum zweiten Mal an diesem Tag und stammelt verlegen: „Entschuldigen Sie, eine Verwechslung!"

„Mensch", sagt er zu seinem Bruder, als er wieder neben ihm sitzt, „das ist doch eine andere."

Otto lacht kurz und trocken auf und damit ist die Sache für seinen Bruder erledigt.

Und das Studium? Was die praktische Seite in Sport betrifft, so geht es damit zunächst noch recht gut. Besonders in den ersten Wochen besucht er regelmäßig die Lehrstunden, vor allem den Schwimmunterricht, der fast täglich auf dem Plan steht. Die praktischen Übungen des ersten Semesters sind ihm zum Teil schon bekannt oder nicht besonders schwierig. Allerdings ist er in Mainz von Anfang an beim Sport nicht so mit Freude und Leichtigkeit dabei, wie das in der Schule oder in seinem Heimatort früher der Fall war. Er fühlt sich gehemmt, er kann nicht richtig aus sich herausgehen. Angesichts der überall gegenwärtigen Sportskanonen hat er wohl Minderwertigkeitskomplexe entwickelt. Von solchen Begriffen aus dem Bereich der Individualpsychologie ist zu dieser Zeit überall und viel die Rede.

Wirkliche Schwierigkeiten hat er gleich von Anfang an mit der theoretischen Seite des Sportstudiums und mit dem Anglistikstudium. Er belegt Vorlesungen und Übungen, er trägt sich in Seminarlisten ein, aber er schafft es nicht, sich aufzuraffen und regelmäßig hinzugehen. Anfangs nimmt er noch des öfteren an den Veranstaltungen teil, aber er ist nicht bei der Sache, er kann sich nicht auf das konzentrieren, was die Professoren oder die wissenschaftlichen Hilfskräfte vortragen; im Grunde interessiert es ihn wohl auch nicht, da sein Herz und seine Gedanken anderswo sind. So verwundert es nicht, daß er an diesen

Stunden bald nur noch gelegentlich teilnimmt und schließlich überhaupt nicht mehr.

Noch schwerer fällt ihm das persönliche Studium. Er sieht wohl auch keinen wirklichen Sinn darin, ernsthaft und systematisch zu lernen. Er ist in diesem Punkt labil und ohne Willenskraft. Sobald er vor einem Fachbuch sitzt, wandern seine Gedanken ab und gehen ihre eigenen Wege. Anstatt sie zurückzuholen und auf den Lehrstoff zu lenken, läßt er ihnen freien Lauf und hängt ihnen nach. Rasch haben sie ihn absorbiert und dann fängt er an zu träumen: Von fremden Ländern, schönen Städten, herrlichen Landschaften. Immer hat er den Eindruck, daß das Glück gerade anderswo ist: Auf der Landstraße, in Paris, London, Rom oder in Marrakesch. Besonders gerne träumt er von Marrakesch.

Natürlich erzählt er mir oft, fast jedesmal, wenn wir zusammenkommen, von Marrakesch. Irgendwann fassen wir den Plan, in den Sommerferien 1968 - nach Abschluß des zweiten Semesters - gemeinsam dorthin zu reisen; *zur roten Traumstadt am Fuß des Atlasgebirges* - wie Alexander schwärmt.

Am Anfang jeder Woche lassen seine Eltern ihm über seinen Bruder eine bestimmte Geldsumme zukommen, die - vernünftig und etwas sparsam eingeteilt - gut für das Bestreiten des wöchentlichen Lebensunterhalts ausreicht. Aber kaum hat er den Betrag in Händen, fängt er an, ihn unüberlegt, ja leichtsinnig auszugeben. Die Folge davon ist, daß er mittwochs oder donnerstags kein Geld mehr hat. Wie den Rest der Woche zurechtkommen? Die Lösung bietet ein gleich neben dem Universitätseingang gelegenes Arbeitsamt für Studenten. Hier taucht Alexander im Jahr 1968 immer wieder auf. Mancher Job wird ihm dort vermittelt: Er hilft beim Ausfahren von Getränken. Er bedient in einem Bierzelt. Er arbeitet bei einer Gebäudereinigungsfirma. Er ist längere Zeit in der Sportartikelabteilung eines großen Kaufhauses tätig. Dann fungiert er als „Sandwichmann" und läuft durch die Stadt, mit langem Bart, buntkariertem Gewand und Zipfelmütze. Auf Rücken und Brust prangt das Werbeschild einer Reinigung: „Röver wäscht, reinigt, pflegt, tut alles für die Hausfrau!"

Kaum hat Alexander etwas Geld in der Tasche, kann er dem verheißungsvollen Lockruf der Ferne stehenden Fußes Folge leisten und lostrampen. Zunächst unternimmt er kleinere Touren in seine Heimatstadt und in den Ort, in welchem Isabelle die Schule besucht. Mit einem anderen Sportstudenten und mir geht es dann nach England. Allein trampt er nach Rom. Nach seiner Rückkehr erzählt er begeistert von der „Spanischen Treppe", von den vielen interessanten Leuten, die er dort getroffen hat. In Rom hat er mehr Glück als in Kopenhagen, entdeckt er doch in der dortigen Jugendherberge einen Anbau, dessen Räume schon mit neuen Betten ausstaffiert sind, aber noch nicht benutzt werden. Kostenlos und ungestört schläft er dort.

Ganz besonders und immer wieder zieht es ihn jedoch nach Paris. Er liebt Paris und die ganz besondere Atmosphäre dieser Stadt. Wenn er morgens von Deutschland lostrampt, ist er gewöhnlich am späten Nachmittag oder abends in Paris. Beginnt die Tour erst nachmittags, dann erreicht er meistens am nächsten Morgen sein Ziel. Am liebsten hält er sich oben auf dem Montmartre auf. Gerne schaut er den Porträtisten und Aquarellisten auf dem kleinen Malermarkt bei ihrer Arbeit zu. Er bedauert es, in Malen und Zeichnen völlig unbegabt zu sein, könnte er doch mit diesem Talent - wenn er es besäße - auf seinen Tramptouren etwas Geld verdienen.

Besonders gerne sitzt er jedoch auf den Treppenstufen unterhalb von „Sacré Coeur" und schaut hinab auf Paris. Da liegt es zu seinen Füßen und ist zu jeder Tages- und Nachtzeit wunderbar. Nie kommt es ihm in den Sinn, auch einmal in das Innere der großen Kirche einzutreten, die sich majestätisch hinter seinem Rücken erhebt. Nie macht er sich Gedanken darüber, was die Worte „Sacré Coeur" eigentlich bedeuten.

Selten sitzt er an seinem Lieblingsort allein. Fast immer ist er in Gesellschaft von anderen Trampern und Beatniks, auf welche diese Treppenstufen ebenfalls ihre Anziehungskraft ausüben.

Er fühlt sich sehr wohl in diesem Kreis. Geld hat kaum jemand, aber irgendwann taucht dennoch eine Rotweinflasche auf. Sie macht die Runde. Ein Baguettestab folgt. Jeder bricht sich ein Stück ab und reicht das Brot weiter. Und dann geht noch eine Packung Gauloise von Hand zu Hand. Auch Alexander fischt sich eine Zigarette aus dem blauen Päckchen mit dem Helm drauf, hat er sich doch gerade in der letzten Zeit als Sportstudent das Rauchen angewöhnt.

Rotwein, Baguettebrot, Gauloisezigaretten auf den Treppenstufen von Sacré Coeur - nur eines fehlt ihm jetzt noch, um schon auf Erden im Himmel zu sein.

Gitarrenakkorde erklingen, die schnell wieder abbrechen, weil das feine Ohr des Spielers Disharmonien erlauscht hat; einzelne Saiten werden angezupft, Wirbel des Instruments werden gedreht; erneut erschallen Probeakkorde. Auf dem Gesicht des Gitarristen zeigt sich ein zufriedenes Lächeln über die gefundene Harmonie, und dann ertönt sein vom Gitarrenspiel begleiteter Gesang. Lieder von Bob Dylan, die Alexander so sehr liebt. Sein berühmtes: „Blowing in the wind", sein herrliches: „Mister Tambourine Man", sein gesellschaftskritisches: „The times, they are changing", sein mystisch klingendes: „It's all over now, Baby Blue".

Es gelingt dem Beatnik gut, die rauhe Stimme und den Tonfall des wortgewaltigen, amerikanischen Folk- und Protestsängers nachzuahmen. Was Alexander betrifft, so ist er jetzt im Himmel; ja, könnte er diese Augenblicke für immer festhalten, dann hätte er schon seinen Himmel auf Erden gefunden!

Einmal, als er auf den Stufen vor Sacré Coeur sitzt, spricht ihn ein deutscher Tramper an: „Du, komm mit, Geld machen!"

„Geld machen? Wie soll das gehen?"

„Na, ich meine: Komm mit, schnorren! Geld betteln!"

„Aber das habe ich noch nie gemacht, nur um Nahrungsmittel habe ich gelegentlich gefragt."

„Dann wird es Zeit, daß du es lernst. Komm mit, ich zeige es dir, es ist ganz einfach."

Sie steigen die zahlreichen Stufen hinab. Gleich im unterhalb der Treppen gelegenen Stadtteil beginnt der Landsmann mit dem „Geldma-chen". Er steuert auf einen Passanten zu, streckt ihm die geöffnete Hand entgegen und sagt: „Excusez moi, Monsieur, donnez moi un

Franc s'il vous plaît! Entschuldigen Sie mein Herr, geben Sie mir bitte einen Franc!" Der Herr gibt nichts, sondern schüttelt verneinend und unwillig den Kopf und geht weiter. Dieser Mißerfolg bringt den Gefährten jedoch nicht aus der Fassung, spricht er doch schon gleich darauf eine Frau an: „Excusez moi, Madame, donnez moi un Franc s'il vous plaît!" Die Dame ist lieb, sie öffnet ihre Handtasche, nimmt eine Geldbörse heraus und gibt ihm einen Franken. „Merci beaucoup, Madame! Vielen Dank, Madame!"

Nachdem er einige Münzen erbettelt hat, sagt er zu Alexander: „So, jetzt bist du an der Reihe; auf, versuche dein Glück bei dem Mann dort drüben, der sich gerade die Schaufensteranlage anschaut." Alexander schluckt und zaudert einen Augenblick, eine gewisse Hemmschwelle blockiert ihn. Der Landsmann macht Mut: „Auf, los! Hab keine Angst, er frißt dich schon nicht auf!" Jetzt tritt er zu dem Mann hin und sagt: „Excusez moi, Monsieur!" Und als der Mann seinen Blick von den Auslagen abwendet und sich zu ihm umdreht, streckt er ihm die geöffnete Rechte mit den Worten entgegen: „Donnez moi un Franc, s'il vous plaît!"

„Paß auf", sagt der Deutsche nach einer guten Weile, „ich will dir jetzt noch eine andere Methode zeigen, wie man hier in Paris zu Geld kommen kann, aber dazu müssen wir zur nächsten Metrostation gehen." Dort angekommen, spricht er einzelne Personen an, die in die U-Bahn hineingehen oder aus ihr herauskommen: „Donnez moi un billet de metro, s'il vous plaît! Bitte schenken Sie mir ein Metrobillet!"

Nachdem er einige Metrokarten ergattert hat, stellt er sich neben den Ticketautomaten und hält jedem, der sich für einen Franken ein Billett ziehen will, ein erbetteltes hin mit den Worten: „Prenez ce billet, s'il vous plaît! Nehmen Sie diesen Fahrschein bitte!"

Ein kurzer Blick der Angesprochenen auf das angebotene Ticket und schon geht der Franken in die Hand des Landsmannes über, und auch das Billet wechselt seinen Besitzer. Rasch sind alle Fahrkarten verkauft, und nun ist Alexander Heller an der Reihe, auf die gleiche Weise „Geld zu machen".

Wenn man erst einmal den ersten Schritt gegangen ist, dann fällt das Betteln um Geld nicht schwerer, als das Betteln um Lebensmittel. Auch wenn man nicht so schlimm dran ist, wie die meisten einheimischen Bettler, besonders in ärmeren Ländern, sofern man in einer kleinen europäischen oder amerikanischen Stadt noch ein hübsches Zuhause hat.

Wenn die Einheimischen lange genug gehungert haben, und wenn es keine andere Möglichkeit gibt, ist es für sie an einem bestimmten Punkt wichtiger, satt zu werden, als stolz und hungrig zu bleiben.

Für Alexander ist das Stillen seiner Sehnsucht genauso wichtig, wie das Stillen von Hungergefühlen für den „richtigen" Bettler. Und nur als bettelnder Tramper kann man durch die ganze Welt reisen, um seine Sehnsucht zu stillen, sofern man von Hause aus nicht sehr begütert ist. Das Herumreisen macht stolz, das Betteln bricht diesen Stolz keineswegs!

Die neue Ehre besteht darin, die anerzogene zu brechen und etwaige Skrupel in einem tiefen Gefühl grenzenloser Gemeinschaft für den Rest des Lebens zu vergraben. Der neue Stolz gipfelt in dem Gefühl der unendlichen Überlegenheit über den normalen Touristen, der dadurch, daß er alles mit Geld bezahlt, nichts, aber auch gar nichts an wahren Werten zurückbekommt.

Später in Indien würde das neue Schnorrerglück noch nachhaltiger untermauert werden. Die Bettelmönche, die Bettlerstadt, die Bettlerehre - wer Almosen bettelt, schenkt dem Gebenden das große Glücksgefühl, etwas Gutes getan zu haben, er gibt etwas wirklich Wichtiges; er nimmt etwas sehr Nebensächliches, etwas Nahrung, etwas Geld usw.

Außerdem lernt man immer das, was man gerade am dringendsten braucht. Man kommt auch immer dann am richtigen Ort an, wenn man erwartet wird!

„Inschallah", murmelt Alexander, „Maktub, alles steht geschrieben, auch, daß ich heute in Paris das Geldmachen erlerne!"

Seit diesem Tag in Paris bettelt Alexander Heller auch um Geld, sobald dies notwendig ist; aber statt seinen Wunsch mündlich vorzutragen, zieht er es vor, dies schriftlich zu tun.

Mit den Worten: „Wollen Sie bitte lesen!" reicht er den fremden Passanten einen Zettel, auf dem in der jeweiligen Landessprache geschrieben steht: „Ich bin ein deutscher Student, der sich auf der Heimreise befindet. Ich habe kein Geld mehr, um mir etwas zum Essen zu kaufen. Könnten Sie mir bitte etwas Geld geben. Vielen Dank!"

Ist er der Landessprache unkundig, so daß er diese Sätze nicht selbst niederschreiben kann, so findet er doch immer rasch einen Einheimischen, der es für ihn tut.

9

Wiedermals aus Paris zurückgekehrt nach Mainz, spricht ihn eines Tages ein Sportstudent an: „Du, der SDS hat zu einer großen Demonstration gegen die Notstandsgesetze aufgerufen und eine Gruppe von uns geht hin. Wie ist das mit dir, willst du ebenfalls mitkommen?" Alexander überlegt eine Weile, für Geschichte und Politik hat er sich nie besonders interessiert, dann entgegnet er: „Also gut, ich bin auch dabei!"

Schätzungsweise 60 bis 70 Prozent aller Studenten der Mainzer Universität folgen dem Aufruf des Sozialistischen Deutschen Studentenbundes (SDS) und strömen am Tag der Kundgebung zur festgesetzten Zeit in der Nähe des Hauptbahnhofs zusammen. Die Demonstration ist ordnungsgemäß angemeldet und die Polizei hat die betroffenen Straßen für den Autoverkehr gesperrt.

Vom Treffpunkt verläuft der Protestmarsch durch die Mainzer Innenstadt zu einem Regierungsgebäude in der Nähe des Rheins. Der SDS hat als immer wieder in lauten Sprechchören zu wiederholende Parole den Schlachtruf ausgegeben: „Wir sind eine kleine, radikale Minderheit!" Ein geschickter Schachzug, durch den die Behauptung der Politiker lächerlich gemacht werden soll, bei den unzufriedenen, aufbegehrenden Studenten handele es sich nur um eine kleine, radikale Minderheit. Fast alle Demonstranten, es sind tausende, stimmen in diesen Ruf ein und es kommt ein unbeschreibliches Gefühl von Mächtigkeit auf, wenn man zu tausenden brüllt: „Wir sind eine kleine, radikale Minderheit". Auch Alexander macht mit, schließlich will er sich nicht blamieren.

Am Marschziel angekommen, lassen sich die Protestler zu einem Sit-In vor dem Regierungsgebäude nieder, das still und scheinbar verlassen daliegt. Kein Laut dringt aus seinem Inneren ins Freie, kein Mensch läßt sich an den Fenstern, Türen oder auf dem Balkon sehen.

Einige der Sitzenden fangen an, mit lauten Rufen die unsichtbaren Regierungsleute zum Dialog, zur Diskussion aufzufordern. Andere stimmen ein, und bald steigt dieses Begehren von hunderten von Lippen auf.

Es dringt durch die Mauern des Gebäudes und bleibt nicht wirkungslos. Plötzlich öffnet sich die Tür zum Außenbalkon und ein Mann tritt auf die Veranda. Alexander kann nicht sagen, wer es ist, und selbst wenn es der Ministerpräsident von Rheinland-Pfalz persönlich wäre, würde er ihn nicht erkennen. Denn er weiß tatsächlich nicht, wie Helmut Kohl aussieht.

Der Herr auf der Veranda scheint zum Gespräch bereit zu sein, aber nun haben die Demonstranten plötzlich kein Interesse mehr daran. Kaum hat sich der Regierungsvertreter auf dem Balkon blicken lassen, da ertönen Pfiffe und Buhrufe. Der Mann hört sich das Gejohle eine Zeitlang an, dann macht er eine hilflose Gebärde mit Armen und Schultern, dreht sich um und zieht sich wieder ins Innere des Gebäudes zurück.

Damit ist die Demonstration zu Ende. Einige der Sitzenden erheben sich, andere folgen und schließlich stehen alle auf.

„Du", sagt ein kleiner Kerl mit Che-Guevara-Mütze und Militärstiefeln an Alexanders Seite, „hast du Lust, mitzukommen und irgendwo ein Bier zu trinken?" „Einverstanden", entgegnet er, „ich habe Zeit und nichts Besonderes vor."

Die Gruppe der Sportstudenten, in welcher er sich anfangs befunden hatte, war während des Protestmarsches auseinandergeraten und hatte sich aus den Augen verloren. Bei dem Sit-In kam er neben einen

Studenten zu sitzen, der sich durch Kleidung, Worte und Gebaren als besonders eifriger Demonstrant erwies und ein aktives Mitglied des SDS zu sein schien. Als sie sich erhoben, bemerkte Alexander, daß er ihm kaum über die Schultern reichte.

Sie schlagen den Weg Richtung Bahnhof ein. Der Knirps redet ununterbrochen von Revolutionen, Aufstand der Arbeiterklasse, Kampf gegen den Kapitalismus und den amerikanischen Imperialismus. Alexander hört schweigend zu. In einer Seitenstraße zwischen der Großen Bleiche und der Kaiserstraße fällt sein Blick auf ein Lokal, über dessen Eingangstür in großen Lettern der Name „Briefkasten" prangt. Er unterbricht den Redeschwall des Genossen: „Du, wir wollten doch ein Bier trinken, wie wäre es mit diesem Briefkasten?" „Ach ja, gut, gut, gehen wir hinein!"

Es ist keine Studentenkneipe, die sie betreten, sondern ein ganz normales, eher bürgerliches Lokal. Links vom Eingang befindet sich eine runde Theke, an der eine Traube von Menschen steht. Brave, bieder scheinende Männer. Wahrscheinlich Handwerker, Arbeiter, Büroangestellte, vielleicht auch der Kaufmann oder Friseur von nebenan.

An der Theke vorbei gehen sie weiter ins Innere der Gaststätte hinein und nehmen an einem Tisch Platz. Sofort setzt Alexanders Begleiter seinen aufrührerisch klingenden Monolog fort, und zwar in solcher Lautstärke, daß jeder in der ganzen Kneipe hören kann, was er sagt. Eine Kellnerin bedient die Gäste an den anderen Tischen, aber zu den zwei Studenten kommt sie nicht. „Fräulein!" ruft Alexander ihr nach einer guten Weile zu und macht durch Winken mit dem Arm in besonderer Weise auf sich aufmerksam. Aber seine Bemühung ist umsonst, die Kellnerin beachtet die beiden nicht.

Wieder unterbricht er sein Gegenüber: „Die Bedienung läßt uns hier verdursten, komm, stellen wir uns an die Theke!"

Sie stehen auf, gehen nach vorne und zwängen sich in die Menschentraube, die den Schanktisch umgibt.

„Zwei Bier bitte!" ruft Alexander dem Wirt zu, ohne abzuwarten, bis der sich ihnen zuwendet, um ihren Getränkewunsch in Erfahrung zu bringen.

Einer der Gäste verläßt den Tresen, geht zur Eingangstür und öffnet sie weit. Plötzlich stürzen zwei andere Männer aus dem Kreis auf Alexander zu, packen ihn an den Armen und reißen ihn zum Eingang hin. Mit dem Rücken zur Straße steht Alexander im Türrahmen, links und rechts fest von den beiden in den Griff genommen. Ein anderer Kerl springt vor ihn hin - vielleicht ist es der, der die Tür geöffnet hat - holt weit mit der Faust aus und versetzt ihm einen Kinnhaken. Im gleichen Augenblick legen die zwei, welche ihn festhalten, ihre ganze Kraft in eine Bewegung, die ihn vor die Tür befördern soll. Die Kraftanstrengung der beiden verbindet sich mit der Wucht des Schlages des anderen, und Alexander Heller segelt rückwärts ins Freie und schlägt auf dem Bürgersteig auf.

Wenig später folgt auf dem gleichen Weg sein Kompagnon. In einem noch höheren Bogen als Alexander fliegt er durch die Luft und landet neben ihm auf dem harten Steinpflaster. Der Rausschmiss ist perfekt.

All das geschieht so schnell, daß sie zunächst völlig verdutzt auf dem Trottoir liegen und nicht wissen, was eigentlich los ist.

Der Kleine schaltet als erster: „Diese Schweine, diese Schweine!" schimpft er, während er sich mühsam vom Boden aufrafft. Auch Alexander erhebt sich und tastet seine Knochen ab. Zum Glück ist keiner gebrochen. Sein Gefährte glüht vor Zorn: „Das lasse ich mir nicht gefallen, das lasse ich mir nicht gefallen!" stößt er zwischen den Zähnen hervor.

Plötzlich leuchten seine Augen auf, und seine giftenden Blicke bleiben an einem kleinen Glasgehäuse haften, das links neben der Eingangstür angebracht ist. Geschützt von Wind und Wetter befindet sich die Speise- und Getränkekarte des ungastlichen Lokals darin. Der gedemütigte Genosse tritt vor das Glaskästchen hin, winkelt den rechten Arm an, ballt die Hand zur Faust und läßt sie durch die Glasscheibe auf die Speisekarte sausen.

„Jetzt müssen wir aber laufen!" sagt Alexander hastig und atemlos. „Was, laufen?" entgegnet der Scheibenbrecher. „Das kommt gar nicht in Frage. Ich kann Karate."

Blitzschnell rückt er darauf ein Stück nach rechts und nimmt direkt vor der Tür eine Karate-Kampfstellung ein. Die Beine leicht gespreizt, den linken Arm parallel zur Brust haltend, den rechten Arm mit geballter Faust vorgestreckt, erwartet er das, was aus dem „Briefkasten" auf ihn zukommt. Alexander will den Dreikäsehoch nicht allein seinem Schicksal überlassen und bleibt ebenfalls stehen.

Im Innern der Gaststätte hat man das Klirren der Scherben gehört. Kaum hat der junge Mensch seine Karatestellung eingenommen, da öffnet sich auch schon die Tür des „Briefkastens" und zehn bis fünfzehn Männer - wohl alle, welche die Theke umstanden - stürmen wutentbrannt ins Freie. Sein Karate nützt ihm nichts; wie von einem Panzer wird er von der anstürmenden Horde überrollt.

Zweifellos würde Alexanders Begleiter später im Zusammenhang mit den prügelnden Zechern nicht von Arbeiterklasse, sondern von korrumpierten Arbeiteraristokraten und windigen kleinbürgerlichen Elementen sprechen. Das Mysterium der logischen Definition des Begriffs der „Arbeiterklasse", bei anderen der „Schicht der Lohnabhängigen", war schließlich noch niemals so brisant vermasselt worden, wie durch die geltungssüchtigen Analysen der westdeutschen Studentenbewegung. Und dieses Mysterium war für Alexander unvergleichlich schwerer zu verstehen, als später das Mysterium des unbefleckten Herzens Mariae!

Sobald der Karateka auf dem Boden liegt, teilen sich die Männer. Die eine Hälfte schlägt auf den überrumpelten Klassenkämpfer ein, die andere Hälfte stürzt sich auf den Tramper. Alexander bekommt einen Schlag ins Gesicht und wird ebenfalls zu Boden gedrückt. Es gelingt ihm noch, auf die Knie zu kommen. Instinktiv kauert er sich zusammen, preßt die Stirn auf das Pflaster und hält Hände und Arme schützend um den Kopf. Die Schläge der Trinkbrüder prasseln auf ihn ein, minutenlang trommeln ihre Fäuste auf seinen Rücken, auf seine Arme und Hände.

Irgendwann hat sich der Zorn der Kerle mit dem gesunden Menschenverstand gelegt und sie lassen von Alexander ab. Er hebt den Kopf und schaut zu seinem kleinen Freund hinüber. Auch dessen Peiniger haben aufgehört, ihn malträtieren. Sofort nutzt er die Gelegenheit, springt mit erstaunlicher Schnelligkeit auf seine Füße und läuft davon. Alexander richtet sich ebenfalls eilends auf und rennt hinter ihm her.

Nach einer Weile bleiben sie stehen und drehen sich um. Die ganze Korona befindet sich noch vor dem „Briefkasten" und schaut ihnen nach. Nun, mit einem Sicherheitsabstand von fünfzig Metern, machen sie ihrem Ärger Luft und rufen den Männern lautstark eine ganze Litanei von Schimpfwörtern zu.

„Was, die haben immer noch nicht genug?" schreit einer von den Schlägern und beginnt, in ihre Richtung loszuspurten. Überzeugt davon, daß die ganze Meute ihm folgen wird, setzen auch Alexander und sein Gefährte sich sofort wieder in Bewegung. Beim Laufen wendet Alexander kurz den Kopf und sieht, daß doch nur der eine auf ihren Fersen ist. „Na warte Freundchen!" denkt er und verlangsamt stark sein Tempo. Als er hinter sich das Keuchen des Mannes hört, hält er inne, dreht sich um und schlägt dem Mann mit der Faust ins Gesicht. Damit hat der Kerl nicht gerechnet und ist plötzlich ganz hilflos und verstört; ohne seine Trinkbrüder wagt er nicht mehr anzugreifen. Alexander befürchtet, daß diese ihm zu Hilfe eilen werden und saust wieder weiter. Dabei hält er Ausschau nach seinem kleinen Freund; der Erdboden scheint ihn jedoch verschluckt zu haben und er sieht ihn nie wieder.

10

Im Stadtbus, der ihn vom Hauptbahnhof zum Hartenberg bringt, hat er Zeit, über die vergangenen Stunden nachzudenken. Bei diesem Protestmarsch der Studenten kam es zu keinen Ausschreitungen, es gab keinerlei Zusammenstöße mit Passanten oder mit der Polizei. Es war gewissermaßen eine Demonstration „aus dem Lehrbuch", bei der kein Blumentopf in Stücke ging. Und nach der Kundgebung? Theoretisch ist es nicht ganz auszuschließen, daß es neben dem Vorfall im und vor dem „Briefkasten" noch zu anderen Handgreiflichkeiten kam. Alexander glaubt jedoch nicht, daß dies tatsächlich der Fall war.

„Mann", denkt er, „da machen tausende von Studenten eine Demonstration; zwei von ihnen beziehen danach Prügel, und einer von den beiden bin ausgerechnet ich, der ich mich kaum für Politik interessiere!"

„Mensch, wie siehst du denn aus", staunt sein Bruder, als er ihr Zimmer im Studentenwohnheim betritt. Er schaut in den Spiegel und entdeckt einige Abnormalitäten: Das Gesicht ist teilweise angeschwollen. Auf der Stirne prangt eine rotblaue Beule, und vom Mundwinkel zieht sich ein Streifen verkrusteten Blutes zum Unterkiefer. Ein Auge ist zweifarbig geworden; zum natürlichen Braun des eigentlichen Sehorgans hat sich ein ungewohntes Veilchenblau der darunterliegenden Gesichtspartie gesellt. Alexander betrachtet sein Kinn und betastet es. Obwohl das Kinn schmerzt, ist er zufrieden. Es ist noch da, sein Kinn, der Kinnhaken hat es weder vom Gesicht abgeschlagen noch zertrümmert.

„Otto war bei der Demonstration nicht dabei", denkt er, „zumindest läßt er nichts davon verlauten. Das Leben meines älteren Bruders ist geradliniger als das meine, es verläuft in geordneteren Bahnen. Er ist ein Leutnant der Reserve. Im Gegensatz zu mir arbeitet er diszipliniert, macht gute Fortschritte und kann positive Ergebnisse in Form von erlangten Seminarscheinen vorweisen, welche bestätigen, daß er erfolgreich an fachbezogenen Übungskursen teilgenommen hat. Mein Bruder besucht den Sonntagsgottesdienst, ist Mitglied einer katholischen Studentenverbindung und schätzt Helmut Kohl, den er sicher für fähig hält, eine noch verantwortungsvollere Führungsposition in der deutschen Politik einzunehmen. Gegenüber dem starken Einfluss linker Kräfte an der Universität scheint er immun zu sein. Von der Bewegung der Blumenkinder hält er überhaupt nichts. Oder vollzieht sich auch bei ihm eine Werteveränderung, wenn auch in mehr verborgener, latenter Form? Um dann nach einer mehr oder weniger langen Inkubationszeit

- dafür um so nachhaltiger - tiefgehend und dauernd sein Leben und Denken zu beeinflussen?"

Am Tag nach der Demonstration, es ist ein Sonntag, erholt Alexander sich so gut, daß er sich am drauffolgenden Montag entschließt, trotz der nicht unerheblichen Kampfspuren in seinem Gesicht, im Sportinstitut an einigen Übungsstunden teilzunehmen.

Es ist noch recht früh, als er den Umkleideraum der Turnhalle betritt. Erst wenige Studenten befinden sich dort. Einer von ihnen ist Edwin. Alexander grüßt und stellt seine Sporttasche neben die seine.

Edwin stammt aus der Gegend von Trier. Er ist groß, blond und fast doppelt so breit wie Alexander. Obwohl erst zwanzigjährig, gehört er doch schon zu den besten deutschen Hammerwerfern.

Nun schaut Edwin kurz zu Alexander und erwidert seinen Gruß. Sein Blick muß ihm irgendetwas Absonderliches signalisiert haben, denn er schaut ihn wieder an und betrachtet ihn dann genauer. „Ja, was ist denn mit dir los?" fragt er ganz erstaunt. „Was haben sie denn mit dir gemacht?" „Ach ja", entgegnet Alexander, „nach der Demonstration habe ich halt Prügel bezogen." Und dann erzählt er die ganze „Briefkastengeschichte".

Der Hammerwerfer ist empört. „Was", ruft er aus, „da gehen wir heute abend hin!" Und zu einem anderen Sportkameraden, der den ganzen Bericht mitangehört hat und der ebenfalls ein kräftiger Bursche ist, sagt er: „Du kommst auch mit!" Der Angesprochene nickt mit dem Kopf: „Einverstanden!"

Um nicht als Feigling dazustehen, stimmt Alexander gleichfalls dieser erneuten „Briefkastenaktion" zu. Begeistert ist er allerdings nicht von ihr. Sein Zorn auf die Männer im Lokal war verflogen, nachdem er dem Mann, der ihnen nachsetzte, einen Faustschlag versetzt hatte.

Am Abend desselben Tages treffen sie sich am Hauptbahnhof und schlagen den Weg zu dem Lokal ein. Am Ziel angekommen, sagt Edwin zu Alexander: „Du gehst als erster hinein, und zwar allein; mach aber die Tür hinter dir zu, damit wir beide zunächst nicht gesehen werden. Wir kommen bald nach."

Als Alexander wenig später den „Briefkasten" betritt, zeigt sich ihm fast die gleiche Szene wie am Abend nach der Demonstration. Wieder umsteht ein Kreis Männer die Theke und die Kellnerin ist damit beschäftigt, die Gäste an den Tischen zu bedienen. Er schließt die Tür hinter sich und bleibt stehen. Einige Sekunden vergehen, und dann erschallen vom Schanktisch her erstaunte und empörte Rufe: „Da ist der Kerl ja schon wieder!" Die Augen aller wenden sich ihm zu und starren fassungslos und zornig. Er aber verharrt bewegungslos und schweigend an seinem Platz.

Kurz darauf treten die beiden Gefährten ein. Nachdem auch sie die Tür hinter sich geschlossen haben, geht der Hammerwerfer einige Schritte in das Lokal hinein und bleibt stehen. Nun setzt er ein recht grimmiges Gesicht auf und strafft den Körper, so daß sein Brustkorb in besonders eindrucksvoller Weise hervortritt. Dann ruft er mit Donnerstimme in das Lokal hinein: „Was habt ihr mit meinem Freund gemacht?"

Die Männer an der Theke zucken zusammen und ziehen die Köpfe ein. Ganz offensichtlich haben sie Angst. Eine spannungsgeladene Atmosphäre herrscht nun in der Schänke; es ist so still geworden, daß man eine Stecknadel fallen hören könnte. Edwin läßt seine Augen umherschweifen, herausfordernd tastet sein Blick die Männer an der Theke und die Gäste an den Tischen ab. Aber niemand wagt, ein Wort zu entgegnen oder ihm gar entgegenzutreten. Wie wird es weitergehen? Plötzlich - es ist keine Minute nach dem Ruf Edwins vergangen - wird die Stille wieder durch das Öffnen der Tür unterbrochen. Zwei junge Polizisten treten ein. Mit einem Blick erfassen sie die ganze Situation und sagen zu den dreien: „Bitte, macht keine Schwierigkeiten und verlaßt das Lokal."

Sie wollen keinen Ärger mit der Polizei und kommen der in freundlichem Ton ausgesprochenen Aufforderung der Beamten nach.

Trotz der unerwarteten Wendung des Geschehens sehen sie ihre „Briefkastenaktion" als gelungen an, haben sie doch diesen Leuten einen tüchtigen Schrecken eingejagt, womit sie zufrieden sind.

Nach diesem Abend hat Alexander den „Briefkasten" nie mehr betreten. Da das Lokal recht zentral in der Mainzer Innenstadt liegt, kommt er jedoch noch oft daran vorbei. Regelmäßig fällt sein Blick dann auf die Speisen- und Getränkekarte, die - ungeschützt durch die Glasscheibe - Wind und Wetter ausgesetzt ist und ihn immer an den Abend nach der Demonstration erinnert. Solange Alexander in Mainz ist, wird die gläserne Schutzvorrichtung nicht mehr repariert.

Einige Zeit nach den „Briefkastenerlebnissen" wettet Alexander mit Gerhard, einem anderen Sportstudenten, im Hallenbad des Sportinstitutes eine bestimmte Strecke weit zu tauchen. Er hatte diese Distanz schon wiederholt gut bewältigt, allerdings unter günstigeren Voraussetzungen, nämlich im Freibad seiner Heimatstadt und zu einem Zeitpunkt, als er noch Nichtraucher war. Wenn man weit tauchen will, ist es notwendig, daß man zuvor Lunge und Blut durch zwei- bis dreiminütiges tiefes Ein- und Ausatmen mit Sauerstoff anreichert. Natürlich ist dazu die Luft im Freibad geeigneter als die warme Chlorluft einer Schwimmhalle.

Zum Zeitpunkt der Ausführung der Wette befinden sich außer Gerhard und ihm nur noch zwei andere Personen in dem Hallenbad, nämlich der Hammerwerfer Edwin und der ausgezeichnete Langstreckenhindernisläufer, den er gleich bei seinem ersten Aufenthalt im Sportinstitut kennengelernt hat. Er beginnt das eigentliche Tauchunternehmen mit einem Kopfsprung. Während er unter Wasser schwimmt, fühlt er sich recht wohl und ist fest davon überzeugt, die Wette zu gewinnen. Etwa fünf Meter vor dem Ziel wird er plötzlich von Armen gepackt und an die Oberfläche gehievt. Jetzt sieht er, daß es Edwin und der Läufer sind, die ihn ergriffen haben. Sie dirigieren ihn zum nächsten Beckenrandtreppchen und steigen mit ihm aus dem Wasser.

„Was ist eigentlich los?" fragt er ganz erstaunt.

„Du bist plötzlich senkrecht wie ein Stein auf den Boden abgesackt", erklärt der Läufer, „wahrscheinlich hast du die Besinnung verloren."

„Ich habe absolut nichts davon bemerkt!" entgegnet er.

„Aber wir!" sagt Edwin.

Die Wette hat er also verloren. Sein Glück, daß außer Gerhard, dem Wettpartner, zufällig noch Edwin und der Läufer in der Schwimmhalle waren! Ich bezweifle, daß Gerhard allein ihn hätte retten können. Gerhard war weit weg vom Geschehen, auf der anderen Seite am Beckenrand. Und so hat er die ganze Rettungsaktion dem Hammerwerfer und dem Langstreckenläufer überlassen müssen.

Und wenn Alexander ertrunken wäre? Aber er war doch erst zwanzig Jahre alt und das ist doch noch kein Alter zum Sterben! Wirklich nicht?

Kurze Zeit darauf kommt er von irgendwoher und betritt sein Zimmer im Studentenwohnheim. Otto ist da. „Mama läßt dich benachrichtigen, daß dein Freund Franz tot in seinem Zimmer aufgefunden wurde", sagt er. „Sie hat auch den Termin seiner Beerdigung mitgeteilt."

Er kann sich denken, was die Todesursache war. Franz T., dieser Draufgänger und lebensfrohe Mensch, litt an einer Krankheit, die sich von Zeit zu Zeit in Anfällen äußerte. Einmal hat Alexander einen solchen Anfall miterlebt. Zum Glück war auch Heribert zugegen, der ganz genau wußte, was in dieser Situation zu tun war. Als Franz besinnungslos auf den Boden fiel, kniete Heribert sofort neben ihm nieder, legte seinen Kopf hoch und schaute nach, ob die Zunge, die den Atemweg nicht versperren durfte, richtig lag. Bald darauf war die Krise vorüber. Franz kam wieder zu sich und wenig später scherzte er schon wieder. Doch diesmal war der Anfall sicher deshalb tödlich gewesen, weil Franz allein und kein Helfer zur Stelle war.

Um an der Beerdigung teilzunehmen, fährt Alexander nach Hause. Obwohl seine Mutter Franz nie gesehen hat, begleitet sie ihn. Vor dem Begräbnis findet ein Totenamt statt. Ein alter Priester zelebriert die Messe in lateinischer Sprache. Er rezitiert ein sehr langes Meßgebet, in welches eine ganze Heiligenlitanei eingebaut zu sein scheint. Maria, die Mutter Jesu, wird erwähnt, Josef, der Mann Marias, alle zwölf Apostel. Dann folgen die Namen einer ganzen Reihe Heiliger, von denen Alexander absolut nicht weiß, wer sie sind und wann sie gelebt haben.

Heribert, der neben ihm sitzt, und Alexander schauen einander an. Ganz unpassend zum gegenwärtigen Trauerambiente zucken Lachmuskeln in ihren Gesichtern; sie müssen sich richtig anstrengen, den aufsteigenden Lachreiz zu unterdrücken. Ohne ein Wort gewechselt zu haben, sind sie ganz offensichtlich einig und denken: „Was soll dieser Unsinn? Was soll die Anrufung dieser seltsamen Heiligen? Die haben Franz nicht geholfen, als er seinen Anfall hatte, und jetzt, da er tot ist, können sie ihm noch viel weniger von Nutzen sein. Weil sie selbst ebenso tot und dahin sind wie unser Freund."

Recht viele Leute befinden sich auf dem kleinen Dorffriedhof, als Franz im Sarg in das Grab hinabgelassen wird. Nach dem Begräbnis sind die Teilnehmer in einem Saal zu einem Imbiß eingeladen. Der große Raum gehört zu jener Gaststätte, in welcher Alexander vor einem knappen Jahr nach seiner Rückkehr aus Marokko mit Franz und Heribert bei einem kühlen Glas Bier zusammensaß. Franz' Mutter kommt zu ihnen an den Tisch. Sie bedankt sich für die Teilnahme am Begräbnis. Dann sagt sie, zu Alexanders Mutter gewandt: „Wie froh waren wir doch, als unsere Söhne damals wohlbehalten von der Marseillefahrt zurückkamen!" Und nach einem Augenblick des Schweigens fügt sie traurig hinzu: „Und jetzt?"

Der Tod von Franz hinterläßt in Alexander Hellers Leben eine besondere Spur. Er trägt zur Findung seiner persönlichen Lebensphilosophie bei, die in etwa lautet: „Wenigstens hat er Marseille gesehen, der arme Franz, wovon er sonst nur geträumt hätte! Mit dem Tod ist alles aus. Einmal tritt er an einen jeden von uns heran. Wenn für mich diese Stunde schlägt, dann möchte ich sagen können, daß ich von meinem Leben etwas gehabt habe. Und wann ist das der Fall? Gewiß nicht, wenn ich ein ganz normales, bürgerliches Leben geführt habe. Ein intensives, ungebundenes, abenteuerliches Leben - selbst wenn es nur kurz ist - erscheint mir bedeutend sinnvoller und lohnenswerter als ein noch so langes, eingeengtes, gewöhnliches Leben. Deswegen will ich ersterem den Vorzug geben."

Und während der Hammerwerfer Edwin Kurs auf sein Abschlußexamen als Diplomsportlehrer nimmt und auf seine Teilnahme an den olympischen Spielen in München, nimmt Alexander Heller Kurs auf ein weiterhin unklares Ziel: Auf die Erfüllung seiner Sehnsucht.

Dritter Teil: Im äußersten Westen

1

Jetzt, im Sommer des Jahres 1968, ist es nicht mehr Edgar aus seinem Heimatort, der Alexander begleitet, sondern ich bin es nun, Tobias Blok, der in Mainz Germanistik und Sport studiert. Und für mich, der zum ersten Mal afrikanischen Boden betritt, ist alles neu.

Wir befinden uns in einem marokkanischen Reisebus, auf dem Weg von Casablanca nach Marrakesch. Je mehr wir uns der ehemaligen Königsstadt nähern, desto höher schlägt Alexanders Herz, desto größer wird seine Freude. Es ist bereits dunkel, als wir durch den der Stadt vorgelagerten Palmenwald fahren. Wir erreichen Gueliz, die Neustadt. Wir fädeln uns in den Verkehr auf der Avenue Mohammed V., der Pracht- und Hauptgeschäftsstraße. Hinter den Bäumen, die beide Straßenseiten säumen, erheben sich im Licht von Laternen rötliche Gebäude: Wohnhäuser, Hotels, Warenhäuser. Die kerzengerade Avenue endet kurz vor der Koutoubia-Moschee, die mit ihrem hohen, viereckigen Minarett zwischen der Neustadt und der Altstadt gelegen ist. Jetzt ist es nicht mehr weit bis zum „Djemaa el Fna".

Wir stehen an der Südostseite, wo die Autobusse abfahren und ankommen. Der Pulk der Neuankömmlinge, der den Bus verlassen hat, zerstreut sich nicht, wie man erwarten könnte, sondern er verharrt auf der Stelle, offensichtlich genauso fasziniert, wie wir selbst. Nur ein paar andere Tramper sind darunter, die meisten sind Marokkaner, und gerade diese scheinen besonders freudig erregt zu sein, hier angekommen zu sein. Wir lassen die Atmosphäre auf uns einwirken. Trotz der Dunkelheit kommen alle unsere Sinne überreich auf ihre Kosten. Nur ganz wenige Straßenlaternen schummern am Rand des riesigen Platzes. Das Licht kommt von einem vollen, scheinbar überdimensionierten Mond, der groß und fett über der Spitze der „Koutoubia" schwimmt. Zahlreiche Lichtquellen schimmern außerdem überall auf dem Platz. Es sind Gaslaternen, die am Boden neben einem Geschichtenerzähler, neben einem Gewürzverkäufer, neben einem Schlangenbeschwörer stehen und das zahlreiche Publikum in ein gespenstisches Licht tauchen. Es sind flackernde Herdfeuer in kleinen, primitiven Garküchen, ihren überall aufsteigenden eigenen Rauch illuminierend. Es sind Öllämpchen, wie kleine Sterne um einen Wahrsager drapiert, der mit überkreuzten Beinen am Boden kauert. Und schließlich gibt es auch noch die gelben Scheinwerfer hupender Busse und PKWs am Rande des Platzes und in den Einmündungen der Gassen, die im Dunkeln liegen. Unsere Augen nehmen die zahllosen Menschenklumpen wahr, bewegte Ansammlungen vieler Schatten, in die Ohren dringt das Gewirbel der Trommeln, das die Vorführungen der Berbertänzer begleitet, das Raunen und die Beifallsbekundungen, womit besonders gelungene Darbietungen von den Umstehenden begleitet werden.

In unsere Nasen steigen tausend Düfte und Gerüche. Sie entstehen überall auf dem Platz, aber sie scheinen auch aus entfernteren Hainen und verborgenen Gärten zu kommen; eine heiße, leichte Brise, von den Bergen des Atlas, weht den Blüten- und Blumenduft heran und kündet von der Allmacht der Wüste. Noch in der Dunkelheit spüren wir die Sonne des vergangenen Tages, und die Wärme des Platzes erhitzt unsere Körper, sodaß der Schweiß aus den Poren tritt.

Zwei, drei erregte Marokkaner sprechen auf einige Mitreisende aus unserem Pulk ein. In ihren Händen halten sie Pechfackeln. Wir verstehen ihre gutturalen Worte nicht, aber ein Mitreisender übersetzt sie uns. Die beiden Marokkaner mit den Fackeln laden alle Neuankömmlinge zu einer Hochzeit ein, die ganz in der Nähe gefeiert wird. Ich bin erstaunt, etwas verlegen und unentschlossen, aber Alexander sofort Feuer und

Flamme und der freundliche marokkanische Mitreisende erläutert: „Das ist Marrakesch, das ist hier normal!"

Wir folgen der Menschentraube, die aus etwa zwanzig, dreißig Männern besteht, darunter etwa sechs Europäern. Ich sage zu Alexander: „Das fängt ja gut an!"

Wir sind bald am Ziel angekommen und drängeln uns durch eine schmale, niedrige Tür. Nun befinden wir uns in einem erstaunlich geräumigen Innenhof, der komplett überdacht ist. An zwei Wandseiten der Halle befinden sich Sitzpolster, davor stehen viele flache Tische. Man weist uns einen Platz mit den anderen Europäern in der Nähe des Bräutigams zu. In einer Ecke der Halle wird eine ohrenbetäubende Musik gemacht. Kernstück der Musik ist die Kakophonie mehrerer Trommeln. Dickbauchiger Bässe, tönerner, vasenförmiger Trommeln, flacher Tambourine, die am Rand des Felles noch mit Klöppeln an kurzen Riemchen versehen sind. Alle diese Trommeln werden mit den Händen geschlagen und den melodischen Teil übernehmen verschiedenste Holzbläser. Einer von ihnen fällt mir besonders auf. Sein rechtes Auge strahlt mich freundlich an, es ist kohlrabenschwarz und glänzt vor Stolz und Lebensglück, sein linkes dagegen scheint fast blind zu sein. Es ist merkwürdig starr; es ist heller als das andere und glitzert im Licht der Fackeln fast silbrig.

Platten mit Couscous und Hammelfleisch werden aufgetragen. Couscous, auch „Seksou" genannt, ist das Nationalgericht der Marokkaner. Es wird aus kugelförmigen Hirse- oder Hartweizenkörnchen bereitet, die im Wasserdampf gegart werden. „Seksou" wird dann mit Fleisch - meistens Hammelfleisch - oder auch gelegentlich mit Fisch serviert.

Die marokkanische Frauenwelt einschließlich der Braut ist ebenfalls vertreten, allerdings nicht nur in einigen Metern Abstand von uns, sondern auch zwei bis drei Meter über uns. In einer Ecke der Halle, etwa eineinhalb Meter unter der Decke, ist eine kleine, mit einem Gitter aus Holzstäben versehene Empore in den Raum hineingebaut worden. Von diesem Holzbalkon führt eine niedrige Tür in das Obergeschoss des Hauses. Fünf bis sechs - teilweise unverschleierte - Frauen und

Mädchen kauern dicht zusammengedrängt hinter dem Gitter und schauen durch die Rauten auf uns herab. Hinter ihnen warten noch viele andere, sie wechseln sich ab, jede von ihnen kommt in den Genuss des Ausblicks aus der ersten Reihe. Sie sind guter Laune, kichern und flüstern miteinander und haben ganz offensichtlich ihre Freude an uns seltsamen Gästen. Manchmal bringen sie ihre Fröhlichkeit durch einen eigenartigen, langgezogenen Laut zum Ausdruck, der wohl durch blitzschnelles Hin- und Herbewegen der Zunge zwischen den Lippen erzeugt wird und der an das laute Kollern eines Truthahns erinnert.

Nach dem Mahl wird getanzt. Die Männer, viele Altersstufen sind vertreten, fassen sich an den Händen und tanzen. Einige tanzen allein, kleine Jungs, höchstens vierzehn, bewegen sich schon spielerisch und gekonnt zu der orientalischen Musik. Alle werden begleitet vom rhythmischen Beifall der übrigen und angefeuert durch das eigentümliche Trillern der Frauen. Als der Bräutigam zum Tanz schreitet, überschlägt sich die Stimmung. Er macht Bewegungen wie eine Bauchtänzerin, dann dreht er sich unter dem Trommeln und Klatschen und Trillern der Frauen wie ein Derwisch im Kreis, bis er erschöpft ist.

Neue Platten mit frischen Früchten, Gebäck, Datteln und getrockneten Feigen werden herangebracht, sowie Tabletts mit Gläsern und marokkanischem Menthetee.

Die Gastgeber schauen erwartungsvoll zum Eingang, die Musiker werden nun noch verstärkt durch einige Bläser und Saiteninstrumentalisten, die neu angekommen sind. Sie beginnen, einen langsamen Rhythmus und eine hier wohl sehr bekannte orientalische Melodie zu spielen, denn nun erreicht das Trillern der Frauen einen vorher nicht gehörten Pegel. Vom Eingang schiebt sich tänzelnd eine glöckchenbehangene und verschleierte Frau durch die Menge der Männer, die sich dort versammelt hat. Die anderen sind wie elektrisiert von ihren Polstern in die Höhe geschossen. Der Bräutigam bedeutet ihnen, sich wieder zu setzen, und während sie seinen Gesten Folge leisten oder von den bereits Sitzenden an ihren Djellabahs gezogen werden, damit sie endlich Platz nehmen, hat die Frau mit den Glöckchen die Mitte der Halle erreicht und beginnt nun ihrerseits mit einem Tanz.

Sie trägt schlicht bestickte Pluderhosen, ein hoch geschlossenes kurzes Gewand und einen Schleier, der allerdings nicht nur ihre Augen, sondern auch ihre Stirn und ihre prachtvollen, langen Haare unverschleiert läßt. Dort, wo ihr Mund ist, bewegt sich der tüllige Stoff kaum wahrnehmbar im Gleichklang mit ihrem Atem. Ihr ganzer Körper ist verhüllt, nur ihre vollkommen bemalten Füße und Hände nicht; Ringe und Kettchen und Glöckchen schimmern dort golden. Während sie ihre Hüften im Rhythmus der Musik bewegt, unterstreicht sie ihren Tanz mit den Armen, winkelt ihre Hände im richtigen Moment zu einer ausdrucksvollen Gebärde ab, bewegt ihre Beine und die zarten Füße, als schwebe sie stehend auf einem fliegenden Teppich und halte mühelos das Gleichgewicht.

Ihre Augen strahlen wie schwarze Burmarubine. Sie ist sofort der Mittelpunkt des Festes. Sie ist jetzt sogar der Mittelpunkt in Marrakesch, im ganzen „äußersten Westen", in „Maghrib el Aksa", in „Marokko".

Nach einer Bewegung, die an eine Pirouette erinnert, reißt sie plötzlich ihr Obergewand vom Körper und wirft es ins Publikum. Sie trägt nun ein enger anliegendes Oberteil, das allerdings ihren Oberkörper ebenfalls vollkommen umschlossen hält, mit einer wichtigen Ausnahme: Zwischen dem Bund der Pluderhose und dem Saum des Oberteils sieht man jetzt ihre Hüften und ihren Bauch. Im Nabel trägt sie ein glitzerndes Schmuckstück. Nun beginnt sie, ihren Bauch und die Hüften doppelt so schnell wie der Takt der Musik zu bewegen; sie steigert das Tempo noch, sie schlägt die Hüften gegen den Rhythmus; sie läßt den Bauch vibrieren wie ein schnell geschlagenes Tambourinfell; die Frauen hinter dem Holzgitter sind außer sich; die Männer am Eingang sind starr vor Staunen; die anderen springen von ihren Plätzen und klatschen und freuen sich; dabei schwebt die Frau mit den Glöckchen weiterhin grazil und leicht und wie selbstverständlich auf ihrem fliegenden Teppich; dabei scheint es, daß ihre Hüften und ihr Bauch die Oberherrschaft über ihren ganzen Körper gewonnen haben; beim genauen Hinsehen ihr geschmückter Bauchnabel. Der Nabel bewegt sich mal gegen, mal im Einklang mit der Musik, er schwebt zitternd mal in die Richtung des Eingangs, mal in die Richtung des Bräutigams. Bewegt der Nabel die Hüften, oder bewegen die Hüften den Nabel?

„So was habe ich noch nie gesehen", raune ich in das Ohr von Alexander, der allerdings geistesabwesend scheint und wie gebannt in eine ganz andere Richtung schaut.

„Der Nabel bewegt die Tänzerin. Denkt man, der Höhepunkt sei erreicht, tanzt der Nabel zu einem neuen: Dieser Nabel ist der Nabel der Welt", murmele ich und seufze: „Als Karl Martell 732 die Araber bei Tours und Poitiers schlug, da kannte er diesen Nabel sicher nicht! Andererseits: Warum mußten die Araber Bordeaux niederbrennen? Vielleicht hätten sie mehr Erfolg mit einem tanzenden Nabel gehabt?"

Die ganze Halle - mit Ausnahme von Alexander - ist vom Nabel der Tänzerin wie ekstatisiert. Ich zwinge mich, meinen Blick von den bebenden Hüften abzuwenden, und das Gesicht der Frau zu betrachten. Ihre Augen, die schwarzen Burmarubine, ruhen still und tief, bilden einen krassen Gegensatz zu den katatonischen Bewegungen ihrer Hüften. Ein überirdisches Leuchten, eine unsichtbare Kraft scheint ihnen inne zu wohnen. Dann erst realisiere ich, daß die Frau mich anschaut. Nicht ich habe meinen Blick in ihre Augen gehoben, sondern sie war es, die mich dazu zwang! Es ist, als wolle sie mich in sich hineinziehen. Eine Gänsehaut überzieht meinen Körper, obwohl es stickig und heiß ist. Ich spüre, wie ich puterrot werde. Aber ich kann meinen Blick nicht abwenden. Die Tänzerin kommt auf mich zu. Mir wird abwechselnd heiß und kalt. Der Körper der Frau tanzt jetzt unmittelbar vor mir, ihre Augen strahlen in meine. Meine Augen bedeuten ihr meine vollkommene Unterwerfung, ich spüre das und ich spüre, daß sie das weiß. Ein Mann in unserer Nähe steckt ihr eine Geldnote in den Hosenbund. Schon viele Geldnoten stecken dort. Ich weiß nicht, was er bei dieser kurzen Berührung empfindet. Auch ich möchte die Frau berühren, aber ich traue mich nicht. Ich bin erstarrt wie eine Salzsäule. Die Tänzerin lächelt. Ihr Lächeln lockert den Bann. Sie tanzt zu einem anderen. Ich hole tief Luft. Ich bin erleichtert, aber ich bin auch traurig, weil sie nun vor einem anderen tanzt. Alexander tippt mir auf die Schulter. Mit vielsagendem Blick deutet er nach draußen. Dann drängeln wir durch die feiernden Menschen, weg vom Lärm und fort von meiner Beklommenheit.

2

Wo wir in meiner ersten „Nacht von Marrakesch" geschlafen haben, weiß ich nicht mehr, auch Alexander erinnert sich nicht mehr daran. Der nächste Tag beginnt für uns jedenfalls auf dem „Platz der Gehenkten"; und schon der nächste Tag bringt uns das Treffen mit Lee.

Immer wieder einen gleichlautenden Ruf ausstoßend, bahnt sich ein Mann mit beiden Händen den Weg durch das Menschengetümmel. Er ist älter als wir, an die 50 Jahre alt, von recht großer Statur und in eine dicke, braune Djellabah gehüllt, in dieses mönchsgewandähnliche Kleidungsstück der Marokkaner. Die gewellten, nicht sehr gepflegten Haare fallen ihm bis auf die Schultern herab. Alexander und ich schauen uns an: „Wer ist das? Etwa ein arabischer Schlangenbeschwörer, der sich mit Kobras, Nattern und Vipern, die zu seiner Flöte tanzen, auf dem ‚Djemaa' sein tägliches Brot verdient?"

Besonders zwei Dinge lassen diese und ähnliche Annahmen unwahrscheinlich erscheinen. Zunächst die Sprache des Mannes. Je mehr er sich uns nähert, desto besser können wir die Worte verstehen, die aus seinem Mund kommen. „Out of sight!" ruft er. „Out of sight!" Und das ist englisch und heißt ganz einfach: „Aus der Sicht! Aus der Sicht!"

Außerdem ist der Mann nicht allein. Eine Gruppe junger Leute, die ganz offensichtlich aus Amerika oder Europa kommen, zieht hinter ihm her und er scheint ihr Anführer zu sein. Nur wenige von ihnen haben Frisuren wir er, aber fast alle haben für damaliges Verständnis ebenfalls recht lange Haare, keiner ist so „einheimisch" gekleidet wie er, fast alle tragen ausgewaschene Jeans und T-Shirts in bunten Farben. Besonders aber die Kifpfeife, die im Gürtel des einen oder anderen von ihnen steckt, weisen sie als zu einer Gruppe zugehörig aus, die wir hier zum ersten Mal als solche wahrnehmen: als Hippies. Mögen die ersten Hippies auch bereits in den späten 50igern in Kalifornien aufgefallen sein, in Europa war die „Be yourself- be a hippie- Bewegung" (Sei du selbst- sei ein Hippie) erst im Entstehen. Und Marrakesch hatten die ersten von ihnen wohl gerade in diesem Sommer erreicht. Als Alexander letztes Jahr hier war, war ihm noch kein einziger Hippie aufgefallen.

Ein etwa 25jähriger junger Mann mit kurzem Haarschnitt gehört auch zu der Gruppe. Er trägt einfache europäische Kleidung, Hemd, lange Hose, er hat intelligente Gesichtszüge, ist aber sicherlich ein Marokkaner.

Jetzt befindet sich der bunte Trupp in unserer unmittelbaren Nähe und ihr langhaariger Anführer bemerkt uns. Ganz unbefangen spricht er uns an.

„Where you Guys come from? Jungs, woher kommt ihr?"

„From Germany! Aus Deutschland!"

„And where do you stay in Marrakesh? Wo wohnt ihr in Marrakesch?"

Wir zucken die Achseln. „We don't yet know, we just arrived. Das wissen wir noch nicht, wir sind gerade angekommen."

„Then go to the ‚Hôtel de France', there you can stay on the roof for one Dirham the day. Dann geht zum Hôtel de France, dort könnt ihr euch auf dem Dach für einen Dirham pro Tag einquartieren."

„Where is this hotel? Wo ist dieses Hotel?"

Der Mann erklärt es uns mit ein paar Worten und sagt uns zum Abschluß: „See you later on the roof, and, besides, my name is Lee. I come from San Francisco. Wir sehen uns später auf dem Dach! Übrigens, ich heiße Lee und komme aus San Francisco."

Wir sind dankbar für den Tip, den Lee uns gegeben hat. „Das Übernachtungsproblem ist damit gelöst. Den Dirham für das Hoteldach werden wir uns leisten können", denke ich. Der marokkanische Dirham entspricht in seinem Wert etwa dem französischen Franc und ist wie dieser in 100 Centimes aufgeteilt. Zur Zeit bekommt man ihn auf der Bank für 60 bis 70 deutsche Pfennig.

Das „Hôtel de France" darf nicht mit dem „Café de France" verwechselt werden. Letzteres liegt direkt am „Djemaa el Fna" und auf seinem Flachdach sind Tische und Stühle aufgestellt. Gerne sitzen hier Gäste bei einem Glas Menthetee und beobachten wie von einem Hochsitz aus das bunte Treiben.

Um zum „Hôtel de France" zu gelangen, betreten wir eine Gasse, die von der Südostecke des „Djemaa", gleich unterhalb der Busstation, in die Medina hineinführt. Sie ist nur zwei Meter breit, Autos können hier nicht verkehren. Nach etwa 50 Metern erreichen wir das „Hôtel de France", das auf der linken Seite der Gasse liegt. Der Name ist etwas großspurig für diese kleine, arabische Herberge mit ihren zehn bis fünfzehn komfortlosen Zimmern. In einem Reiseführer wird man das „Hotel" wohl vergeblich suchen.

Bald stehen wir auf dem Flachdach und lassen unseren Blick umherschweifen. Woher sollen wir wissen, daß sich genau das hier eigentlich nicht gehört?

Gegen Westen ragt das rotgelbe Minarett der Koutoubia-Moschee empor. Gedämpft dringen die Geräusche des großen Platzes zu uns herüber. Der direkte Blick auf den „Djemaa" ist uns jedoch wegen der Häuser, die zwischen ihm und unserer Herberge liegen, verwehrt. Auf den anderen Seiten umgibt uns das Häusermeer der Altstadt von Marrakesch. Ab und zu ragen zwischen den zahllosen Flachdächern die Wipfel von Palmen und Zypressen oder das Minarett einer Moschee auf.

Einige Decken, Taschen, Schlafsäcke befinden sich auf dem Dach. Sicher gehören sie den „Blumenkindern" und Trampern, die hier übernachten. Wir stellen unsere Siebensachen dazu und begeben uns dann zum „Djemaa", um unseren Hunger und Durst, aber vor allem unsere Neugier zu stillen.

3

Es ist Abend geworden. Mit einigen Hippies hocken wir auf dem Flachdach des „Hôtel de France" um Lee herum. Inzwischen haben wir von dem Schweizer Romain, der jetzt im Kreis neben Alexander sitzt, Näheres über den Amerikaner erfahren. Lee stammt aus Kalifornien, wie wir schon wissen und er ist viel gereist. Er war auch längere Zeit in Indien. Jetzt lebt er in einem Dorf im Atlasgebirge, kommt aber von Zeit zu Zeit für einige Tage nach Marrakesch. Die Marokkaner nennen ihn Dr.Said, da er immer „Out of sight!" ruft, wenn er sich einen Weg durch das Getümmel bahnt. Mohammed, der Marokkaner mit den intelligenten Gesichtszügen, den wir auf dem „Djemaa" bei Lee sahen, ist sein Dolmetscher, Freund, Kalfaktor. Finanzielle Sorgen scheint Lee nicht zu kennen; sein wohlhabender, leiblicher Bruder in Amerika soll ihn unterstützen.

Da Lee in Indien war, fragt Alexander ihn: „Did you like India? How is India? Hat es dir dort gefallen? Wie ist es in Indien?" Anstatt eine direkte Antwort zu geben, rät er ihm ganz dringend, selbst hinzureisen: „Man, go to India! You must go to India! Travel by train, walk, take a donkey, but go to India! Geh nach Indien, Mann! Du mußt nach Indien gehen! Fahr mit dem Zug, geh zu Fuß, nimm einen Esel, aber geh nach Indien!" Dann sagt er ihm noch, was er dort tun soll: „And if you are there, take a trip of acid and than you'll go to the universe! Und wenn du dort bist, nimm einen Trip und du wirst ins All reisen!"

Eine Frage steigt in Alexander auf: „Wo gehörst du eigentlich hin?" Er schließt die Augen und denkt nach. Bis jetzt weiß er eigentlich nur, wo er nicht hingehört. Seine Gedanken wandern zurück nach Mainz zum Sportinstitut. Dort gab es gewissermaßen zwei Klassen von Menschen: Die olympiareifen Sportkanonen und die gewöhnlichen Studenten. Zu den ersteren, die er bewundert, gehörte er nicht, da die entsprechenden sportlichen Leistungen fehlten. Aber auch zu der zweiten Gruppe kann er sich nicht zählen, da er sich nicht imstande sieht, ein gewöhnliches Sportstudium zu absolvieren.

Und jetzt sitzt er unter Hippies auf einem Flachdach in der Altstadt von Marrakesch und fragt sich, ob das die Menschengruppe ist, der er zugehören kann. Eine Reihe von Gründen sprechen dafür, besonders ein Grund jedoch dagegen, und die Worte von Lee haben ihm gerade den Grund, der dagegen spricht, wieder bewußt gemacht.

„And if you are in India, take a trip of acid and then you'll go to the universe!" Er kann diesem Vorschlag des Amerikaners nicht Folge leisten, da er weder L.S.D. noch andere Drogen nehmen darf. Und warum nicht? Weil er sich das geschworen hat, damals, vor über einem Jahr in Portugal. Als er die aus Tanger mitgebrachten „Haschisch-Kandies" ausprobierte und beinahe daran gestorben wäre.

Doch zum Hippiesein gehört wesentlich der Gebrauch von Drogen. Hippies rauchen auf jeden Fall Kif und konsumieren Haschisch. Die meisten schlucken auch L.S.D., das künstlich im Labor hergestellt wird.

Alexander jedoch darf da nicht mitmachen, war doch seine negative Erfahrung mit den „Haschisch-Kandies" ein Warnschuss vor den Bug, der ihn unzweideutig darauf aufmerksam gemacht hat, daß er von jeder Art von „Stoff" die Finger lassen muß.

„Also werde ich wohl nie ein richtiger Hippie sein können", denkt er traurig. Um aber dennoch so sehr wie nur möglich zu dieser Menschengruppe zu gehören, faßt er jetzt den Entschluß, sich in Zukunft wenigstens nicht mehr die Haare schneiden zu lassen.

Er öffnet die Augen wieder und schaut auf den Schweizer Romain, der neben ihm sitzt. Es ist noch hell genug, um zu sehen, was Romain tut. Er hat den langen, aus Holz gedrechselten Stil seiner Kifpfeife aus dem Gürtel gezogen - die Marokkaner nennen ihn „Sebsi" - und ist nun dabei, den „Skaaf", den winzig kleinen, tönernen Pfeifenkopf aufzusetzen. Dann taucht er seine Fingerspitzen in ein Beutelchen und zieht sie, mit Kif dazwischen, wieder heraus. Vorsichtig streut der Berner den grünfarbenen, tabakähnlichen Stoff in den „Skaaf" und drückt ihn etwas an. Dann nimmt er „Sebsi" in den Mund und führt die Flamme eines Streichholzes zum „Skaaf". Ein leises Knistern zeigt an, daß der Kif Feuer gefangen hat.

Romain nimmt einen tiefen Zug, läßt den Rauch eine Weile in seiner Lunge und stößt ihn dann wieder aus. Auf's neue inhaliert er tief und exhaliert. Dann reicht er Alexander die Pfeife und sagt: „Take it, man! Nimm sie, Mann!"

Alexander hat nicht den Mut, sie einfach abzulehnen und zu sagen, daß er nicht kiffen möchte. Es scheint ihm, daß er seinen Vorsatz, die Finger von jeder Art von „Stoff" zu lassen, nicht ganz buchstäblich nehmen muß. „Wenn ich den Rauch nur in der Mundhöhle lasse und nicht wirklich inhaliere, kann nicht viel passieren!" denkt er. Das Täuschungsmanöver gelingt auch recht gut; niemand merkt, daß er nur pafft und nicht wirklich raucht.

Er gibt die Pfeife an Romain zurück, da es sich nicht lohnt, sie in der Runde kreisen zu lassen. Der tönerne Pfeifenkopf ist so klein, daß der eingefüllte Kif schon nach wenigen Zügen fast aufgebraucht ist. Auch besitzen die meisten der anderen selbst „Sebsi", „Skaaf" und Kif, deren sie sich zum Rauchen bedienen können.

Romain führt die Pfeife wieder zum Mund, jedoch nicht, um einen neuen Zug zu nehmen, sondern um sie zu säubern. Kurz und kräftig bläst er in „Sebsi" hinein. Der brennende Restkif hoppst mitsamt der Asche aus dem „Skaaf" heraus und fliegt wie eine Sternschnuppe durch die Luft. Die Glut landet irgendwo auf dem Flachdach, wo sie schnell verglüht.

In Amerika bezeichnet man den Kif mit dem mexikanischen Wort „Marihuana". Im Jargon nennt man ihn auch „Mary Jane" oder einfach „Grass" (Gras). Wie Haschisch wird er aus dem Indischen Hanf (Cannabis) gewonnen. Während man jedoch Haschisch durch ein besonderes Verfahren aus den Blütenpollen dieser Pflanze gewinnt, wird Kif auf einfachere Weise aus ihren Blättern, Blüten- oder Samenständen hergestellt. Diese werden getrocknet, fein zerhackt oder fein zerschnitten und dann wie Tabak in der Pfeife oder in selbstgedrehten Zigaretten geraucht.

Anbau, Herstellung, Verkauf und Genuß des Kif sind in Marokko ungesetzlich. Dennoch wird er im ganzen Land, besonders in den ärmeren Bevölkerungsschichten, mehr oder weniger heimlich geraucht.

Auch um das Anbauverbot kümmert man sich kaum. Im Rifgebirge soll man in der Umgebung von Ketama sogar von der Landstraße aus mit bloßem Auge die grünen Cannabisfelder der Rifbauern sehen.

Als wir zur Nachtruhe in die Schlafsäcke kriechen, hat Lee noch eine Überraschung, gleichsam ein „Betthupferl", für uns.

Aus seiner Stofftasche zieht er ein Gerät hervor.

„Is it a radio? Ist es ein Radio?" fragt Alexander. Lee schüttelt den Kopf: „No, it's a taperecorder! Nein, es ist ein Kassettenrekorder!" entgegnet er.

Es ist der erste Kassettenrekorder, den Alexander und ich in unserem Leben sehen. Bis jetzt kennen wir nur die gewöhnlichen Tonbandgeräte, die jedoch zum Bei-sich-Tragen ungeeignet sind und zudem nicht auf Batterie laufen.

Lee versteht es, der Hippieatmosphäre auf dem Flachdach des „Hôtel de France" das I-Tüpfelchen aufzusetzen. Trotz des herrlichen marokkanischen Sternenhimmels über uns und des süßlichen Geruchs des Kifs, der noch in der Luft hängt, fehlt noch etwas: Die Musik. Und da niemand eine Gitarre bei sich hat, will Lee mit seinem „Taperecorder" diesem Mangel abhelfen.

Der Amerikaner drückt eine Taste und die schon eingelegte Kassette wird zurückgespult. Nachdem es „klack" gemacht hat, drückt er wieder eine Taste, um die Kassette von vorne abspielen zu lassen. Dann lehnt er sich rückwärts auf seine Decke und legt den Kopf auf die verschränkten Arme, um der nun bald erklingenden Musik zu lauschen. Natürlich sind auch wir gespannt, welche musikalischen Leckerbissen Lee uns zu bieten hat.

Das Spiel eines Schlagzeuges setzt ein, der Klang elektrischer Gitarren ertönt und dann dringen die etwas harten Stimmen der „Rolling Stones" an unser Ohr:

„She comes in colours everywhere, she combs her hair, she's like a rainbow ..." (Im Farbengewand kommt sie überall herbei, sie kämmt ihre Haare, sie ist wie ein Regenbogen...) Unmittelbar an diesen Song der „Stones" schließen sich Lieder der „Beatles" an. Sie stammen alle von der im Jahr 1967 erschienenen Langspielplatte „Sergeant Pepper's

Lonely Hearts Club Band". Natürlich sind uns alle Stücke dieser L.P. bekannt: „With a little help from my friends"; „Fixing a hole", „Lucy in the sky with diamonds", „A day in the life" usw. Ich besitze diese Platte und habe sie oft mit Alexander und den anderen gehört.

Einerseits ist es eigenartig, die vertrauten Songs fernab der Heimat in einem arabischen Land zu hören, andererseits passen sie aber sehr gut zu unserer Stimmung. Es ist eine eigenartige Stimmung; die Amerikaner und Engländer nennen sie „good vibrations" (gute „Zitterbewegungen"), die Franzosen beschreiben unseren Zustand mit dem englischen Wort „stoned" (gesteinigt), welches sie mit französischem Akzent unnachahmlich komisch aussprechen.

„Life flows on within you and without you, das Leben fließt in dir drinnen und außerhalb deines Ichs, es kommt nun darauf an, dich selbst, dein EGO zu finden und zu lieben und schon bist du ein Teil des großen Stroms aus Leben, Glück und ständiger Erfüllung!" So etwa drücken es Romain und Lee und andere aus

Es scheint aber im Wesentlichen ein neues angelsächsisches Lebensgefühl zu sein, dem wir da auf der Spur sind. Alle, auch Italiener, Skandinavier, Deutschsprachige, einfach alle Nationalitäten, pointieren ihre Glückssuche mit englischen Wörtern („Find yourself - Finde dich selbst; Make love- not war") und der allerbeste Zustand wird konsequenterweise „high" (hoch) genannt.

Damals wurde noch gelegentlich über den psychedelischen Charakter gerade dieser L.P. gestritten, und darüber, ob die berühmten Liverpooler zumindest einige der Lieder dieser L.P. unter dem Einfluß von L.S.D. und Marihuana komponiert haben.

Was uns betrifft, so stört uns das, wenn es denn so ist, wie man munkelt, wirklich nicht im Geringsten. Wir lauschen den Songs liebend gerne. Da Lee eine dezente Lautstärke eingestellt hat, lullen sie uns in den Schlaf, und als die Kassette abgelaufen ist und das Gerät sich mit einem erneuten „klack" abschaltet, nehmen wir das nicht mehr wahr.

4

Tageslicht bestrahlt Alexanders geschlossene Augenlider, vom „Djemaa" kommendes Hupen der Busse dringt in seine Ohren, ein scharfer Rauchgeruch steigt in seine Nase, und durch alle diese sinnenfälligen Einwirkungen wird er wach. Nein, der Rauch stammt nicht aus den Kifpfeifen seiner neuen Hippiekameraden, sondern aus den Schornsteinen, die sich auf unserem und den uns umgebenden Flachdächern befinden. In der Altstadt von Marrakesch werden die Mahlzeiten noch über dem Herdfeuer zubereitet, und jetzt ist der Zeitpunkt gekommen, da die marokkanischen Hausfrauen ihre Feuerstellen herrichten und anzünden. Das ist auch der Augenblick der größten Qualm- und Raucherzeugung, und dieser geht an uns nicht spurlos vorüber, die wir für den Sonderpreis von einem Dirham auf dem Dach des „Hôtel de France" nächtigen.

Lee ist schon wach. In ein Buch vertieft, sitzt er auf seiner Decke.

„Good morning Lee!" grüßt Alexander. „What are you reading? Guten Morgen Lee, was liest du?"

Der langhaarige Amerikaner in der braunen Djellabah schaut zu ihm auf und entgegnet: „The Tao-te-king from Laotse. Das Tao-te-king von Laotse."

„Tao-te-king! What's that? And Laotse! Who ist Laotse?" forscht er weiter, „was ist das: Tao-te-king? Wer ist Laotse?".

„Laotse is a chinese mystic, and his book, the Tao-te-king, is the holy book of Taoisme, the old religion of China. Laotse ist ein chinesischer Mystiker und sein Buch, das Tao-te-king, ist das heilige Buch des Taoismus, der alten Religion Chinas."

Alexander zeigt auf den Kassettenrekorder und fragt Lee: „Are there any songs of Bob Dylan? Gibt es irgendwelche Lieder von Bob Dylan?"

„Dylansongs hat er keine", antwortet Romain für Lee. Romain ist ebenfalls schon munter. „Aber Stücke von Donavan gibt es und die sind auch gut."

„Ja, die sind auch gut!" echot Alexander.

Die Stimme Donavans, den man manchmal den schottischen Bob Dylan nennt, ist zarter als die rauhe Stimme des berühmten Amerikaners. Sie paßt aber gut zu den Liedern des Schotten, die oft recht romantisch und poetisch sind. Besonders liebt Alexander die Titel: „Colours", „Catch the wind" und „I'm gonna try for the sun". Als wenig später „Colours" erklingt, singt er das Lied leise mit. Die dritte Strophe lautet:

> „Green is the colour of the sparkling corn,
> in the morning, when we rise,
> in the morning, when we rise;
> that's the time, that's the time,
> I love the best."

> (Grün ist die Farbe des leuchtenden Korns,
> am Morgen, wenn wir uns erheben...
> das ist die Zeit, das ist die Zeit,
> die mir am liebsten ist.)

„Ich singe diese Strophe etwas anders", meint Romain. „Green is the colour of the sparkling kif, in the morning...Grün ist die Farbe des leuchtenden Kifs, am Morgen, wenn wir ihn rauchen...das ist die Zeit, die mir am liebsten ist."

Darauf stopft er sich seine erste Pfeife dieses Tages. Als Romain Alexander wieder einige Züge anbietet, lehnt er ab: „Nein danke, nicht auf nüchternen Magen!"

„Was hältst du eigentlich von Lee, Tobias?" fragt er mich, als wir irgendwann im Laufe eines Tages allein sind.

„Ich finde ihn zwar interessant", entgegne ich, „aber deswegen noch lange nicht wirklich umwerfend. Aber schön, daß du noch mit mir redest, ich dachte schon, du sprichst nur noch mit Experten, mit echten Hippies!"

„Was mich betrifft", sagt mein Freund Alexander, „so bin ich ganz begeistert von Lee! Er war schon in Indien, er ist sehr nett und er liest das Tao-Te-King!"

„Was ja mal wieder ganz typisch für dich ist. Im Nu bist du für irgendetwas oder irgendjemanden Feuer und Flamme, doch schon nach kurzer Zeit stellt sich heraus, was deine ganze Begeisterung wirklich war!"

„Und was war sie?" will Alexander neugierig wissen.

„Ein Strohfeuer!"

5

Als Alexander einige Tage später im „Hôtel de France" die Treppe hinaufsteigt, um zu unserem Freiluftquartier auf dem Flachdach zu gelangen, dringt Kichern und Lachen aus einem Hotelzimmer, dessen Tür halb geöffnet ist. Da er den Eindruck hat, daß die Geräusche ihm gelten, bleibt er stehen und schaut in den Raum hinein. Zwei marokkanische Mädchen im Alter von etwa zwanzig Jahren befinden sich darin. Sie sind neugierig und wollen wissen, wo er herkommt. Bevor er seinen Weg zum Dach fortsetzt, wechseln sie auf französisch einige Worte; Alexander sagt, daß er mit mir aus Deutschland gekommen sei und daß es uns in Marokko und ganz besonders in Marrakesch gut gefällt. Die Wortführerin der beiden ist ein schönes Mädchen mit langen, schwarzen Haaren und fast ebenso dunklen Augen.

Sie schläft im Zimmer eines bleichen, gut betuchten amerikanischen Hippies; ich habe das mitgekriegt, alle haben das mitgekriegt, bloß Alexander, der Experte für Strohfeuer und heimliche Liebesbriefe, hat es natürlich nicht mitgekriegt. Das zweite Mädchen ist etwas mollig, doch auch sehr hübsch. Sie kommt mir auf der Treppe entgegen und fällt mir um den Hals. Sie drängt mich in die Hocktoilette des Stockwerks. Wir küssen uns und ich erschrecke, denn damals bin ich nicht an Knoblauch gewöhnt. Später besucht sie mich im Halbdunkeln auf dem Dach. Sie trägt ein Gewand wie aus Tüll über ihrem nackten Körper. Sie kauert sich neben mich, gibt zu verstehen, was sie will, aber ich gehe nicht mit ihr nach unten, bloß wegen des Knoblauchs!

Am nächsten Tag stehen wir beide, Alexander und ich, auf dem „Djemaa el Fna" vor einem auf dem Boden sitzenden Marokkaner und lassen uns von ihm eine Anzahl Kaktusfrüchte reichen. Der Mann nimmt Frucht um Frucht aus dem vor ihm befindlichen Korb, schält sie geschickt und blitzschnell mit einem Messer und reicht sie uns dann zum Verspeisen. Diese Kaktusfrüchte oder Kaktusfeigen - sie stammen nämlich vom sogenannten Feigenkaktus - sind etwas größer als Hühnereier und löschen den Durst ausgezeichnet, da sie ein sehr wasserhaltiges Fruchtfleisch haben. Gleichzeitig stillen sie wegen der vielen kleinen Kerne, die sich im Fruchtfleisch befinden und die mitgegessen werden, auch auf preiswerte Art den Hunger; eine Kaktusfeige kostet nur zwei oder drei Centimes. Und da Alexander sich kurz zuvor in der Neustadt von Marrakesch einige Dirham erbettelt hat, kann er sich nun für einen Teil des Geldes eine schöne Anzahl dieser saftigen Leckerbissen gönnen, und mich hat er zu dem Mahl eingeladen.

Zwei tief verschleierte Frauen nähern sich dem Feigenverkäufer und uns. In zwei bis drei Metern Entfernung bleiben sie stehen und flüstern und tuscheln miteinander. Plötzlich kommen sie ganz nahe an uns heran, ja, eine geht sogar auf Tuchfühlung mit Alexander, indem sie ihm einen sanften Stoß mit dem Ellenbogen versetzt. Erstaunt schaut er die Frau nun genauer an, aber er kann von ihrem Gesicht nichts anderes sehen als zwei große, dunkle Augen, die auf ihn gerichtet sind. Ich habe die beiden fast sofort erkannt, da „meine Marokkanerin" mir mit der Hand ein eindeutiges Erkennungszeichen gab.

Plötzlich geht auch Alexander ein Licht auf: „Natürlich, das sind die zwei marokkanischen Mädchen vom ,Hôtel de France'!" ruft er mir zu. Er muß lachen und droht den beiden scherzhaft mit dem Finger, so als wolle er sagen: „Na, wenn eure Eltern oder - schlimmer noch - eure Zukünftigen wüßten, daß es euch Spaß macht, ein wenig mit den jungen ,alemannis' zu schäkern...!"

Alexander hält es für sehr wahrscheinlich, daß die beiden Mädchen schon verlobt sind. „Wie in den meisten arabischen Ländern heiratet man auch in Marokko gewöhnlich früher als in Europa", sagt er.

Eine kleine Weile bleiben die verschleierten Fräuleins noch in unserer Nähe, dann ziehen sie sich in Richtung Busbahnhof zurück. Während Alexander ihnen nachschaut, sagt er: „Der Schleier hat auch seine Vorteile. Ein unverschleiertes marokkanisches Mädchen könnte es sich nicht erlauben, in aller Öffentlichkeit so nahe an einen ihr fast unbekannten Europäer heranzugehen und ihm auch noch einen liebevollen Schups zu versetzen."

Ich muß an die Bauchtänzerin von der Hochzeitsfeier denken und ergänze seinen Gedankengang: „Mir scheint auch, man vergißt die feurigen Augen einer verschleierten Frau weniger, als die einer Unverschleierten."

Bei der Rückkehr ins „Hôtel de France" bemerken wir, daß die Zimmertür der Mädchen weit offensteht. Wir können es uns versagen, einen forschenden Blick hineinzuwerfen. Das Zimmer ist leer, sowohl die Mädchen als auch das Gepäck sind fort. Ganz offensichtlich sind sie abgereist. Wohin? Wir wissen es nicht! Woher kamen sie eigentlich? Wir wissen auch das nicht, leider haben wir sie nicht danach gefragt. „Es war eigentlich lieb von den beiden, daß sie auf dem ‚Djemaa' noch zu uns gekommen sind", sagt Alexander. „Sie haben es nicht getan, um zu kokettieren, sondern ganz einfach, um uns - auf ihre Art und so gut sie es vermochten - ‚bslehma', d.h. ‚Auf Wiedersehen' zu sagen."

„So wird's gewesen sein!" entgegne ich und nehme mir vor, mich umgehend an den Geschmack von gesundem Knoblauch zu gewöhnen.

6

Der Besitzer des „Hôtel de France" ist ein kleiner, schlanker Mann im Alter von etwa fünfzig Jahren. Stets ist er in einen dunklen Kaftan gehüllt, und auf dem Kopf trägt er ein weißes Käppchen. Wenn wir mit ihm sprechen, liebt er es, das Birett zu ergreifen, es einige Male auf und ab zu setzen und dabei zu sagen: „Pape, pape, pape!"

„Aha", sagt Alexander, „der Papst" - welcher ja gewöhnlich ein ganz ähnliches Käppchen trägt - „ist dem Besitzer unserer Herberge auch bekannt!" Irgendwie hat er den Eindruck, daß aus den Worten und Gebärden dieses Moslems sogar eine gewisse Achtung und Sympathie für das Oberhaupt der katholischen Kirche sprechen; darüber wundert er sich. Meine Vermutung ist, daß der marokkanische Patron denkt, der Papst habe wohl einen neuen Kreuzzug entfesselt. Für meine Vermutung spricht, daß dieser Kerl allmorgendlich auf dem Flachdach sich unmittelbar neben seinen schlafenden Gästen niederhockt, seinen Kaftan etwas hochzieht und - pinkelt! Später wirft er die ganze Hippiekorona in hohem Bogen aus seinem Hotel; mit diesem vermeintlichen Kreuzzug des Papstes ist er ganz und gar nicht einverstanden!

Freude an seiner Kopfbedeckung hat nicht nur der Patron unserer Unterkunft, sondern auch ein Neuankömmling, der eines Tages lächelnd vor Alexander steht. Auf seinem Haupt trägt er einen echten amerikanischen Cowboy-Hut. Als er ihn salopp in den Nacken schiebt, kommt sein prächtig-langes „Jimi-Hendrix" Kraushaar zum Vorschein. Schnell stellt sich heraus, daß der „Hippie-Cowboy" etwas deutsch spricht. „Wo kommst du her?" fragt ihn Alexander.

„Aus Istanbul in der Türkei!"

„Und wie heißt du?"

„Bob!"

„Sicher ist Bob nicht sein Geburtsname", denkt Alexander. „Keine Türkenmutter wird ihr Kind Bob nennen. Gewiß hat er sich diesen Namen wegen Bob Dylan zugelegt, den er wohl verehrt." Schon kurz darauf bestätigt sich seine Vermutung. Türkenbob zieht eine Mundharmonika aus der Tasche, setzt sie an seine Lippen und spielt, Kopf und Körper eifrig im Rhythmus hin- und herbewegend, einige Male eine kurze Melodie. Damit ist sein musikalisches Repertoire allerdings auch schon erschöpft. Immer wenn Türkenbob Mundharmonika spielt, und das tut er recht oft, ist es dasselbe kurze Stück.

Die meisten Hippies in Marrakesch sind in diesem Jahr noch junge Männer. Während unseres Aufenthaltes auf dem Dach des „Hôtel de France" tauchen dort nur drei weibliche „Blumenkinder" auf, nämlich zwei Französinnen aus Marseille und Brigitte aus Kopenhagen. Die Französinnen erzählen von Brasilien, wo sie sich kurz zuvor längere Zeit aufgehalten haben. Alexander beneidet sie sehr, war Brasilien doch lange Zeit sein Traumland.

Brigitte aus Dänemark ist nicht gerne allein, wenn sie in Marrakesch unterwegs ist. Manchmal darf Alexander ihr Gesellschaft leisten. Ansonsten ist er hauptsächlich mit Romain, Türkenbob und Erich aus Wien zusammen. Besonders Romain und Türkenbob, die wie er völlig mittellos sind, begleiten ihn öfters zum Betteln in die Neustadt. Sie „arbeiten" mit einem Zettel, auf dem in französischer Sprache das Sprüchlein steht: „Wir sind Studenten aus Europa, die sich auf der Heimreise befinden. Wir haben kein Geld mehr, um uns etwas zum Essen zu kaufen. Könnten Sie uns bitte etwas Geld geben? Dankeschön!"

Ich durchstreife Marrakesch oft allein, besonders Romain mit seinem Expertengehabe geht mir auf die Nerven; daß Alexander solchen Typen regelrecht verfällt, kann ich leider nicht ändern. Jetzt wollen sie sogar noch zusammen nach Tanger trampen. Ich durchstreife besonders gerne die Viertel der Färber. Hier sollten viel später die einschlägigen Touristenwerbefotos entstehen - vom bunten Marrakesch. Im rußigen Marrakesch, im Viertel der Schmiede kann ich mich stundenlang aufhalten, damals weiß ich noch nicht so genau, daß meine Vorfahren Köhler waren und ihre Wahrheit immer den Resten von Feuern verdankten. Auch bei den Gerbern und Schreinern halte ich mich gerne auf; unglaublich entgegenkommend sind diese Leute, wenn man etwas von ihnen wissen will.

Dann treffe ich Ron aus den Staaten. Er raucht Gras, hin und wieder, nimmt aber kein LSD und weigert sich, ein Hippie genannt zu werden. Er trägt saubere Hemden, hat kurze Haare und einen dunklen Vollbart. Er ist sportlich und schlank, aber er erinnert wegen seines

Vollbarts und seiner kräftigen Statur ein bißchen an Bud Spencer, den Dicken in dem Film „Die rechte und die linke Hand des Teufels". Während Alexander seinen Narren an Lee frißt, finde ich die Geschichten von Ron faszinierend.

An Geschichten hat er ein unerschöpfliches Reservoir. So weiß er zu berichten, daß es noch im Jahr 1941 für Reisende aus der Wüste, die in Marrakesch ohne ihren Harem eintrafen, zur Befriedigung ihrer Bedürfnisse in jedem Hotelzimmer einen kleinen Araberjungen gab. Ron hat insbesondere in Tanger Leute getroffen, die im Besitz einiger alter Rechnungen sind: „Ein Knabe - 36 Piaster."

Dennoch habe die weitverbreitete Sitte, daß die Marokkaner sich an den Händen fassen und händchenhaltend überall umhergehen, eigentlich nichts mit Homosexualität zu tun.

Ron ist ein amerikanischer Schriftsteller. Er liebt Europa und besonders Spanien und wohnt seit über einem Jahr in Granada. Dort ist er mit Recherchen zur Geschichte des Verhältnisses von Judentum und Islam beschäftigt.

Ron schwärmt von der Alhambra. Boabdil, der letzte maurische Herrscher über „Arabisch-Spanien" hatte sie und den berühmten Löwenbrunnen nur ungern verlassen. Als er 1492 von Ferdinand und Isabella des Landes verwiesen wurde, habe er auf einen Kampf verzichtet, um all die Kostbarkeiten architektonischer Kunst nicht zu gefährden. Als er Granada verließ, weinte er, und seine Mutter sagte zu ihm: „Don't cry as a woman, when you could have fought as a man." (Weine nicht wir eine Frau, denn du hättest wie ein Mann kämpfen können). Im gleichen historischen Atemzug hatten Ferdinand und Isabella auch die Juden aus Spanien vertrieben und Ron ist nun auf der Spur dieser vertriebenen Juden in Marrakesch gelandet, wo er mir ein jüdisches Viertel zeigt, daß heute allerdings nicht mehr von Juden bewohnt scheint.

Ron erzählt auch, daß ein einfacher Moslem bis zu vier Frauen heiraten darf, ein König sogar bis zu sieben, dann allerdings müsse die siebte eine Schwarze sein. Eine Frau habe noch bis 1956/57 den Gegenwert eines Pferdes besessen und in einigen Rif-Dörfern sei das auch noch heute -1968 - so. Interessant findet er, daß andererseits die Berberfrauen innerhalb einer 30-Kilometer-Zone das absolute Sagen hätten, während ihren Männern alle Rechte außerhalb dieser Begrenzung vorbehalten seien. Und während er das alles und noch viel mehr erzählt, erwandern wir uns die entlegensten Viertel, die exotischsten Plätze und die herrlichsten Moscheen und Paläste von Marrakesch, natürlich auch den Kamelmarkt außerhalb der Stadtmauern.

Nur das Mammounia-Hotel, heute das drittbeste in Afrika, meiden wir. Zwar soll es sehr stilvoll eingerichtet sein, aber in unseren Augen ist es eine reine Falle für reiche Touristen und hat eigentlich nichts mit „unserem" Marrakesch zu tun.

Schade, daß Ron so schnell abfahren mußte. Auf der Rückfahrt werde ich ihn in Granada besuchen!

Das „Hôtel de France" ist nicht die einzige billige Unterkunft in Marrakesch. Es gibt das „Bordeaux" und noch ein paar andere Absteigen. Am Südrand des „Djemaa el Fna", ganz in der Nähe des „Café de France", liegt eine andere Herberge, in welcher sich vorwiegend junge Leute aus England und Amerika aufhalten. Als Alexander dort einmal einen Engländer besucht, den er auf dem „Djemaa" kennengelernt hat, wartet seiner ein überraschender Kunstgenuss. Die ursprünglich weiß getünchten Wände des Raumes, den der junge Mann bewohnt, haben sich zum großen Teil in phantastisch-bunte Gemälde im typischen „Flower-Power" Stil der 60iger Jahre verwandelt. Zweifellos haben kunstbegabte „Blumenkinder" - oder war es nur einer?- versucht, ihre durch L.S.D. und Kif hervorgerufenen inneren Eindrücke mit Pinsel und Farben zum Ausdruck zu bringen.

„Did you paint that? Hast du das gemalt?" fragt er den Engländer und zeigt auf die bunten Projizierungen psychedelischer Erlebnisse. Der schüttelt den Kopf: „No, they already existed before my arrival! Nein, sie waren schon vor meiner Ankunft da!"

Eines Tages kehre ich mit einer Neuigkeit zu Alexander zurück. Irgendwo habe ich Rüdiger aus Berlin kennengelernt, der mit einer Isetta von Berlin bis Algeciras gefahren ist. Er will Alexander und mich bis

Paris mitnehmen und mit uns Ron in Granada besuchen. Da ich Alexander soweit möglich finanziell mitgetragen habe, ging mein Geldvorrat schneller als erwartet zur Neige. Außerdem soll diese Marokkofahrt für mich nur eine zeitlich begrenzte Reise in den Semesterferien sein, ein Leben als „Hippie" kommt nicht in Betracht. So nahm ich Volkers Offerte begeistert an und bin der Meinung, daß Alexander sich über diesen Lift wahnsinnig freuen würde. Im Bazar kaufe ich zwei Djellabahs. Sie sind nicht aus braunem, dickem Stoff wie die Djellabahs, die die Marokkaner normalerweise außer Haus tragen, sondern aus einem dünneren, weiß-schwarzen Gewebe. „Die ist für dich!" sage ich zu Alexander und reiche ihm eine davon.

Doch Alexander will noch unbedingt mit Romain nach Tanger trampen; und so beschließe ich mit Volker einen Abstecher in den Atlas. Wir machen einen Tag und einen Treffpunkt aus, um via Algeciras wieder gemeinsam nach Hause zu fahren.

Schon kurz nach Volkers und meiner Abreise von Marrakesch Richtung Quarzazate, nimmt Alexander einen Eingriff an der Djellabah vor. Er schneidet das Kleidungsstück, welches fast bis auf den Boden reicht, etwas unterhalb der Hüftgegend ab und trägt es wie ein langes Hemd über seinen Jeans. Um den Hals legt er sich eine aus bunten Steinen bestehende Kette, die er sich für zehn Dirham in den Souks erhandelt hat. Und auf den Kopf setzt er sich schließlich den Cowboy-Hut von Türkenbob, den er sich von ihm für eine längere Zeit ausleiht. In dieser Aufmachung läuft er - mehr Django als Hippie - in Marrakesch herum.

7

„Hast du Lust, mit mir einen Abstecher nach Tanger zu machen?" hatte ihn eines Tages Romain gefragt. „Ich will dort einige postlagernde Briefe abholen. Danach kehren wir nach Marrakesch zurück." Er hatte überlegt. Eigentlich war er ja mit mir hierher gefahren. Doch Typen wie

Romain konnte man eher selten treffen. Die Heimat hatte außerdem den Vorzug, daß sie nicht weglaufen konnte. Was soll's, Tobias Blok würde sicher auch ohne ihn klarkommen. „Einverstanden!" sagte er. „Ich komme mit, allerdings nur unter einer Bedingung." „Und die wäre?" „Daß wir über Casablanca trampen. Tobias und ich haben dort zwei nette Jüdinnen kennengelernt. Die freuen sich bestimmt, wenn wir sie besuchen." „Okay!" entgegnete der Berner. „Nehmen wir also die Route am Nordrand des Mittleren Atlas entlang, über Beni Mellal nach Meknes. Und von Tanger fahren wir dann über Casablanca zurück!"

Schon am nächsten Tag stehen sie an der Strecke, die nach Osten führt und strecken den Daumen aus, wenn sich - was nicht sehr häufig der Fall ist - ein Auto nähert. Auch hier umgibt sie der Palmenhain, der Marrakesch im Norden und teilweise im Osten umschließt. Sie erleben eine herrliche Tramptour! Hunderte von Kilometern weit führt sie an der südlich der Straße gelegenen Bergkette des Mittleren Atlas entlang. Einmal sehen sie in einer dem Gebirgszug vorgelagerten Ebene große Pferdeherden, die von in Djellabahs gehüllten Berittenen bewacht werden. Auf dem Rücken tragen die Männer Flinten. „Das wäre etwas für ‚Kara Ben Nemsi', Karl, Sohn des Deutschen!" denkt Alexander. „Vielleicht würde er unter diesen Pferden eines finden, das es mit ‚Rih' aufnehmen könnte. Schade, daß Karl May keinen Roman geschrieben hat, der in Marokko spielt."

„Träume ich?" fragt Romain, als sie sich in der Umgebung von Khenifra befinden. „Mir scheint, ich bin in der Schweiz!" In der Tat kann man sich in das Land der Eidgenossen versetzt fühlen. Hohe Nadelbäume spenden erfrischenden Schatten, mächtige Felsen ragen empor, klare Gebirgsbäche strömen durch das Gestein und stürzen sich wasserfallartig die Felsklippen hinab.

Bei ihrer Ankunft in Meknes stehen zu beiden Seiten der langen Straße, in welcher sie ihr Fahrer absetzt, viele, viele Menschen - vor allem Frauen. Sie scheinen auf ein bestimmtes Ereignis zu warten. Neugierig geworden, reihen sie sich ein und warten auch. Ihre Geduld wird auf keine lange Probe gestellt. Schon nach kurzer Zeit taucht im Hintergrund der Straße ein Fahrzeugkonvoi auf. Polizisten auf schweren Motorrädern fahren langsam an der Spitze, ihnen folgen mehrere dunkle Limousinen. Als der Konvoi näher kommt, sehen sie, daß das Verdeck eines Wagens zurückgeschlagen ist. Ein Mann steht darin und winkt den Wartenden zu. Als die offene Limousine näher kommt, brechen die Frauen links und rechts in den eigenartigen - dem Kollern eines Truthahns ähnelnden - Jubel- und Begrüßungsruf aus, den Alexander zum ersten Mal bei dem Gastmahl in Marrakesch gehört hat.

In drei Metern Entfernung fährt der Wagen nun unmittelbar an ihnen vorbei. Natürlich erkennen sie die umjubelte Person sofort, es ist anders, als damals in Mainz mit dem Ministerpräsidenten; haben sie doch das Bild dieses Mannes schon unzählige Male gesehen: In allen öffentlichen Gebäuden ist es angebracht; in allen Schulen, auf den Postämtern, in den Banken, in fast jedem besseren Laden oder Geschäft hängt das Bild an der Wand. Es ist Hassan II., der König von Marokko, der nun ganz nahe an ihnen vorbeifährt.

Das Verhältnis der Moslems zu Bildern ist ebenso widersprüchlich, wie das Verhältnis der Christen zur Sünde. Einerseits sind bildliche Darstellungen verboten und verpönt, besonders Bilder vom Propheten und erst recht bildähnliche Abbildungen von Gott. Die Blüte arabischer Kunst ist daher auch die Blüte geometrischen, abstrakten Kunsthandwerks. Die Photos vom König, das Fernsehen, die Plakate von verschiedenen Künstlern bilden zu der alten Tradition einen modernen Stilbruch, mit welchem sicher auch ein Wertewandel langsam einhergeht.

In Tanger findet Romain auf dem Postamt die erhoffte Post nicht vor. Sie nutzen die restliche Zeit des Tages zu einem intensiven Bettelgang in der Neustadt. Dabei haben sie einen solchen Erfog, daß sie es sich leisten können, in ein Restaurant einzukehren.

Nach der Mahlzeit versteht Alexander auch, warum Romain Wert darauf legte, in dem Lokal einen hinteren, etwas abgelegenen Platz einzunehmen. Er holt seine Kifpfeife hervor und stopft sie. Alexander fühlt sich berechtigt, ebenfalls etwas für sein Wohlbefinden zu tun und bestellt sich eine Neuauflage des Gerichts, welches er soeben erst

verzehrt hat. Dazu läßt er sich einige Flaschen des in Marokko ge-
brauten „Flac" Bieres kommen.

Ganz offensichtlich sagt dieses genießerische Tun seinem Gefähr-
ten nicht zu. Sein Gesicht verfinstert sich, er brummt irgendetwas vor
sich hin. Wahrscheinlich mißfällt es ihm, daß Alexander Alkohol trinkt.
Ein echter Hippie lehnt - im Gegensatz zu einem bloßen Gammler -
Alkohol eher ab. Endlich platzt es aus dem Schweizer heraus: „Weißt
du, was du bist? Weißt du, was du bist?!" Alexander zuckt die Achseln.
„Keine Ahnung!" „Ein richtig typischer Deutscher bist du! Ein typischer
Deutscher! Ein Fresser und Säufer!"

Am nächsten Tag ist Alexander entgegen seinem Plan nicht unterwegs zurück nach Marrakesch, sondern wartet mit Romain weiterhin in
Tanger auf Post. „Tobias wird schon klarkommen!" denkt er und Romain ergänzt: „Vergiß deine Verabredung in Casa nicht!" Volle drei
Tage warte ich nach unserer Rückkehr aus dem Atlas in Marrakesch,
im „Annexe Hôtel Central", dann fahre ich ohne Alexander mit Volker
los. Jetzt habe ich wirklich aufgehört, mich auf Alexander zu verlassen;
niemals mehr in meinem Leben wird er mit meinem Vertrauen rechnen
können, denke ich damals.

Romain und Alexander sind inzwischen von Tanger nach Casablanca getrampt und genießen Casa in vollen Zügen, Alexander schwärmt
später davon; sie wohnen bei den bildschönen Jüdinnen, die Alexander
und ich ein paar Wochen zuvor kennenlernten; Alexander braucht in
Casablanca keine heimlichen Briefe zu schreiben.

Komplett „stoned" springt Romain eines Nachts in den Pool einer
Hotelbar, woraufhin er in „Schutzhaft" genommen wird. Das ist auch
ungefähr der Zeitpunkt, an dem sich Alexander von ihm trennt. Nun, mit
einer Verzögerung von rund zwei Wochen, will er zurück nach Marrakesch.

Er nimmt jedoch nicht den direktesten Weg, sondern kehrt eher im
Zickzack dorthin zurück. Zunächst trampt er nach Fes, denn diese
Stadt will er unbedingt kennenlernen. Man sagt, daß die Marokkolieb-
haber sich in zwei Lager teilen. Die einen halten Fes für die schönste

und bezaubernste Stadt Marokkos, die anderen behaupten dasselbe von Marrakesch. „Muß ich wirklich erst nach Fes fahren, um zu wissen, auf welcher Seite ich stehe?"

Fes oder Marrakesch? Diese Frage scheinen sich auch schon die königlichen Dynastien gestellt zu haben, die in Marokko an die Macht kamen. Die eine Dynastie erkor Fes zur Hauptstadt des Landes - zum ersten Mal geschah dies um das Jahr 800, kurz nach der Gründung von Fes -, die andere errichtete ihren Thron in Marrakesch. So ging es im Laufe der langen Geschichte des Landes einige Male hin und her. Ein Sultan - allerdings ein sehr bedeutender, der zur Zeit Ludwigs des XIV., des französischen „Sonnenkönigs", sehr lange regierte - machte eine Ausnahme und erkor Meknes, das er prachtvoll ausbauen ließ, zu seiner Residenzstadt. Doch schon sein Nachfolger kehrte wieder nach Fes zurück. Erst Anfang des 20.Jahrhunderts schlug Sultan Mulay Jusuf, der Großvater des heutigen Königs Hassan II., mit Erfolg einen neuen Weg ein und verlegte im Jahr 1912 seine Residenz von Fes nach Rabat. Seitdem ist Rabat die Hauptstadt Marokkos und somit nach Fes, Marrakesch und Meknes die vierte Königsstadt des Landes.

Alexander bleibt einige Tage in der ältesten der marokkanischen Königsstädte und übernachtet in der Jugendherberge, die in der Neustadt liegt. Während in Tanger Neustadt und Altstadt mehr oder weniger aneinanderstoßen, liegen sie in Fes fast einen Kilometer auseinander. Besonders interessant ist auch hier die Medina; das pulsierende Leben in dem Labyrinth ihrer Straßen und Gassen steht dem Trubel in der Altstadt von Marrakesch nicht nach. Aber dennoch: Sein Herz hängt an Marrakesch, einen ähnlich zarten Zauber wie die Stadt zu Füßen des Hohen Atlas übt Fes nicht auf ihn aus.

Von Fes kehrt er - natürlich per Autostop - über Rabat nach Marrakesch zurück. Türkenbob ist nicht mehr dort, auch Lee hat sich wieder an seinen Aufenthaltsort im Atlasgebirge zurückgezogen. Nur Brigitte aus Kopenhagen und Erich aus Wien trifft er von den näher Bekannten noch an. Einige Zeit später taucht auch Romain wieder auf, verläßt die Stadt aber bald wieder. Schließlich befinden sich außer Erich und ihm nur noch Hippies und Tramper dort, die er nur vom Sehen kennt oder die neu angekommen sind.

Eines Tages erreicht sie eine Nachricht von Lee. Er lädt alle Hippies, die sich in Marrakesch befinden, zu sich in sein Dorf im Atlasgebirge ein. Unter anderem warte dort ein ganzer Sack mit frischem Kif aus Ketama auf alle. Natürlich will Alexander - allerdings nicht wegen des Kifs - unbedingt mit von der Partie sein.

Der Aufbruchstag ist schon festgesetzt. Zu einer recht frühen Morgenstunde sollen alle, die mitkommen wollen, vom „Hôtel de France" abgeholt und dann ins Atlasgebirge befördert werden.

Am Tag vor der Abreise hockt er mit Erich und etwa zehn Hippies, von denen die meisten zum „Atlasreisetrupp" gehören, auf dem Boden eines Zimmers. Ganz in seiner Nähe gewahrt er einen Beutel, in dem sich eine tüchtige Portion Kif befindet. Neben ihm liegt eine Pfeife, jedoch keine marokkanische Kifpfeife mit langem Stil und winzigem Tonkopf, sondern eine große Holzpfeife, deren Kopf tief ist und einen Durchmesser von etwa sechs Zentimetern hat. Also eine ideale Pfeife für das gemeinschaftliche Rauchen!

„Wäre es nicht an der Zeit, voll und richtig - wie die anderen auch - ins Kifrauchen einzusteigen und auf diese Weise den Durchbruch zu zu schaffen, ein echter Hippie zu werden?"

Schwerwiegende Gegenargumente kommen ihm in den Sinn. „Junge, denk an deine negative Erfahrung in Portugal, als du nach der Einnahme der Haschisch-Kandies beinahe gestorben wärest! Denk auch an deinen damaligen Schwur, in Zukunft von jeder Art Droge die Finger zu lassen!"

„Ach was!" beschwichtigt er sich selbst. „Damals, vor über einem Jahr hattest du vielleicht nur einen schlechten Tag. Oder du besaßest noch nicht die nötige ‚Reife' zur Einnahme des Stoffs. Jetzt sieht alles schon ganz anders aus, und du solltest endlich voll einsteigen in das Leben der ‚Blumenkinder' und keine halben Sachen machen!"

„Genug hin- und herüberlegt!" sagt er sich nach einer Weile. „Es ist an der Zeit, eine Entscheidung zu treffen!" Und er trifft die Entscheidung: „Ja, ich will - auch was das Kifrauchen betrifft - endlich ein ganzer

Hippie sein! Ich will nicht länger nur ‚paffen' und auf diese Weise heucheln und nur so tun als ob. Ich will ein echter Hippie sein mit allen Konsequenzen!"

Sofort setzt er seinen Entschluß in die Tat um und ergreift den Kifbeutel und die Holzpfeife. Er langt in das Säcklein hinein, zieht die mit Marihuana gefüllte Hand wieder heraus und streut den tabakähnlichen, grünlichen Stoff vorsichtig in die Pfeife.

Abermals greift er in den Beutel, füllt den Pfeifenkopf bis zum Rand und drückt das „Gras" etwas an. Dann nimmt er die Fluppe in den Mund und setzt sie in Brand. Es dauert eine Weile und er benötigt einige Streichhölzer, bis die ganze Oberfläche glüht.

Schon beim Anzünden simuliert er nicht, sondern macht, wie beim Rauchen gewöhnlicher Zigaretten, richtige Lungenzüge. Als die Marihuanapfeife richtig brennt, inhaliert er nochmals einige Male tief und stößt den Rauch erst aus, nachdem er ihn eine Weile in seinem Innern gelassen hat. Dann reicht er die Fluppe an Erich weiter, der neben ihm sitzt.

Der Österreicher nimmt einige Züge und händigt sie dann an seinen Nachbarn aus. Es ist ein Amerikaner, den Alexander heute zum ersten Mal sieht. Ein Hippie wie aus dem Bilderbuch, dessen schwarze, schulterlangen Haare von einem bunten Stirnband geziert werden. Ganz phantastisch ist sein Hemd, ein kostbares Stück aus Seide, mit bunten, geschmackvollen Stickereien.

Der ganze junge Mann macht den Eindruck, gerade erst aus dem Ei gepellt worden zu sein. Alles an ihm ist reinlich und tipptopp. Wie sehr unterscheiden sich doch seine Haare von den strähnigen, verklebten Zotteln so mancher anderen in diesem Kreis! Offensichtlich kurz zuvor frisch gewaschen, wallen sie leicht und locker auf die Schultern herab. Und auch die Kleider, das Hemd, die Hose! Alles erscheint wie neu oder gerade erst gereinigt und gebügelt.

Während Alexander den Bilderbuchhippie bestaunt, macht die brennende Kifpfeife die Runde und kommt schließlich wieder bei ihm an. Aufs neue nimmt er einige Züge, bevor er sie weiterreicht.

Plötzlich ist ihm, als durchfahre ein elektrischer Stromstoß seinen Körper. Er bekommt einen riesigen Schreck und schreit wortlos, rein innerlich und doch verzweifelt: „Nein, das darf nicht wahr sein!" Ein neuer Stromstoß folgt und wieder einer!

Mit absoluter Sicherheit weiß er jetzt, was im Gange ist: Eine Neuauflage des Horrorerlebnisses, das er nach dem Einnehmen der Haschischkandies in Albufeira, Portugal hatte. Damals hatte ebenfalls alles mit solchen Stromstößen begonnen.

„Wie konnte ich nur so töricht sein, mich erneut auf Cannabis einzulassen!" wirft er sich vor. „Warum habe ich mich nicht an meinen Vorsatz gehalten? Warum habe ich meinen Schwur gebrochen?" Doch alles Bedauern nützt nun wohl nichts mehr, er weiß, daß er die ganze Qual, die er in Portugal erlitt, jetzt wieder erdulden muß. Wie ein Zentnergewicht lastet auf seinem Gewissen dabei die angstvolle Frage: „Werde ich auch dieses Mal so glimpflich davonkommen wie damals?"

Auf keinen Fall sollen sich die peinlichen Szenen, die bald folgen werden, vor den Augen der jungen Leute abspielen, in deren Kreis er sitzt. Nur Erich, dem er von seinem Horrortrip in Albufeira erzählt hat, soll dabei sein. Er gibt ihm einen leichten Stoß und flüstert ihm zu:

„Bitte, komm mit! Mir ergeht es wieder wie damals in Portugal!"

Sofort verlassen sie den Raum. Am naheliegendsten wäre es, auf das Flachdach hinaufzusteigen. Dort befindet sich im Augenblick niemand. Keiner würde Zeuge seines ungewöhnlichen Verhaltens sein. Aber eigenartigerweise kommt ihm der Gedanke an das Dach nicht.

So stehen sie kurz darauf in der schmalen Gasse vor der Pension und wenden ihre Köpfe nach links und rechts. Wohin jetzt? Rechterhand mündet die Gasse nach etwa fünfzig Metern in den asphaltierten Rhombus des „Djemaa el Fna" ein. Dorthin will er nicht, weiß er doch instinktiv, daß sein Gebaren die Wirkung einer attraktiven Sondernummer haben würde, welche im Nu die Leute anzieht. Bleibt nur noch die Richtung nach links, wo die Gasse tiefer in die Medina hineinführt. In der Hoffnung, dort ein stilles Plätzchen, vielleicht einen kleinen Park oder ein Gärtchen, zu finden, wo er, abseits von den Menschen, seinen

Horrortrip durchstehen oder daran sterben kann, schlägt er diesen Weg ein.

Das Herz hämmert in seiner Brust, während sie die Gasse entlangschreiten. Da es schneller und schneller schlägt, befällt ihn - wie in Portugal - große Angst vor einem Herzkollaps. Als sie die Straße erreichen, auf welche die Gasse stößt, setzt Atemnot ein. Der Kif scheint seinem Körper den Sauerstoff zu entziehen, und er vermag sich nur noch zu einer nahegelegenen Kreuzung zu schleppen, wo wieder Autos fahren. Dort keucht er Erich zu: „Ich kann nicht mehr weitergehen, ich muß mich hinlegen!"

Wenige Sekunden später liegt er im Straßenstaub und schnappt wie ein Fisch auf dem trockenen Land nach Luft. Genauso war es vor über einem Jahr in Albufeira! Damals befand er sich jedoch in einem Zimmer, jetzt spielt sich alles in der Öffentlichkeit ab. Natürlich bleibt es nicht unbemerkt, daß da jemand auf dem Boden liegt und nach Atem ringt. Der Umstand, daß es sich dabei um einen Europäer handelt, macht den Fall noch interessanter. Keine Minute vergeht und schon stehen die ersten Leute um ihn herum. Die Gruppe genügt, um anderen zu signalisieren, daß hier etwas Besonderes im Gange ist. Von allen Seiten eilen Menschen herbei, und bald liegt fast ein Volksauflauf vor.

Und was tun diese Marrakschi, diese Einwohner von Marrakesch, welche uns beiden, Alexander und mir, doch so sympathisch sind? Sie tun nichts, sie stehen nur da und schauen Alexander zu. So wie sie auf dem „Djemaa" um die Schlangenbeschwörer, Tanzgruppen und Gaukler herumstehen, so umstehen sie jetzt den jungen, auf dem Boden liegenden Alemanni und schauen zu, wie er in kurzen Zügen rasend schnell ein- und ausatmet, um seinem Körper wenigstens ein Minimum an Sauerstoff zuzuführen.

Doch zumindest eine Person - niemals erfährt Alexander den Namen dieses Engels - hat ganz offensichtlich die Situation nicht als eine Art Sondernummer abseits des „Djemaa" aufgefaßt, sondern griff - größeren Weitblick zeigend - zum Telefon. Es war mit Sicherheit nicht Erich. Erich wußte nicht, was er machen sollte und Erich stand mit offenem Mund im Kreis der Marrakschi.

Plötzlich ertönt Sirenengeheul; und dieses Tatütata gilt tatsächlich Alex, kommt immer näher, um schließlich unmittelbar neben der Menge, die ihn umringt, die volle Lautstärke unmittelbarer Präsenz und drohender Gefahr zu entfalten. Es gibt keinen Zweifel mehr; jemand hat die Polizei oder das Krankenhaus alarmiert!

Die Menschentraube öffnet sich immerhin; wie von Geisterhand entsteht ein schmaler Gang; zwei Sanitäter mit einer Tragbahre eilen herbei. Die Bahre neben Alexander abstellen, ihn packen, auf das Gestell legen und zum Krankenwagen tragen, ist eine Sache von einer halben Minute. Mitsamt der Bahre wird er in den Wagen geschoben, Türen werden zugeschlagen und dann ist Alexander Heller auch schon auf dem Weg zum Hospital.

Am Ziel angekommen, schaffen ihn die Krankenpfleger eilends in ein Gebäude. Im Laufschritt geht es durch einen Gang in einen Behandlungsraum. Personen umstehen ihn, man tastet seinen fliegenden Puls ab, legt die Hände auf sein hämmerndes Herz. Schnell ist eine Diagnose gestellt. Einem Mann in weißem Kittel wird eine Spritze gereicht. Er drückt sie Alexander in den Unterarm. Schon innerhalb einer Minute zeigt die Spritze Wirkung. Die Atemnot läßt nach, Puls und Herzschlag werden merklich ruhiger, eine angenehme Müdigkeit überkommt den Patienten. Jetzt erst hat er den Eindruck, daß er auch dieses Mal mit heiler Haut davonkommen und den Horrortrip überstehen wird. Vielleicht zeigt sich auf seinem Gesicht ein Lächeln für die Umstehenden, vielleicht kommt noch ein schwaches „Shokran!" oder „Barakallaufik! Dankeschön!" von seinen Lippen, dann schläft er ein.

8

Als er erwacht, findet er sich in einem Bett wieder. Er ist allein in dem Zimmer. Obwohl es noch hell ist, sagt ihm ein Blick aus dem Fenster, daß es schon Abend ist. Die Sonne ist eben am Untergehen. Alle Vorfälle dieses Tages kommen ihm in Erinnerung. Erleichtert atmet er auf, ist ihm doch klar, daß die Krise tatsächlich vorüber ist. Plötzlich durchzuckt ihn siedendheiß der Gedanke: „Für morgen früh ist doch der Aufbruch ins Gebirge angesetzt, wenn ich hier im Krankenhaus bleibe, dann kann ich nicht dabei sein!"

Die Reise zu Lee ins Atlasgebirge ist für Alexander sehr wichtig. Unbedingt will er mit von der Partie sein. Sicher, mit dem Sack voll Kif, der dort auf die Hippies von Marrakesch wartet, wird er nichts zu tun haben wollen! Er wäre verrückt, wenn er nochmals Marihuana rauchen würde. Aber es gibt einen anderen wichtigen Grund, warum er nicht auf den Aufenthalt im Hohen Atlas verzichten kann: Er möchte das andere Leben von Lee kennenlernen, sucht er doch für sich selbst eine andere Lebensform, die er bisher noch nicht finden konnte.

Er muß also das Hospital verlassen und zwar heute noch, am besten sofort. Aber würde man ihn gehen lassen, wenn er offiziell um Erlaubnis bitten oder nur Bescheid geben würde? „Vielleicht halten sie mich dann zurück", sagt er sich. „Am sichersten ist es, wenn ich heimlich verschwinde, notgedrungen ohne ein Wort des Dankes oder des Abschieds!"

Er steigt aus dem Bett, schlüpft in Hose und Sandalen, öffnet leise die Tür und schaut hinaus. Auf dem Gang, der vor ihm liegt, ist kein Mensch zu sehen. „Wunderbar," beglückwünscht er sich, „nichts wie weg!"

Wenig später befindet er sich im Freien und läßt seine Augen umherschweifen. Eine Anzahl einstöckiger Gebäude im rötlichen Farbton der Marrakeschebene gehören zum Hospitalbereich. Der ganze Krankenhauskomplex ist von einer Mauer umgeben, die an einer Stelle von einem großen Tor unterbrochen wird. Durch dieses Tor wurde er in das Hospital hineingefahren; durch dieses Tor muß er es auch wieder verlassen.

Wenig später steht er davor, findet es jedoch verschlossen. Zwei Marokkaner, denen das Amt des Türhüters und Pförtners obliegt, stehen neben dem Tor. „Ouvrez la porte, s'il vous plaît! Öffnet bitte das Tor!" sagt er zu ihnen. „Je dois quitter l'hôpital! Ich muß das Krankenhaus verlassen!"

Mit Händen und Füßen wehren die beiden ab: „Non, non, tu ne peus pas quitter l'hôpital! Nein, nein, du darfst das Spital nicht verlassen!" Alexander versucht zu erklären; bemüht sich, ihnen die Gründe darzulegen, warum er nicht bleiben kann. Es ist zwecklos; sie beharren auf ihrem: „Non, non, tu ne peus pas quitter l'hôpital!"

Alexander mustert das Tor. Es ist drei bis vier Meter hoch und aufgrund zahlreicher Querstäbe und Querverbindungen leicht zu übersteigen. „Nun ja, da ihr mir keinen Durchlass gewährt, suche ich mir selbst einen Weg ins Freie!" sagt er zu den beiden, und es ist ihm gleichgültig, daß sie diese auf Deutsch gesprochenen Worte nicht verstehen können. Und schon macht er Anstalten, seinen Entschluß in die Tat umzusetzen.

Die zwei Marokkaner wollen ihn daran hindern, aber das Verlangen, nach draußen zu kommen, verleiht ihm ungeahnte Kräfte. Er stößt die Männer einfach zur Seite und beginnt in Windeseile die Klettertour.

Schon hat er die Hälfte der Höhe des Tores erklommen, da startet einer der Türhüter einen neuen Versuch, ihn zurückzuhalten. Er hechtet nach einem von Alexanders Beinen und klammert sich daran fest. Alexander will den Mann abschütteln, ihm das Bein entziehen, aber das gelingt ihm nicht. Wie eine Klette hängt der Mann daran fest. Mit dem freien Fuß tritt Alexander auf die Hände des Marokkaners, auf seine Arme. Ohne Erfolg, der Mann läßt nicht locker.

Währenddessen ist auch der zweite Pförtner nicht untätig geblieben, sondern hat sich auf ein Rad geschwungen und fährt - um Verstärkung zu holen - laut schreiend dem Innenbezirk des Hospitalgeländes zu.

Und die Verstärkung kommt! Von verschiedenen Seiten eilen plötzlich Pfleger und Angestellte herbei. Zu Alexanders Linken und Rechten klettern Männer an dem Tor empor und machen sich an seinen Händen zu schaffen, um sie von den Gitterstäben zu lösen. Auch an dem noch freien Bein wird er ergriffen und nach unten gezerrt. Obwohl er sich verzweifelt wehrt, vermag er doch nicht, seinen Verfolgern zu widerstehen. Die Übermacht ist zu groß, und so findet er sich schließlich auf dem Erdboden wieder.

Doch die Sehnsucht, nach draußen zu kommen, hat sich nicht vermindert, sondern ist noch größer geworden. Kaum wird ihm wieder etwas mehr Bewegungsfreiheit gelassen, trachtet er danach, sich ganz den Händen seiner Überwinder zu entziehen, indem er um sich schlagend schreit: „Laßt mich los, ich will hier raus! Laßt mich los, ich will hier raus!"

Durch sein Toben erreicht er das genaue Gegenteil. An Händen und Armen, an Füßen und Beinen, Kopf und Rumpf wird er von fünf, sechs Wärtern mit hartem Griff gepackt und an verschiedenen Gebäuden vorbei weiter in den Innenbereich des Komplexes getragen.

Schließlich gelangen sie zu einem kurzen, schleusenhaften Gang, in dessen Mitte sich eine kleine Pforte befindet. Sie ist verriegelt und wird von innen geöffnet. Wenig später mündet der Gang in einen ziemlich großen, rechteckigen Hof ein, der auf allen vier Seiten von Mauern umgeben ist. Eine Reihe Türen und Fenster zeigen an, daß sich hinter den Mauern Räumlichkeiten befinden.

Nun wiederholt sich manches - wenn auch an einem anderen Ort und auf unangenehmere Weise - was Alexander an diesem Tag schon einmal erlebt hat. Quer über den Hof wird er durch eine Tür in einen Raum geschleppt, in dem sich abermals ein Mann in weißem Kittel befindet.

Auch ihm wird eine Spritze gereicht, die er injiziert, während Alexander immer noch von den fünf, sechs Leuten festgehalten wird. Wiederum wirkt die Spritze sehr schnell, allerdings in ganz anderer Weise als die erste. Alle Lebenskraft scheint plötzlich seinem Körper zu entströmen, er fühlt sich hundeelend, ihm wird übel. Nicht die geringste Fähigkeit und Lust zum Widerstand verbleibt. Schließlich schwinden die Sinne und er weiß nichts mehr.

Grelles Licht dringt in seine Augen und weckt ihn auf. Wieder liegt er in einem Bett, aber dieses Mal ist er nicht allein. Zwanzig, dreißig weitere Betten stehen in diesem Raum und sie sind belegt, Menschen liegen darin. Plötzlich hat er das Gefühl, daß er beobachtet wird. Er wendet seinen Kopf nach rechts und erschrickt. Ein sehr dunkelfarbiger

Mann steht dort direkt an seinem Bett und starrt auf ihn nieder, wobei ihm der Speichel aus den Mundwinkeln herabläuft. Das Eigenartigste an ihm ist jedoch, daß er nackt ist, splitterfasernackt.

Daß diese Person sich Alexander genähert hat, ist auch von anderen bemerkt worden, ihretwegen wurde wahrscheinlich auch der Lichtschalter angedreht. Männer in Schlafkleidung springen aus ihren Betten, rennen zu dem Schwarzen hin und reißen ihn von Alexanders Lagerstätte fort. Das laute Palaver und Geschrei, welches damit verbunden ist, schreckt nicht nur die übrigen Schlafenden auf, sondern alarmiert auch das Pflegepersonal. Plötzlich wird die Tür aufgerissen und zwei Krankenwärter stürmen herein. Natürlich wollen sie wissen, was los ist. Der arabische Wortschwall steigert sich noch, jeder schreit irgendetwas.

Schließlich treten die Wärter an Alexanders Bett und heißen ihn aufstehen und folgen. Sie verlassen den Schlafsaal und befinden sich bald in dem rechteckigen Hof. Obwohl es Nacht ist, spendet der Mond genügend Licht, um die Örtlichkeit erkennen zu lassen. Wieder wird er in das Zimmer geführt, in dem er die Spritze bekam. Dieses Mal ist das Zimmer leer. Eine Tür führt zu einem Nebenraum, in dem zwei Betten stehen. Das eine ist frei, in dem anderen liegt ein alter Mann, der erbärmlich stöhnt. Das nicht belegte Bett wird dem Deutschen zugewiesen. Schnell fällt er in Schlaf, wird jedoch bald wieder durch das Stöhnen des Kranken geweckt. Den Rest der Nacht verbringt er in einem Wechsel von Einschlafen und Wiederaufwachen.

Am nächsten Morgen betritt der Mann im weißen Kittel, der ihm die Spritze verabreicht hat, mit einem Pfleger den Raum und macht sich an dem stöhnenden Alten zu schaffen. Alexander weiß nicht, woran der Alte leidet. Er muß sich auf den Bauch legen und bekommt eine Injektion in den Rücken. Alexander hat Mitleid mit ihm. Auch mit dem „Alemanni" wechselt der Mann in weiß einige Worte und stellt sich dabei vor. Er ist Pole und der zuständige Abteilungsarzt.

Nach einer guten Weile kommt ein Krankenwärter, reicht ihm einen Kanten Brot mitsamt einer Blechtasse und beordert ihn auf den Hof. Zwanzig, dreißig Männer befinden sich schon dort, Alexander scheint, daß es jene sind, in deren Mitte er im Schlafsaal lag. Er hat den Eindruck, in einem Gefängnishof zu sein. Der einzige Weg nach außen ist der kleine Gang mit der verschlossenen Pforte in der Mitte.

Doch gerade von dort her ertönt jetzt Geklapper und Geratter. Ein kleiner Leiterwagen wird von zwei Pflegern durch den Gang in den Hof gezogen. Auf dem Wägelchen befindet sich, eingesenkt in eine Holzvorrichtung, ein zugedeckter Kessel. Etwa in der Mitte des Hofes bleibt der Karren stehen und ein Wärter hebt den Deckel ab. Dampf steigt aus dem großen Topf. Alexander schnuppert: „Hm, das ist ja Kaffee!"

Eine Schöpfkelle in der Hand haltend, heißt ein Pfleger alle der Reihe nach heranzutreten. Er taucht die Kelle in die braune Flüssigkeit und schenkt das Getränk in die Blechtasse ein, die jeder einzelne ihm hinhält. Bei jedem Umschöpfen geht ein Kaffeestrahl daneben und ergießt sich - ganz nahe bei einem Rad des Wägelchens - auf den schmutzigen Lehmboden, so daß sich dort schließlich eine kleine Lache bildet.

Endlich haben alle ihre Kaffeeration erhalten und das Wägelchen wird in Richtung Eingangsschleuse zurückgezogen. Jetzt zeigt es sich, daß die Kaffeelache auf dem Fußboden sehr begehrt ist, denn kaum liegt sie frei da, als sich auch schon vier, fünf Männer kopfüber auf sie stürzen. Ein Wunder, daß sie dabei nicht mit den Schädeln zusammenknallen! Einer von ihnen bringt seine Lippen zuerst an das köstliche Nass und schlürft es als glücklicher Sieger mit einem langen, lauten, genießerischen Zug in sich hinein. Was macht's, daß die Brühe recht schmutzig ist! Also dann, denkt Alexander: „Prosit! Wohl bekomm's!"

Da er sich wegen der Spritze vom Vorabend immer noch recht schlaff und müde fühlt, zieht er sich wieder in den kleinen Nebenraum des Arztzimmers zurück. Doch schon nach kurzer Zeit wird ihm mitgeteilt, daß Besuch da sei. „Besuch! Wer kann das sein?" fragt er sich, während er dem Pfleger zu der kleinen Pforte folgt. Es ist Erich, der auf der anderen Seite der vergitterten Tür steht, die nicht überstiegen werden kann, da sie bis zur Decke des Ganges reicht. „Weißt du eigentlich, wo du hier bist?" sind die ersten Worte, die der Wiener durch das Gitter sagt.

„Genau kann ich es nicht sagen", entgegnet Alexander, „aber es scheint eine Art Gefängnis zu sein!"

„Nein, kein Gefängnis", lacht sein Kamerad, „du bist in der Klapsmühle, die haben dich in die Irrenabteilung gesteckt! Ist dir denn nichts aufgefallen?"

„Hm, eigentlich nicht! Aber wenn ich genauer nachdenke, muß ich doch sagen, daß einige Leute hier etwas eigenartig sind."

„Paß auf", fährt der Österreicher fort, „man hat mir mitgeteilt, daß du nach zwei, drei Tagen entlassen werden kannst, wenn du dich anständig benimmst. Sei also brav!"

„Wo sind die anderen?" will Alexander wissen.

„Sie sind zu Lee in das Atlasgebirge aufgebrochen. Ich blieb zurück, weil ich dich nicht allein lassen wollte."

„Oh merci! Weißt du eigentlich, wo genau Lee sich befindet?"

„Leider nicht, niemand konnte mir eine exakte Information über seinen Aufenthaltsort geben."

„Sobald ich hier herauskomme, brechen wir in den Atlas auf und machen uns selbst auf die Suche! Ja?"

„Okay! Einverstanden!"

Zum Abschied zwängt der Österreicher eine Tüte durch die Gitterstäbe: „Hier habe ich noch etwas für dich!"

Die Tüte ist voller Obst.

„Hm, dankeschön! Gerade darauf habe ich große Lust! Merci auch dafür, daß du gekommen bist."

9

Schon zwei Tage später wandern Erich und Alexander in der noch recht heißen Sonne des anfangenden Oktobers 1968 durch die Marrakeschebene gen Süden, dem Hohen Atlas entgegen. Sie haben die Straße gewählt, die am direktesten ins Gebirge führt. Vielleicht ist es die Route nach dem am Fuße des über 4000 Meter hohen Berges

Toubkal gelegenen Oukaimeden, des wichtigsten Wintersportortes von Marokko.

An manchen Stellen säumen übermannshohe Kakteen den Straßenrand. Beim genaueren Hinblicken gewahrt Alexander, daß sie voller Früchte sind. „Schau mal, Kaktusfeigen! Damit haben wir uns auf dem ‚Djemaa' den Magen vollgeschlagen!" ruft er Erich zu. „Und hier gibt es sie gratis und so viele! Jetzt aber nichts wie ran!"

„Versuche es!" lacht der Wiener und schaut zu, wie Alexander ahnungslos nach einer Feige greift. „Au!" schreit er auf und zieht die Hand zurück, kaum daß er die Frucht berührt hat. Feine Stacheln stecken in seinen Fingerkuppen, und erst jetzt bemerkt er, daß jede Feige von einem regelrechten Pelz langer und kaum sichtbarer Stacheln umgeben ist. „Aber die Händler auf dem ‚Djemaa' nehmen die Dinger zum Schälen doch auch einfach in die Hand!" lamentiert er und versucht dabei, die Stacheln aus dem Fleisch zu ziehen. „Wieso macht das denen nichts aus?" „Die Marokkaner pflücken mit Handschuhen oder schlagen die Früchte mit Stangen ab, dann peitschen sie sie mit Palmblättern und waschen sie mit viel Wasser, um diese wirklich fiesen Stacheln wegzubekommen", meint Erich und fügt scherzhalber hinzu: „Vielleicht gibt es auch Marokkaner, die ihre Kaktusfrüchte rasieren, schließlich gibt es auch in Marokko Rasierklingen und Rasierapparate."

Der Tag neigt sich schon dem Abend zu, als die Straße ansteigt und ins Gebirge hineinführt. Berber auf Eseln oder Maultieren traben vorüber, manche kommen sicherlich vom Markt in Marrakesch und wollen nun zurück in ihre Heimatdörfer. Sie drehen sich um und halten einen von ihnen an. Auf französisch fragt Alexander: „Wir suchen Dr. Said. Weißt du, wo Dr. Said wohnt?" Der Mann macht eine Gebärde des Nichtwissens oder Nichtverstehens und reitet weiter. Sie halten einen anderen Atlasbewohner an und befragen diesen. Der Mann macht eine Handbewegung nach Süden, als wolle er sagen: „Immer der Straße lang!" Und schon gibt er seinem Vierbeiner durch Schnalzen mit der Zunge das Zeichen zum Weitertraben.

In der Dämmerung marschieren sie noch ein gutes Stück gen Süden und halten dann, bevor die Dunkelheit sie einhüllt, Ausschau nach einem geeigneten Plätzchen zum Übernachten. Etwas abseits von der Gebirgsstraße rollen sie schließlich auf einer Grasnarbe ihre Schlafsäcke aus. Vor dem Einschlafen plaudern sie noch ein wenig miteinander.

„Glaubst du, daß wir Lee und die anderen finden werden?" fragt Alexander.

„Ich weiß es nicht", antwortet Erich. „Der Hohe Atlas ist über 100 Kilometer breit und zieht sich mehr als 500 Kilometer in die Länge. Eine Reihe von Wegen und Straßen führt in ihn hinein. Es wäre reiner Zufall, wenn wir genau jene Route erwischt hätten, die zu Lee führt."

„Aber es hieß doch immer, daß der Aufenthaltsort des Amerikaners in der Nähe von Marrakesch sei", wirft Alexander ein.

„Nun ja, morgen abend um diese Zeit werden wir wohl mehr wissen", entgegnet der Wiener. „Bin mal gespannt, wo dann unser Nachtlager sein wird."

Schweigend liegen sie noch eine Zeitlang wach. Am Firmament glitzern tausend Sterne. Aus nicht allzuweiter Ferne dringt das beruhigende Rauschen eines Wasserfalls an ihre Ohren. Ab und zu läßt sie der Schrei eines Nachtvogels oder das Bellen eines Hundes aufhorchen, der sich in einem einsamen Berberdorf befinden mag. Dann fallen ihre Augen zu und sie versinken in das Land der Träume.

Am nächsten Morgen setzen sie schon früh ihre Wanderung nach Süden fort. Es ist herrlich, in der frischen Morgenluft durch die Gebirgswelt des Hohen Atlas zu schreiten. Aber auch der Hunger meldet sich, was nicht verwunderlich ist, da sie ohne Abendmahlzeit in die Schlafsäcke gekrochen sind. Zudem wirken das Wandern und die reine Luft appetitanregend. Da sie keinerlei Proviant bei sich haben, sind sie auf die Barmherzigkeit anderer angewiesen und halten Ausschau nach menschlichen Wohnungen.

„Schau mal, da vorne links zweigt ein Pfad von der Straße ab!" sagt Erich. „Wenn wir ihm folgen, führt er uns vielleicht zu einer Ansiedlung." Sie brauchen nicht weit zu gehen, denn schon nach fünfzig Metern ist der Pfad zu Ende und sie stehen vor einer Tür, die merkwürdigerweise in den Felsen hineinführt. „Innen muß sich eine Höhle befinden!" meint

Erich. „Ob in dem Loch wohl jemand lebt? Vielleicht ist es aber nur ein Unterstand für Kleinvieh oder irgendwelche Gerätschaften." „Das werden wir gleich sehen!" entgegnet Alexander und hämmert mit der Faust gegen die Holztür. „Ja, jemand ist drinnen!" flüstert er Erich zu, da er Geräusche hört. Und schon wird die Tür von innen geöffnet.

Ein ehrwürdiger und stattlicher Greis steht im Höhleneingang und schaut sie schweigend mit großen Augen an. Er ist in ein djellabah-ähnliches Gewand gehüllt, die schneeweißen Haare, auf welchen eine kleine Kappe sitzt, fallen ihm bis auf die Schultern herab. Aus irgendeinem, ihm selbst nicht erklärbaren Grund, ist Alexander sofort bewußt, daß dieser Mann kein Moslem und auch kein Christ, sondern ein Jude ist.

Sie sind so verdutzt über die imposante Erscheinung des Alten, daß es ihnen zunächst die Sprache verschlägt. Schließlich bringt Alexander doch ein drucksendes: „Monsieur, nous avons faim! Mein Herr wir haben Hunger!" über die Lippen. Da ihm weitere Worte fehlen, ihre Situation näher zu schildern, zieht er den Bettelzettel, mit dem er noch vor kurzem in der Neustadt von Marrakesch „gearbeitet" hat, aus der Tasche und reicht ihn dem Greis. Ohne sein Schweigen zu brechen, versenkt sich dieser in die auf Französisch und Arabisch geschriebenen Zeilen. Nach einer Weile hebt er das Haupt, schaut Alexander in die Augen und gibt ihm den Zettel zurück. Dann tritt er zur Seite und heißt die beiden durch eine Handbewegung eintreten.

Nachdem sie die Schwelle überschritten haben, schließt der Alte die Tür hinter ihnen. Sie befinden sich in einem recht großen Höhlenraum, den einige Strahlenbündel des Tageslichtes notdürftig erhellen, die durch Felsenspalten ins Höhleninnere fallen. Das Steingemach scheint nicht nur der Aufenthaltsort und Schlafraum des Mannes zu sein, sondern auch ein religiöser Kultort. Dieser Eindruck wird ihm besonders durch einen altarähnlichen Tisch verliehen, auf dem ein siebenarmiger Leuchter steht.

Durch stumme Gebärden heißt sie der Greis an die Seite des Altares herantreten, während er sich selbst direkt vor ihn stellt. Zwischen dem Alten und dem Leuchter befindet sich auf dem Tisch eine Schale, auf welcher ein rundes Fladenbrot liegt. Mit beiden Händen ergreift der Jude die Schale, hebt sie mitsamt dem Brot in die Höhe und verharrt eine Weile in dieser Positur, während seine Augen zum Himmel blicken. Dann läßt er die Arme wieder sinken und setzt Schale und Brot vorsichtig auf dem Altar ab. Hierauf erfaßt er den Fladen allein, bricht ihn über der Schale in der Mitte durch und wendet sich den beiden Trampern zu. Die eine Hälfte reicht er Erich und die andere Alexander.

Schweigend stehen sie an der Seite des Altars und essen das Brot. Es ist fade, trocken und höchstwahrscheinlich ungesalzen. Ziemlich unpassend zu der sakral anmutenden Atmosphäre steigt in Alexander der recht weltlich-fleischliche Gedanke auf: „Ach, befände sich doch auf diesem jüdischen Knäckebrot ein tüchtiges Omelett mit Schinken und Speck!" Der Greis spürt, daß die Mahlzeit zu trocken ist; aus einem Krug schenkt er Wasser in einen Becher ein und reicht ihn seinen ungebetenen Gästen. „Ein Hochgenuß wird der Imbiß dadurch nicht, aber immerhin rutscht das Brot nun besser", denkt Alexander.

Als jeder seine Fladenhälfte verzehrt hat, schreitet der Jude zur Tür und öffnet sie wieder. Ganz offensichtlich gibt er dadurch zu verstehen, daß ihr Besuch in der Felsenklause beendet ist. „Merci beaucoup!" sagen sie beim Hinausgehen. „Shokran! Barakallaufik!" Der Alte antwortet mit einer tiefen Verbeugung seines Hauptes, dann schließt er die Tür hinter ihnen. Die ganze Zeit hindurch hat er kein einziges Wort gesprochen.

Blinzelnd stehen sie vor der Felsenwohnung, ihre Augen müssen sich erst wieder an die Helligkeit des Tageslichtes gewöhnen. Doch schon bald platzt es aus Alexander heraus: „Ich möchte nicht in dieser Höhle hausen! Wie kann der Alte es bloß darin aushalten?"

„Er scheint ein Einsiedler zu sein, ein frommer Jude!" entgegnet Erich.

„Vielleicht sogar eine Art Priester", fügt Alexander hinzu. „Als Kind war ich Ministrant, da hat der Priester bei der Messe ganz ähnliche Zeremonien wie der Alte veranstaltet, nämlich Brot in die Höhe gehoben und so."

Sie gehen den Pfad zur Straße zurück und schlagen wieder den Weg nach Süden ein. Eine Weile schreiten sie schweigend nebeneinander, die Begegnung mit dem Greis beschäftigt sie.

„Also so ein fades und trockenes Brot habe ich in meinem Leben noch niemals gegessen!" bricht Alexander das Schweigen. „Ehrlich gesagt, ich habe dabei von Eieromelett mit Schinken und Speck geträumt."

„Und doch hat der Alte uns alles gegeben, was er hat", verteidigt Erich den Einsiedler. „Ich möchte wetten, daß er heute einen strengen Fasttag einlegen muß, da wir ihm seine ganze Tagesration weggefuttert haben."

„Aber warum lebt er so? Warum spricht er kein Wort?" fragt Alexander. Erich weiß keine Antwort.

„Nicht einen Tag würde ich es in diesem Loch aushalten!" wiederholt der Deutsche und sein Kamerad schweigt bestätigend.

Nachdem sie eine geraume Zeit tüchtig nach Süden ausgeschritten sind, taucht rechts vor ihnen ein Rasthaus auf. „Dein Traum wird Wirklichkeit!" ruft Erich aus.

„Welcher Traum?"

„Der mit dem Omelett. Soviele Dirhams habe ich noch, daß ich mir und dir ein tüchtiges Omelett spendieren kann."

Die begehrte Eierspeise wird den beiden in dem Rasthaus serviert, allerdings - da sie bei Moslems eingekehrt sind und der Koran Schweinefleisch verbietet - ohne Schinken und ohne Speck. Wieder erkundigen sie sich nach Lee, doch niemand kennt ihn, niemand hat je von Dr.Said gehört.

„Jetzt ist es ganz sicher, daß wir die falsche Route erwischt haben!" meint Erich, als sie nach der Mahlzeit bei einem Glas Pfefferminztee zusammensitzen. Dann resigniert er: „Ich glaube, es hat keinen Zweck, weiterzusuchen. Was mich betrifft, so könnte ich - selbst wenn wir Lee noch finden würden - ohnehin nur kurze Zeit bei ihm bleiben."

„Ja, warum denn das? Wir haben doch massenhaft Zeit!" wundert sich Alexander. Es dauert eine Weile, bis er die Erklärung des Wieners versteht. Erich ist im Besitz eines Tickets, mit welchem er in Westeuropa 3000 Kilometer per Eisenbahn zurücklegen kann. Natürlich will er dieses Sonderbillet voll ausnutzen, und die Hälfte der Strecke hat er noch zugute!

„Aber wieso könntest du deswegen nur kurze Zeit bei Lee bleiben?"

„Weil das Ticket im Oktober abläuft und ich mir noch einige Orte in Spanien, Südfrankreich und Norditalien anschauen möchte."

„Im Klartext heißt das, daß du nicht mehr lange in Marokko bleibst?"

„Leider! Ich habe die Absicht, in der nächsten Woche wieder von Ceuta nach Algeciras überzusetzen."

„Und was soll ich tun?"

Eine lange Zeit des Schweigens folgt. Alexander denkt nach. Eine Reihe von Gedanken gehen durch seinen Kopf. Endlich faßt er einen Entschluß und sagt: „Also gut, wenn du nichts dagegen hast, begleite ich dich nach Algeciras!" „Oh prima!" freut sich der Österreicher.

Vom Rasthaus bekommen sie eine Mitfahrgelegenheit zurück nach Marrakesch. Um den Abschied von der alten Königsstadt kurz und möglichst schmerzlos zu gestalten, halten sie sich - dort angekommen - nicht allzulange auf, sondern marschieren gleich zur Ausfahrtstraße nach dem 200 Kilometer westlich gelegenen Essaquira. Als ein Wagen hält und sie eingestiegen sind, wendet Alexander den Kopf und schaut wehmütig zurück, bis Marrakesch seinen Augen entschwindet. In seinem Herzen steht die bange Frage: „Werde ich diese alte Königsstadt wiedersehen?" Ein dreiteiliges kleines Gedicht kommt ihm in den Sinn, das er einmal auf dem Dach des „Hôtel de France" schrieb und dessen zwei erste Strophen lauten:

„Grüß mir die Stadt
zu des Atlas Füßen,
wenn ich gehen muß.
Stadt der Palmen,
Stadt der Träume,
süßer als ein Kuß.

Orangenbäume längst den Straßen,
zarter Blüten Duft,
zinnoberfarbenes Häusermeer,
Schwalben in der Luft,
Ruf des Muezzin
vom hohen Minarett."

Von der dritten und letzten Strophe fallen ihm nur noch die abschließenden Worte ein:
„Einmal kehre ich zurück, zurück nach Marrakesch!"
Doch wenn das der Fall sein wird, warum ist ihm jetzt so wehmütig um's Herz, so, als gäbe es keine Rückkehr mehr in diese Stadt, die er von allen Städten am meisten liebt?
Und warum nimmt Marrakesch eigentlich diesen Vorzugsplatz in seinem Herzen ein?
Immer noch, noch nach zweiunddreißig Jahren seit seinem letzten Aufenthalt in Marrakesch, kann Alexander Heller diese Frage nicht oder nur sehr unzulänglich beantworten. Das Geheimnis von Marrakesch hat sich ihm auch heute noch nicht vollkommen entschlüsselt. Würde man es überhaupt entschlüsseln können? Oder sollte man ein solches Geheimnis nicht besser ein Geheimnis bleiben lassen?

10

Abends liegen sie am Strand von Essaquira in ihren Schlafsäcken. In die Ohren dringt das Rauschen des atlantischen Ozeans, über ihnen funkelt wieder der marokkanische Sternenhimmel.
„Gestern um diese Zeit haben wir uns gefragt, wo wohl heute unsere Schlafstätte sein wird; jetzt wissen wir es." Erichs Stimme klingt zufrieden.
„Ja, so ist das Tramperleben!" entgegnet Alexander. „Unberechenbar! Gestern im Atlasgebirge, heute am Atlantikstrand und morgen?"

Er ahnt nicht, daß sie sich am nächsten Abend glücklich schätzen dürfen, nicht tot auf dem Grund des Atlantik zu ruhen oder in einer Leichenhalle aufgebahrt zu sein.

Knapp 150 Kilometer südlich von Essaquira liegt Agadir. Aber nicht diese Stadt, sondern das mehr als 300 Kilometer nördlich liegende Casablanca peilen sie an, als sie am nächsten Morgen zeitig an der Straße stehen und die Daumen rausstrecken. Schon am frühen Nachmittag erreichen sie Casa. Am „Place Mohammed V." steigen sie in einen Bus und fahren hinab zum Stadtgebiet „Ain Diab", das direkt am Atlantik liegt.

Hunderte von Metern weit zieht sich hier die Strandpromenade an Meeresschwimmbädern vorbei, die eine Mischung aus natürlichen und künstlichen Anlagen sind. Zur offenen See hin sind diesen Bädern Felsen und künstlich gebaute Dämme vorgelagert, welche die Wucht der heftig gegen sie schlagenden Wellen in solcher Weise brechen, daß immer noch genügend Wasser zwischen den Felsen und über die Dämme in die Bäder einströmt und sie stets auf's neue speist. Aber nicht diese - besonders für die Touristen und die reicheren Marokkaner gedachten - Seebäder sind ihr Ziel, sondern sie wollen zum großen Strand, dorthin, wo sich die gewöhnlichen Leute von Casa aufhalten und erholen.

Eigentliche Badefreuden genießen hier und heute allerdings nur die Herren der Schöpfung. Zwar ist auch die marokkanische Damenwelt an dem Strand vertreten, aber diese Frauen und Mädchen - es werden etwa fünfzehn oder zwanzig sein - sind ausnahmslos in weite marokkanische Frauengewänder gehüllt, welche - abgesehen vom Gesicht - den ganzen Körper bedecken. Immerhin befindet sich keine Verschleierte unter ihnen, ja, eine Handvoll der weiblichen Personen hat sich sogar der Schuhe und Strümpfe entledigt und watet am vordersten Rand des Gestades im Wasser herum.

Nur bis zu 50 oder 60 Meter wagen sich die männlichen Badenden in den Atlantik hinaus. Dann wird der Gang der See bedeutend stärker, und 120 oder 150 Meter draußen türmen sich regelrechte Wellenberge.

Wo diese Berge brechen, schäumt und geifert das Meer. Felsen oder künstlich angelegte Dämme entdecken sie hier nicht.

Sie waten ins Wasser hinein, bis es tief genug ist und sie schwimmen können. Als nur noch wenige Badende auf ihrer Höhe sind und Alexander kaum mehr den Augen anderer ausgesetzt ist, beginnt er mit einem Experiment. Er will Rückenkraul lernen. Bisher hat er diesen Schwimmstil nur zwei- oder dreimal geübt, leider ohne Erfolg. Auf dem Rücken zu liegen und sich irgendwie über Wasser zu halten, gelingt ihm noch recht gut. Doch jetzt gilt es, die Arme in Schaufelbewegung abwechselnd nach hinten zu schlagen und gleichzeitig die Beine in einem rhythmischen Wechselschlag auf und ab zu bewegen.

„Platsch, platsch, platsch!" klatschen Arme und Handflächen rückwärts auf das Wasser, aber schon kommt er aus dem Takt und muß mit den Beinen die gleiche Froschbewegung wie beim Brustschwimmen machen, um nicht unterzugehen. Von neuem beginnt er mit der Übung: Einmal, zweimal, dreimal, viermal wirft er die Arme zurück, aber wie schwierig ist es doch, gleichzeitig den richtigen Beinschlag auszuführen! Es gelingt ihm einfach nicht, und schon wieder ist es mit der Rückenkraulkunst vorbei.

Erich schaut zu, und einige Marokkaner scheinen sich ebenfalls für seine Schwimmübung zu interessieren. Noch einmal versucht er sein Glück, aber auch dieses Mal ist ihm kein Erfolg beschieden. „Schluß mit der Kraulerei!" sagt er sich nun, da er entmutigt ist und sich auch vor den Marokkanern schämt. Allzu tragisch nimmt er sein Versagen allerdings nicht. Das Üben sollte ja nur ein Versuch sein, und allzugroße Hoffnungen auf ein positives Ergebnis hatte er sich ohnehin nicht gemacht.

Doch nun will er noch richtige Badefreuden genießen. Er weist hinaus auf die Wellenberge und ruft Erich zu: „Komm, schwimmen wir hin, es muß Spaß machen, sich von den Wogen auf- und abschaukeln zu lassen!" Der Wiener ist einverstanden und schon streben sie dem gesteckten Ziel zu. Je mehr sie sich ihrem Ziel nähern, desto bewegter wird die See. Schon bald befindet sich kein einheimischer Badender mehr auf gleicher Höhe. Plötzlich hören sie hinter sich Rufe. Sie wenden ihre Köpfe und sehen Marokkaner, die sie durch Schreie und wildes Gestikulieren auffordern, nicht mehr weiter hinauszuschwimmen, sondern umzukehren.

„Ach, was wollen denn diese Angsthasen?" denkt Alexander und setzt seinen Weg fort. Erich hält sich tapfer neben ihm. Schon heben sie mittelgroße Wogen hoch empor und betten sie wieder in Wellentäler ein, aber sie streben weiter, noch höheren Wellenbergen entgegen.

Und sie erreichen die Wasserberge. Was für eine Kraft haben diese Wogen! Mit solcher Leichtigkeit tragen sie ihre Körper nach oben und senken sie wieder nach unten, als wären sie Nußschalen. Aber diese Berg- und Talfahrt macht Spaß, großen Spaß!

Eine besonders mächtige Welle kommt heran. „Hui! die wird uns aber tüchtig gen Himmel hieven!" denkt Alexander. Die Welle macht jedoch das genaue Gegenteil davon. Sie bricht unmittelbar vor ihnen. Der Brecher erfaßt die beiden, reißt sie in sich hinein und wirbelt ihre Körper herum, so daß sie unter Wasser einen Purzelbaum nach dem anderen schlagen. Alexander kommt an die Meeresoberfläche, aber schon wird er auf's neue von einem Brecher erfaßt, untergetaucht und gedreht. Wasser dringt ihm dabei in Mund und Nase. „Jetzt ist es aus!" denkt er, weil ihm zudem die Luft ausgegangen ist.

Da sieht er wieder den Himmel über sich. Daß ihn in diesem Augenblick keine neue Woge überflutet, rettet ihm das Leben. Gierig saugt er die Luft ein. Es ist fast ein Wunder, daß er dabei wegen des geschluckten Wassers keinen Hustenanfall bekommt.

Rechts von sich gewahrt er Erich. Erich hat die Richtung gewechselt und versucht, mit panischen Bewegungen in Richtung Ufer zurückzuschwimmen. Auch Alexander hat nur noch den Wunsch, wieder festen Boden unter die Füße zu bekommen. Doch schon ist in fünfzehn, zwanzig Metern Entfernung eine neue große Welle zu sehen, die auf die beiden zurollt. „Daß sie uns nur nicht untertaucht!" hofft Alexander flehentlich; er ist zu entkräftigt, einen weiteren Unterwasseraufenthalt zu überstehen und bei Erich scheint es ähnlich zu sein. Schleunigst wendet auch er und nimmt Kurs auf den Strand.

Wenig später erreicht ihn die neue Riesenwelle. Er spürt, wie sie ihn von hinten erfaßt, hochhebt und dann in rasender Geschwindigkeit einige Meter Richtung Strand befördert. Bald danach muß er jedoch gegen die rücklaufenden Wasser ankämpfen, die ihn wieder ins offene Meer zurückzuziehen suchen.

Auch Erich schwimmt einige Meter neben ihm gegen die Rückströmung an. Eine vom Meer kommende Woge befördert sie wieder ein Stück in der gewünschten Richtung, doch dann haben sie wieder mit den rücklaufenden Wassern zu kämpfen. Dieses Hin und Her wiederholt sich viele Male. Zum Glück bleibt es ihnen erspart, erneut von brechenden Wellen untergetaucht und herumgewirbelt zu werden.

Und dann erreichen sie endlich die stilleren Gewässer, in welchen sich wieder badende Marokkaner tummeln. Alexander versucht, mit dem Fuß Boden zu fassen, aber es ist noch zu früh und sie müssen weiterschwimmen. Nach einer Weile tastet er wieder nach dem Grund. Ja, jetzt greift der Fuß, und bald darauf können sie im Meer gehen. Endlich waten sie aus dem Wasser hinaus. Mit bleischweren Gliedern wanken sie wie Betrunkene zu ihrem Gepäck und lassen sich neben ihren Siebensachen in den warmen Sand fallen. Sie sind total erschöpft, aber dennoch glücklich, gerettet zu sein.

Plötzlich fällt ein Schatten auf die beiden und sie hören eine Stimme. Sie heben ihre Köpfe und gewahren einen Mann, der in französischer Sprache auf sie einredet. Er scheint eine Art Bademeister zu sein und er macht ihnen heftige Vorwürfe, daß sie sich so weit ins Meer hinausgewagt haben. „Trente personnes sont déjà morts ici!" beschwört er sie, „Dreißig Personen sind hier schon ums Leben gekommen!"

Er sagt nicht, ob diese dreißig Personen in diesem Sommer oder in den letzten Jahren an diesem Strand ertrunken sind und sie fragen auch nicht genauer nach.

Am späten Nachmittag sitzen sie im Bus, der sie zum Stadtzentrum zurückbringt. Die Route führt über den Anfahügel, das Villen- und Gartenviertel von Casablanca. Sie kommen am berühmten Anfahotel vorbei.

„Warum lag dir eigentlich so viel daran, zum Strand zu fahren und Rückenkraul zu üben?" fragt Erich.

„Ich habe mir halt Gedanken über die Zukunft gemacht und mich gefragt, wie es mit mir weitergeht."

„Und was hat diese Frage mit dem Schwimmen zu tun?"

„Es war ein Test! Beim Schwimmunterricht im Mainzer Sportinstitut wurde im letzten Semester Rückenkraul gelernt. In ein paar Wochen, zu Beginn des neuen Semesters, wird in dieser Stilart eine praktische Prüfung abgelegt. Wer sie nicht besteht, muß den ganzen Kurs wiederholen."

„Und würdest du sie bestehen?"

„Sicher nicht! Ich kann halt nicht durch zwei- oder dreimaliges Üben erlernen, was die anderen ein Semester lang fast täglich eingepaukt haben."

„Und weißt du, wie dein Weg weitergeht?"

„Nein, ich weiß nur, in welcher Richtung er sicher nicht mehr verläuft."

11

Der „Place Mohammed V.", zu dem sie der Bus zurückbringt, liegt genau zwischen Altstadt und Neustadt. Im Vergleich zu der Medina von Marrakesch oder Fes ist die Altstadt von Casa klein. Während in den beiden Königsstädten die Medina mindestens ebenso groß ist wie die Neustadt, macht sie hier nur einen Bruchteil der Gesamtstadt aus. Das ist verständlich, wenn man bedenkt, daß Casablanca zu Beginn unseres Jahrhunderts nur 20.000 Einwohner zählte, die vor allem hier in der Medina lebten. Bedingt durch verschiedene Faktoren machte Casa innerhalb weniger Jahrzehnte eine rasante Entwicklung durch. In den dreißiger Jahren hatte sich die Bevölkerungszahl auf über 200 000 verzehnfacht; gegen Mitte unseres Jahrhunderts war die halbe Million erreicht, und jetzt in den sechziger Jahren wohnen hier schon weit über eine Million Menschen.

Hand in Hand mit dem erstaunlichen Bevölkerungszuwachs ging eine rege Bautätigkeit. An der zum Meer hingewandten Seite der Medina wurde der Hafen zum zweitgrößten Afrikas ausgebaut. Auf allen anderen Seiten legten sich Boulevards, Plätze, weiße Hochhäuser, Geschäftsstraßen und Parks des neuen Casablanca fast wie ein Ring um die Altstadt. Besonders in den Außenbezirken fehlen allerdings auch nicht die Slums.

Vom „Place Mohammed V." wenden sie sich zum Boulevard, der zum Hafen führt. Doch schon bald verlassen sie die Straße und schwenken nach links in die Altstadt ein. Man hat ihnen die Adresse einer Unterkunft gegeben, die für Casa in etwa das bedeutet, was das „Hôtel de France" für Marrakesch ist: Hippies und Tramper übernachten hier gerne. Die Herberge ist gut gewählt, denn zweifellos liegt sie im interessantesten Teil der Stadt. Hier in der Medina, wo die Menschen noch in Djellabah und Burnus gehüllt durch die Gassen und Straßen wallen, wo das Schreien von Straßenhändlern und Kindern und der flehende Singsang der blinden Bettler an die Ohren dringt, und tausend orientalische Düfte in die Nase steigen, hat man wirklich noch den Eindruck, in einer arabischen Welt zu sein.

In der Unterkunft wartet eine freudige Überraschung, treffen sie doch hier die zwei französischen Hippiemädchen aus Marseille, die ihnen oft tagsüber auf dem Dach des „Hôtel de France" in Marrakesch Gesellschaft leisteten. Die beiden halten sich allerdings nur für einen vorübergehenden Besuch in der Herberge auf, ihre eigentliche Bleibe in Casa haben sie irgendwo anders.

Leider können Erich und Alexander hier nicht für einen Dirham auf dem Dach schlafen, sondern müssen zwei Betten belegen. Das Geld dafür gilt es erst zu beschaffen. Es ist schon dunkel, als sie sich über den „Place Mohammed V." zu einem Bettelgang in die Neustadt begeben. Die Aktion beschert ihnen eine neue Überraschung. Gerade „arbeiten" sie vor einem Nachtlokal, als sich dessen Tür öffnet und eine Gruppe Männer herauskommt. Es sind ganz offensichtlich Europäer oder Amerikaner. Und einen von ihnen kennen sie. Seine langen, schwarzen Haare sind hinten zu einem Pferdeschwanz zusammengebunden. Ein dunkler Anzug mit Krawatte paßt sich wie maßgeschneidert seinem Körper an. Alexander und Erich schauen sich verblüfft an: „Aber das ist doch...!" Ja, es ist niemand anderes, als der amerikanische Bilderbuchhippie, der im „Hôtel de France" neben Erich saß, als die von Alexander gestopfte und für ihn so verhängnisvolle Marihuanapfeife die Runde machte.

Es ist dem jungen Mann im Anzug sichtlich peinlich, von den beiden Trampern in dieser äußerst „unhippiehaften Aufmachung" angetroffen zu werden. Beim kurzen Wortwechsel erfahren sie, daß der Amerikaner als Tourist an einer Kreuzfahrt teilnimmt. Das Schiff, wohl ein Luxusliner, liegt eine gute Anzahl von Tagen im Hafen von Casa. Jetzt verstehen sie alles: Nach Morgendusche und Frühstück schnell in samtene Hippiekleider schlüpfen, im komfortablen Reisebus zu dem 250 Kilometer entfernten Marrakesch fahren, dort zu den „Blumenkindern" im „Hôtel de France" stoßen, mit ihnen Kif rauchen und dann wieder bequem zum Luxusschiff mit seinen kalten Büfetts, feinen Leuten und den abendlichen Barbesuchen zurückkehren. Auf diese Weise bleibt man blitzsauber und gepflegt und ein eben erst aus dem Ei gepellter Bilderbuchhippie.

Casablanca - Rabat - Kenitra - Larache! Wenn er zusammenzählt, wie oft er diese Strecke schon entlanggestoppt ist - sei es von Norden nach Süden oder von Süden nach Norden - dann kommt Alexander auf insgesamt sechs Mal. Von Larache geht es - ohne nach Tanger hineinzufahren - auf dem kürzesten Weg nach Tetuan. Auch diese im Rifgebirge gelegene Stadt ist ihm wohlbekannt. Jeder Bus, der von Tanger nach Ceuta oder von Ceuta nach Tanger fährt, macht hier einen Zwischenstop. Interessant ist der Platz, an dem die Autobusse halten. Er befindet sich im Inneren eines Berges. Eine riesige, zunächst wohl rein natürliche Höhle, wurde zu einer Busstation ausgebaut.

In Tetuan übernachten sie in der Pension Chaouen. Ihre letzte Nacht in Afrika! Von Tetuan nach Ceuta ist es nur ein Katzensprung, den sie am nächsten Morgen schnell hinter sich bringen. Und schon um die Mittagszeit befinden sie sich auf der Fähre, die sie über die Meerenge von Gibraltar nach Spanien befördert. Es ist Anfang Oktober 1968, als sie in Algeciras wieder europäischen Boden betreten.

Schon wieder schlägt nun eine Stunde des Abschieds. Der Österreicher möchte - angefangen mit Malaga - noch einige spanische Städte besuchen. Alexanders Weg soll ihn durch Zentralspanien über Madrid direkt nach Frankreich führen. „Komm mich mal in Wien besuchen!" sagt der Gefährte beim „Shakehands". „Meine Adresse hast du ja." Alexander denkt an den „Zuckerlladen", den Erichs Mutter in Wien hat. Die Bonbons und Pralinen, die es dort gibt, sind mit ein Grund, ihn rasch antworten zu lassen: „Okay! Irgendwann werde ich mal bei euch in der Schönbrunnerstraße auftauchen!"

Und dann ist er allein, fast zum ersten Mal wirklich allein auf dieser Tramptour. Zunächst benötigt er einen spanischen Bettelzettel. Die Rückseite seines in Französisch und Arabisch geschriebenen „Schnorrpapiers" ist noch frei. Er macht es sich leicht, dreht den Wisch einfach um und schreibt darauf: „Usted perdone! Yo soy un estudiante de Alemania y quiero volver. Pero no tengo dinero. ¿Usted puede ayudarme por favor? Muchas gracias. Entschuldigung! Ich bin ein Student aus Deutschland und möchte nach Hause zurückkehren. Aber ich habe kein Geld mehr. Könnten Sie mir bitte helfen? Vielen Dank!"

12

In zwei Tagen durchquert er Spanien und gelangt nach Frankreich. Im etwa hundert Kilometer nördlich der Pyrenäen gelegenen Toulouse macht er Bekanntschaft mit einem schottischen Tramperpärchen. Da die beiden - so wie Alexander - in finanzieller Hinsicht völlig mittellos sind, „ladet" er sie zu einer Bettelaktion ein. Er schreibt einen zweiten „Bakschischzettel" und drückt ihn dem jungen Mann in die Hand. Dieser macht seine Sache gut und erweist sich schnell als ein gelehriger und talentierter Bettelschüler.

Sie „arbeiten" an einer Ampel, vor welcher die Autos so lange halten müssen, daß Zeit genug bleibt, von Wagen zu Wagen zu gehen, an die Fensterscheibe zu klopfen und das „Schnorrpapier" hineinzureichen. Sie haben Erfolg. So mancher Fahrer und Beifahrer holt seine Geldbörse hervor und reicht ihnen eine oder zwei Münzen.

Alexanders „Mitarbeiter" ist begeistert. Neue Perspektiven für die Zukunft scheinen sich ihm aufzutun. Er fängt an zu singen. Immer dasselbe Lied! Jedesmal, wenn die Ampel auf Grün umspringt und sie bis zum nächsten Rot eine „Arbeitspause" einlegen müssen, stimmt er einen Song an, der mit den Worten „Hey Jude" beginnt.

In der - falschen - Annahme, daß „Jude" ein weiblicher Vorname ist - vielleicht eine besondere Form von Judith oder Judy - bezieht Alexander diesen Namen auf das schottische Mädchen. Sie steht auf dem Trottoir und sieht ihnen beim Betteln zu. Alexander nennt sie „Jude". Für ihn ist dieses schottische Mädchen „Jude".

Während das Gesicht des Burschen immer strahlender wird, bleibt das ihre traurig. Schon von Anfang an hat Jude einen bedrückten Eindruck auf Alexander gemacht. Ganz offensichtlich hat sie Sorgen.

Als der Schotte in einer „Arbeitspause" wieder „Hey Jude" anstimmt, fragt Alexander ihn, was das eigentlich für ein Lied sei. „Oh, du kennst es nicht?" antwortet der auf englisch. „Es ist die neueste Single der Beatles."

Nein, von diesem letzten Song der Liverpooler hat der Deutsche noch nichts gehört. Ihre neueste LP ist ihm dagegen bekannt. Es handelt sich um das sogenannte „White Album", die Doppellangspielplatte.

Als die drei bald darauf in einem Bistro sitzen und den größten Teil des erbettelten Geldes in eine tüchtige Mahlzeit umsetzen, bekommt Alexander einen tieferen Einblick in die Situation des Schottenpärchens. Der junge Mann möchte unbedingt nach Spanien weiterreisen und - da Alexander von Marokko erzählt hat - natürlich auch nach Nordafrika übersetzen. Jude dagegen findet am Tramperleben keinen

Geschmack mehr. Sie hat Heimweh und will zurück nach Schottland. Die Erkenntnis, daß das Herz ihres Freundes mehr an der südlichen Ferne als an ihr hängt, schmerzt sie und macht sie traurig.

Der junge Schotte entdeckt plötzlich den idealen Ausweg aus dem Dilemma, in welchem sich die beiden befinden. Und dieser Ausweg ist Alexander. „Kannst du sie nach Paris bringen?" fragt er ihn. Obwohl Alexander nicht vorhatte, über Paris zu fahren, ist er doch gerne bereit, diesen Wunsch zu erfüllen und antwortet: „Ja natürlich, wenn deine Freundin einverstanden ist." Jude ist einverstanden. In Paris hat sie Freunde, die ihr weiterhelfen werden.

Der Abschied der beiden vollzieht sich rasch; er ist mehr ein verlegener Ausdruck zerbrochener Freundschaft, den man schnell vergessen möchte. Die leidtragende Person ist das Mädchen. Sollte dieser blendend aussehende, blonde Sonnyboy jetzt tatsächlich so etwas wie Gewissensbisse empfinden, so werden diese sicher schon am nächsten Tag wie weggeblasen sein.

Und dann ist Alexander mit Jude allein und sie streben dem nördlichen Außenbezirk der Stadt zu, um dort mit dem Autostop zu beginnen. Von Toulouse bis Paris sind es 600 Kilometer Luftlinie. Das entspricht in etwa der Strecke München-Hamburg.

Eine bezaubernde Tour! Sie trampen durch einen Teil des Landes, den er noch nicht kennt, sie passieren herrliche Waldgebiete mit hoch aufragenden Felswänden und staunen, wie schön Frankreich ist.

Der Abend naht. Bald werden sie sich Gedanken über ihr Nachtquartier machen müssen. Auch Jude hat einen Schlafsack dabei. Das Wetter ist trocken und recht warm. Man kann noch im Freien übernachten.

Ein Lastwagen nähert sich. „Ein Stück weit könnte er uns noch mitnehmen", denkt Alexander und streckt den Arm aus. Der Camion hält. Der Fahrer will die ganze Nacht durchfahren, zwischendurch nur zwei- oder dreimal an einer Raststätte eine Kaffeepause einlegen. Das Ziel ist Paris.

Am nächsten Morgen kommen sie gegen 10 Uhr in Paris an. In der Nähe des „Jardin du Luxembourg" setzt sie der freundliche Fahrer ab.

Sie wollen beide noch etwas zusammenbleiben, zumindest gemeinsam zu Mittag essen. „Könnte ich das Mädchen nicht auch ganz nach Hause bringen, also bis Schottland? Beim Lunch wird gute Gelegenheit sein, Jude diesen Vorschlag zu machen. Das Fährgeld für die Fahrt über den Kanal werde ich in Calais schon zusammenbekommen", denkt Alexander.

Doch zunächst gilt es, die Franken für das Mittagessen zu erbetteln. Er reicht zwei, drei jungen Leuten - wohl Studenten - seinen Zettel und alle geben etwas. Der „Jardin du Luxembourg" scheint ein besonders geeignetes „Arbeitsfeld" zu sein. Gerade wollen sie durch ein Tor in den Park eintreten, als sie eine Überraschung erleben.

Zwei Hände legen sich von hinten über Alexanders Augen. Judes Hände sind es nicht, denn sie steht direkt neben ihm. Alexander ergreift die fremden Finger, löst sie von seinem Gesicht, dreht sich um und sieht sich Türkenbob gegenüber. Lächelnd steht er vor Alexander, mit seinem „Jimi-Hendrix-Kraushaar", einem flaumigen Kinnbart und den - eigenartigerweise - etwas negriden Gesichtszügen. Nur der Cowboyhut fehlt.

„Überraschung Nr.3!" denkt Alexander. „Die Bekannten vom ‚Hôtel de France' in Marrakesch lassen mich nicht mehr los. In Casablanca traf ich die beiden Mädchen aus Marseille, dann den Bilderbuchhippie aus den Staaten und jetzt Bob aus Istanbul."

Auf Jude macht Türkenbob einen überwältigenden Eindruck, leider einen überwältigenden schlechten Eindruck. Das Mädchen fängt an zu weinen und sagt: „Excuse me, but I want to see my friends immediately! Entschuldige, aber ich möchte meine Freunde sofort sehen!"

Alexander ist vollkommen verblüfft, einen solch schnellen Abschied hat er nicht erwartet. Das Mädchen hat wohl ihre feste Meinung über Menschen, die sympathisch sind oder nicht. Viele Fremde hat sie in ihrem Leben wohl noch nicht kennengelernt.

„Please give me your address! Gib mir bitte deine Adresse!" sagt er schnell. Jude erfüllt seinen Wunsch und schreibt ihre Anschrift auf ein Stück Papier, das Alexander ihr reicht. Und dann geht sie, während er ihr mit etwas Wehmut nachschaut. Einmal dreht sie sich noch um und winkt ihm - etwas schüchtern - zu. Wenig später verschwindet sie in dem Strom der Passanten.

Übermäßig wundern würde es Alexander nicht, wenn jetzt von irgendwoher - vielleicht aus einer riesigen Musikbox - in voller Lautstärke der ihm bis jetzt noch fast unbekannte Beatlessong „Hey Jude!" zu hören wäre. Denn die Situation kommt ihm vor wie die letzte Szene in einem Kinofilm, und diese Abschiedsszene könnte jetzt sehr passend mit dem Song der Beatles untermalt werden.

Oder ist es eine Anfangsszene? Möglicherweise schon, denn sicher wird er dieses Lied der Liverpooler noch hören, noch oft hören, er wird eine Reihe von jungen Frauen neu kennenlernen und vielleicht wird er dann immer an Jude denken, an dieses schottische Mädchen, mit welchem er 24 Stunden seines Lebens zusammensein durfte, ohne daß irgendetwas geschah, dessen er sich beim Abschiednehmen hätte schämen müssen.

Er liest Judes Anschrift auf dem Papier: „J. Chatwin - 34, Marchmont Road - Edinburgh 9 - Scotland." Sie hat ihren wirklichen Vornamen ganz niedergeschrieben. Wie „Jude" besteht er aus vier Buchstaben und beginnt mit einem J. Auch ein E kommt darin vor. Der Name des Mädchens soll für Alexander jedoch immer Jude bleiben.

Jude wird innerhalb von 24 Stunden die würdige Gefährtin Isabelles. Nicht etwa die bildschöne Jüdin aus Casa, sondern Jude!

Immer noch lächelnd steht Türkenbob da. Nichts scheint ihm ferner zu liegen als der Gedanke, daß sein überraschendes Auftauchen nicht unbedingt ein Grund für ungeteilte Freude ist, hat er Alexander doch möglicherweise um eine Reise nach Schottland, ganz sicher aber um das Mittagessen mit einem netten schottischen Mädchen gebracht.

Hat er also nicht eigentlich Grund sich zu ärgern? Könnte er Türkenbob nicht sogar Vorwürfe machen? Aber das Beste ist, die Dinge so zu nehmen, wie sie kommen und kein Drama daraus zu machen.

„Hallo Bob!" grüßt er. „Was machst du in Paris? Wohin bist du unterwegs?" Der Hippie aus Istanbul zuckt die Schultern; er hat keine besonderen Pläne, er weiß nicht, wohin er als nächstes reisen soll. „Ich hitche zurück nach Hause, hast du Lust mitzukommen?" fragt Alexander. Türkenbob ist von der Einladung begeistert, gerne begleitet er Alexander in dessen Heimatort.

Sie gehen hinüber ins nahegelegene „Quartier Latin", wo Bob in der Kneipe „Chez Papov" seine Siebensachen stehen hat. Noch am gleichen Tag verlassen sie Paris. In der Nähe von Châlons-sur-Seine übernachten sie in einem Neubau. Am frühen Morgen reißt sie eine Schar Handwerker aus dem Schlummer, Maurer und Zimmerleute. Die staunen nicht schlecht, als sie plötzlich neben ihren Mörteleimern, Kellen, Hämmern und Latten zwei wilde Gesellen in Schlafsäcken aufspüren.

Problemlos passieren sie die deutsche Grenze. Etwa dreißig Kilometer vor seinem Heimatort hält ein Kleinbus mit kanadischem Nummernschild. Die Insassen sind ein junger Mann, eine junge Frau - beide könnten dem Alter und Aussehen nach noch Studenten sein - und ein etwa einjähriges Baby. „Wohin fahrt ihr?" fragt Alexander auf englisch. Die drei befinden sich auf einer Europatour, für den heutigen Tag haben sie jedoch noch kein genaues Ziel. „Also gut, fahren wir gemeinsam zu meinem Elternhaus!"

Und so kommen sie zu fünft in seinem Heimatort an: Türkenbob, das junge Paar, das Baby und Alexander. „O, hast du es schön!" staunt Bob aus Istanbul, als sie aus dem Kleinbus steigen und vor dem recht ansehnlichen Familienhaus der Hellers stehen.

Außer den Eltern sind nur sein jüngster Bruder und die jüngste Schwester zu Hause. Da sich die fünf übrigen Geschwister an ihren Studienorten oder irgendwo im Ausland befinden, ist genügend Platz zum Übernachten für Alexanders Gäste vorhanden. Die junge Frau und seine Mutter baden gemeinsam das Baby.

Schon am nächsten Tag brechen die Kanadier zur Weiterreise auf. Bob dagegen bleibt recht lange, ja sogar noch länger als Alexander. Sie erleben eine Reihe netter Episoden.

Sie sitzen beim Abendessen. Alexanders jüngste Schwester hat im Laufe des Tages irgend etwas gesagt, getan oder gar angestellt, was ihrem Vater mißfiel. Nichts von Bedeutung, nur eine Kleinigkeit! Vater Heller nutzt das Zusammensein am Abendtisch, um die Sache zur

Sprache zu bringen und ihr eine kleine Zurechtweisung zu geben. Ein wenig schimpft er sogar mit ihr. Damit ist die Angelegenheit eigentlich erledigt. Auch Alexanders Schwester wird sie in fünf Minuten vergessen haben.

Aber ein Hippie sitzt mit zu Tisch, für den das Wort der „Blumenkinder" etwas ganz Konkretes, auch in die Kleinigkeiten des Alltags Hineinreichendes ist: „Make love, not war!"

Ein Hippie, der zudem Alexanders zwölfjährige Schwester in besonderer Weise in sein Herz geschlossen hat und auch selbst von ihr recht liebevoll „Bobby" genannt wird.

Kurz, Bob ist über den harmlosen Rüffel entsetzt. Seine Augen weiten sich und der Mund öffnet sich. Er legt Messer und Gabel auf den Tisch, wendet sich - während beide Arme in die Höhe gehen - Vater Heller zu und fleht ihn mit hin und her zitternden Händen an: „Bitte, bitte, bitte, bitte, bitte, bitte, nicht schimpfen, nicht schimpfen!"

Dann ändert er sowohl Wortton als auch Gestik; ein Umschalten von flehendem Bitten auf befehlendes Belehren erfolgt. Der junge Mann aus Istanbul schaut Alexanders Vater fest in die Augen und sagt feierlich langsam und doch mit beschwörender Eindringlichkeit: „Sie müssen lieben, lieben, lieben!" Der so angeredete macht ein ganz eigenartiges - am besten mit „süss-sauer" zu bezeichnendes - Gesicht. Ganz offensichtlich weiß er nicht, ob er auflachen oder losschimpfen und sich ärgern soll.

Irgendwann - Alexander ist gerade mit ihm allein - drückt Türkenbob wieder durch das eigenartige Mund- und Zungengeräusch, welches sich wie „tzzt, tzzt, tzzt!" anhört, eine tiefe Unzufriedenheit aus. „Du, was ist los?" fragt Alexander. „Ach meine Zähne, meine Zähne! Sie sind kaputt, total kaputt!"

Er informiert seinen Vater, der sich daraufhin telefonisch mit dem Zahnarzt des Hauses Heller in Verbindung setzt. Schnell sind die beiden sich einig. Bob soll sofort zur Behandlung kommen; die Kosten will man mit Alexanders Krankenschein abrechnen, zahlen soll die Studentenkrankenkasse, bei der er noch versichert ist.

Schließlich hat Türkenbob kein Geld, ist als Berufshippie nicht versicherbar und hat trotzdem Zahnweh.

Alexander begleitet Bob. Der Arzt begrüßt sie freundlich mit Handschlag. Dann weist er auf den Behandlungsstuhl und sagt zu Türkenbob: „Bitte nehmen Sie Platz!"

Doch das ist leichter gesagt als getan, denn es handelt sich um Bobs ersten Zahnarztbesuch und niemals hat er auf einem solchen Ding gesessen. Immerhin schafft er es, sich dem Sitz bis auf einen halben Meter zu nähern, doch dann gewinnt seine Angst die Oberhand. Beide Hände an die Schläfe pressend, beginnt er kläglich zu schreien: „Nein, nein, nein, nein, nein, nein!" Dabei weicht er wieder zwei Meter vom Stuhl zurück.

Der Arzt redet Bob gut zu, Alexander sagt ihm, daß es nicht so schlimm sein wird, beide machen sie ihm Mut. Erneut nähert er sich dem Sitz. Aber dann erfolgt wieder der Rückzug; „nein, nein, nein, nein", klagt Bob.

Von neuem reden sie auf den jungen Mann ein, der Doktor und der Tramp, und dieses Mal faßt Türkenbob sich wirklich ein Herz und besteigt den Stuhl. Irgendwann öffnet er sogar seinen Mund. Aber Schweißperlen stehen auf seiner Stirn, während der Dentist mit zwei silbernen Stäbchen, von denen das eine am Ende ein Spiegelchen, das andere ein Häkchen hat, die Zähne prüft.

Endlich ist die Untersuchung beendet. Der Arzt wendet sich zu Alexander und teilt ihm das Resultat mit, während Bob halb ohnmächtig tief im Zahnarztstuhl versunken ist: „Also ich wünschte, ich hätte solch prächtige Zähne wie er. Abgesehen von einem Zahn, der ein kleines Loch hat, sind alle in bester Ordnung." Rasch wird der Zahn angebohrt, mit einer Füllung versehen und wenig später verläßt ein strahlender Türkenbob die Arztpraxis.

Vater Heller hat die eher unbeliebte Gewohnheit, nicht nur seine Söhne, wenn sie von ihren Studienorten nach Hause kommen, sondern auch andere männliche Gäste, die länger als zwei oder drei Tage verweilen, zu gewissen Arbeiten - meistens Gartenarbeiten - „einzuladen". Auch Türkenbob wird von solchen „Einladungen" nicht verschont. Eines

Tages bekommt er den Auftrag, Unkraut, das sich im Umkreis einer kleinen Edeltanne befindet, auszuhacken und auszujäten. Der Hippie aus Istanbul bringt die Arbeit erstaunlich schnell hinter sich. Als Vater Heller das Resultat inspiziert, fällt er aus allen Wolken. Bob hat das Unkraut verschont, das Edeltännchen jedoch abgehackt. „No reason to get excited, Daddy! Kein Grund zur Aufregung, Papa!" Unvollkommene Sprachkenntnisse bringen halt manchmal Verwechslungen mit sich!

Alexanders Eltern wünschen, daß er das Studium in Mainz fortsetzt. Im Gegensatz zu ihm haben sie wohl immer noch Hoffnung auf einen erfolgreichen Verlauf. Auf keinen Fall wollen sie, daß ihr Sohn mit Türkenbob weiter auf Tramptour geht. Alexander sieht es weniger als seine Aufgabe an, Vater und Mutter die Augen zu öffnen. Außerdem ist er froh, irgendwo ein Zimmer zu haben, das er nicht selbst bezahlen muß. So kommt es, daß er wieder in die Stadt am Rhein aufbricht, während Bob noch eine Zeitlang in seinem Elternhaus bleibt.

Eines Tages scheint aber auch für ihn die Stunde des Abschieds zu schlagen. Vater Heller, der inzwischen am Gymnasium von H. unterrichtet - also dort, wo Alexander das Abitur abgelegt hat - nimmt den jungen Türken am Morgen im Auto mit und setzt ihn an einer Kreuzung ab. Als er Nachmittags wieder nach Hause fährt, steht Bob immer noch an der gleichen Stelle. Offensichtlich hat er keinen Lift bekommen. Vater Heller hält, Türkenbob steigt ein und kehrt so am gleichen Tag in Alexanders Elternhaus zurück.

Doch dann kommt der Tag, an dem Bob Alexanders Nest verläßt. Niemand weiß, wohin er reist. Verwandte von ihm - vielleicht sogar die Mutter - scheinen in Deutschland zu arbeiten. Genaueres hat er darüber nie verlauten lassen. Alexander hat keinerlei Anschrift von ihm, könnte ihn also - selbst wenn er es wollte - nirgends erreichen. Nicht einmal seinen wirklichen Namen - weder den Vornamen, noch den Nachnamen - kennen die Hellers. Alles spricht dafür, daß sich ihre Lebenswege getrennt, für immer getrennt haben. Alexander kann nicht ahnen, daß sie sich wieder kreuzen werden: Für kurze Zeit, in einer großen Stadt, die rund 2000 Kilometer südöstlich von seinem Heimatort liegt. In Istanbul, als Alexander Lees Empfehlungen folgt.

Er erhält einige Briefe aus Marokko. Erich meldet sich aus Wien. Ein auf Französisch geschriebener - mit einer schönen, großen Marke gezierter - Brief kommt direkt aus Marrakesch. Das marokkanische Mädchen, welches ihn gesandt hat, heißt K., ist 20 Jahre alt und arbeitet als medizinische Assistentin im Hospital I.N. in Marrakesch. Das geheimnisvolle Fräulein sammelt Briefmarken und möchte nun mit Alexander in Briefkontakt treten. „Erinnerst du dich an mich oder nicht?" fragt sie in bestem Französisch und fährt dann fort: „Damit es keine Verwechselung gibt, sende ich dir ein Foto von mir!"

Das Bild zeigt ein nettes, hübsches Mädchen mit offenem, klarem Blick. Dunkle Augen, dunkle Haare, arabische Gesichtszüge, an den Ohren schlichter Schmuck. „Und Mut hat sie auch, da sie mir so einfach schreibt", denkt Alexander.

Sicher arbeitet sie in dem Hospital, in welches man ihn damals brachte. Dort müssen sie sich begegnet sein. Aber leider erinnert Alexander sich nicht mehr an sie. Der Zustand, in dem er sich bei der Einlieferung befand, die Injektionen, die er dort erhielt, machen diese Gedächtnislücke verständlich.

Das marokkanische Mädchen kann zumindest drei Worte deutsch. Es sind die schönsten Worte, die man einem Menschen sagen kann, und sie hat sie vorne auf das Briefkuvert neben Alexanders Adresse gesetzt.

Offensichtlich faßte sie den Mut, ihm diese schönen Worte zu sagen, erst, als das Kuvert schon verschlossen war, denn sonst hätte sie den kleinen Satz mit dem Ausrufezeichen wohl noch ihren übrigen Zeilen hinzugefügt.

Das Geheimnis von Marrakesch! Liegt hier sein Schlüssel, seine Lösung? In jener Stadt, die ihm von allen Städten am tiefsten ins Herz gegraben ist, ein Mädchen, in dessen Herz er einen besonderen Platz zu haben scheint! Kann ein Briefwechsel diese Frage klären? Wird nicht eine weitere Reise in die rote Traumstadt zu Füßen des Atlasgebirges dazu notwendig sein? Sie dürfte nicht in allzu weiter Zukunft liegen, müßte schon ins nächste Jahr fallen. Doch das Jahr 1969 sieht Alexander Heller nicht in Marrakesch, da eine andere Unbekannte - ein allerliebstes indisches Mädchen, das in einem Garten mit Lotusblüten spazierengeht - seinen Weg nach Indien lenken wird.

Vierter Teil: Nietzsche ist tot - Gott

1

Als Alexander aus Indien zurückkommt, hat er nicht nur das geheimnisvolle Mädchen in dem Garten mit Lotusblumen getroffen, sondern auch viele Hippies, Aussteiger, sogenannte Weltfremde. Er hat lange in Srinagar, Kaschmir, auf einem Hausboot gelebt. Er war in Goa und in Benares und in Kalkutta, wo er der feierlichen Verbrennung mancher seiner Freunde beiwohnte; sie hatten sich zu Tode gespritzt!

In Europa boomt die Hippiewelle inzwischen.

An die Holzwand einer Toilette kratze ich:

GOTT IST TOT- Nietzsche

Ein zeitgenössischer Kontrahent kratzt später da drunter:

NIETZSCHE IST TOT-Gott

Es könnte gut Alexander Heller gewesen sein!
Alexander fühlt sich im Vergleich zu mir in seinem Heimatland Deutschland in keiner Weise mehr heimisch. Einmal gerät er in Streit mit einem der vielen Hasser von Langhaarigen, läßt sich auf eine Rauf-

160

erei ein und muß wieder ins Krankenhaus, diesmal mit einem gebrochenen Fußgelenk.

Er hält sich in Italien auf, dann in Wien, wo er auch Erich besucht. Mit einer Reihe Hippies und Tramper sitzt er an einem kleinen griechischen Tempel im Stadtpark. Das ist in Wien ein Hippietreffpunkt, wie es sie in allen europäischen Großstädten gibt. Bei ihnen sitzt auch ein arabisches Hippiemädchen. Sie heißt Fatima und stammt aus dem Libanon. Sie ist auch in Indien gewesen und hat sich mit hinduistischer Philosophie und Religion beschäftigt. Plötzlich kommt eine Gruppe von Jesuspeople auf sie zu. Sie singen Lieder von Jesus und sprechen dann zu ihnen von Jesus. „Jesus ist der Sohn Gottes!" sagen sie, „Jesus ist selbst Gott ganz persönlich!" Fatima hört sich das eine Weile an. Dann steht sie auf, groß, schön, mit ihren schwarzen langen Haaren, ihren dunklen Augen und ihrem bis auf den Boden reichenden Zigeunerkleid. „Na und, ist das etwas besonderes, daß Jesus Gott ist? Ich bin auch Gott!" sagt Fatima zu den Jesuspeople.

Blasphemisch, wie diese Äußerung für jüdische, moslemische und christliche Ohren klingen muß, ist sie in Wirklichkeit nicht. Denn Fatima hat sich lediglich die hinduistische Auffassung zu eigen gemacht, wonach die menschliche Seele - die Inder nennen sie Atman - letztlich identisch mit Gott ist - die Inder sagen Brahman.

Wie der Funke, der aus dem Feuer springt, letztlich selbst Feuer und identisch mit Feuer ist, so sei die menschliche Seele, Atman, die aus Gott, Brahman, hervorgegangen, herausgesprungen war, letztlich selbst Gott und identisch mit Gott.

Von Wien trampt Alexander nach München. Über Hochwald, wo er sich einmal so sehr zu Hause fühlte, fährt er nach Amsterdam. In Amsterdam lernt er einen Deutschen kennen, der nimmt ihn mit in ein Haus, das leersteht und das dann einfach von Trampern und Hippies belegt wurde. Das Haus liegt im Zentrum der Stadt, es ist voller Hippies und Beatniks; die meisten von ihnen sind Franzosen.

Fast jeden Abend gehen sie ins Paradiso, in den Rock-, Blues-, und Aussteigertempel von Amsterdam. Die Franzosen spritzen sich fast alle. Die anderen rauchen Haschisch oder nehmen LSD. Alexander verträgt das Zeug nicht, er hat es probiert, mit Ausnahme des Fixens, aber er nimmt es nicht mehr. Eines Nachts nach dem Paradisobesuch kann er nicht schlafen. Auf einem ganz niedrigen Tisch brennt noch eine Kerze, daneben liegt ein Buch. Um sich die Zeit zu vertreiben, richtet er sich in seinem Schlafsack auf, rutscht neben das Tischlein mit der Kerze, ergreift das Buch und beginnt, darin zu lesen.

Es ist die Bhagavad-Gita, das berühmte Lied der Gottheit aus dem indischen Riesenepos Mahabharata.

Vor dieser Nacht in Amsterdam ist er fest davon überzeugt, daß mit dem Tod alles endet. Ein Leben nach dem Tod, die Existenz einer unsterblichen Seele und erst recht die Lehre von der Auferstehung des Leibes, hält er für baren Unsinn. Dementsprechend lebt er auch, möchte kein Abenteuer auslassen, keine Vergnügung missen. Bei der Lektüre der Gita kommt ihm plötzlich der Gedanke und dann eine ganz tiefe Gewißheit, daß im Menschen etwas Unsterbliches sei, das die Inder Atman und die Christen Seele nennen und daß dieses Unsterbliche nichts Nebensächliches, sondern etwas ganz Wesentliches ist.

Da heißt es in der Gita: „Nur der Leib, Arjuna, ist dem Wandel von Geburt, Kindheit, Jugend, Alter und Tod unterworfen. Die Seele wird weder geboren, noch stirbt sie. Kein Feuer verbrennt sie, kein Wasser näßt sie, kein Wind dörrt sie."

Eine ganz neue Perspektive hat sich ihm da eröffnet: „In mir ist etwas Unsterbliches, mit dem Tod hört nicht alles auf!"

Am nächsten Tag ist Alexander seiner Überzeugung nach ein Hindu.

Die kurze Lesung in Amsterdam ist so etwas wie der Anfang seiner Umkehr. Denn jetzt beginnt Alexander, den Sinn seines Tuns und ein erfülltes Leben in einer ganz anderen Richtung zu suchen als bisher, nämlich im Bereich des Religiösen.

Eines Tages macht er sich auf, trampt in die Eifel und durchzieht zu Fuß die Eifelwälder. Außer dem Schlafsack hat er nur ein Buch über den Buddhismus dabei, worin er eifrig liest. Einige japanische, sehr naturverbundene Zen-Meister, haben es ihm angetan.

Wieder zurück in Mainz, sieht er sich nach einem Job um und findet schnell einen in einer Papierfabrik. Er wohnt bei einer seiner Schwestern; abends brennen sie gemeinsam Räucherstäbchen vor einem Buddhabild ab. Alex hat nun oft ein Buch mit Auszügen aus den Evangelien bei sich. Ab und zu, wenn die Arbeit eine kleine Pause zuläßt, zieht er es hervor und liest einige Sätze daraus: Jeshua Ben Joseph, Jesus, dieser Rabbi aus Nazareth, beeindruckt ihn, aber er ist seiner Meinung nach dennoch nur einer von mehreren tiefreligiösen Menschen und Religionsstiftern.

„Mein Reich ist nicht von dieser Welt," hatte er gesagt und „Wer nach dem Schwert greift, kommt durch das Schwert um!"

Morgens, auf dem Weg zur Arbeit, geht Alexander manchmal in den Mainzer Dom. Er setzt sich in eine Seitennische und schaut auf ein Christusbild, das ihm gefällt. Wäre ein Buddhistentempel in der Nähe gewesen, wäre er mit derselben Unbefangenheit dort hineingegangen und hätte ein Buddhabild angeschaut.

Eines Tages taucht Rolf Wagenbach, unser gemeinsamer Freund, an seinem Arbeitsplatz auf. Er ist gerade von einer Finnlandreise zurückgekehrt. Alexander lädt ihn ein, bei sich zu wohnen, nämlich auf einem Campingplatz am Rhein, in der Nähe von Mainz-Kastell.

Inzwischen hatte er sich von seinem Vater ein großes Campingzelt bringen lassen und war aus der Wohnung seiner Schwester auf den Campingplatz gezogen. Rolf nimmt das Angebot freudig an. Er schaut sich ebenfalls nach einer Arbeitsstelle um und findet auch schnell etwas in seinem Beruf als Elektriker.

Reisepläne werden wieder geschmiedet. Alexander will wieder nach Indien, um an Ort und Stelle tiefer in den Hinduismus einzudringen. Verschiedene Ashrams will er aufsuchen, auch den von Sri Aurobindo in Pondicherry, wo Rolf und ich im Jahre 1970 waren. Er träumt jedoch davon, diesmal einen anderen Weg zu nehmen, über Algerien durch die Sahara bis Ostafrika, um von dort mit dem Schiff nach Indien überzusetzen. Er möchte unbedingt zuerst nach Algerien. Denn er hat in einem Buch über islamische Mystik fesselnde Berichte gelesen. Es gibt dort einige berühmte Zentren des Islam, die ihn ganz besonders interessieren.

Noch ein Dritter möchte mit Alexander und Rolf diese Indienreise unternehmen: Eberhard, der mit Alexanders Schwester Renate in Mainz zusammenlebt.

Alexander, Rolf und Eberhard wollen also nochmals gemeinsam nach Indien fahren. Der Plan von Alexander, über Afrika zu reisen, erweist sich als unrealistisch. Es fehlt das nötige Geld und auch das nötige Organisationstalent. Der zweite Plan ist eher zu bewerkstelligen: Nach Indien auf dem „gewöhnlichen" Landweg und zwar mit dem bunt bemalten VW-Bus von Eberhard. In großen Buchstaben prangt an den Seiten des klapprigen Wagens eine damals sehr gebräuchliche Losung: „On the road again."

Doch jetzt tritt ein unerwartetes Ereignis ein. Die geplante Reise wird dadurch fraglich gemacht: Renate ist schwanger von Eberhard.

Eberhard hat sich sehr auf die Indienreise gefreut, wahrscheinlich noch mehr als Rolf und Alexander. Und nun fällt es ihm sehr schwer, auf diese Reise zu verzichten und bei Renate zu bleiben. Alexander beendet das Mißvergnügen kurzentschlossen. In seiner Eigenschaft als „Chief" verkündet er: „Wir machen es so. Eberhard und Rolf, ihr fahrt wie geplant nach Indien, und ich und meine Schwester Renate wir fahren nach Irland." Dieser Vorschlag wird sofort angenommen.

2

Warum gerade nach Irland? Ganz genau wissen sie das auch nicht, sein Schwager hatte ihm vorgeschwärmt und ist selbst im Begriff, nach Irland zu reisen. Außerdem studiert Renate Anglistik und für einen längeren Irlandaufenthalt zwecks Vertiefung ihrer Englischkenntnisse würden auch die Eltern Verständnis haben. Über die Schwangerschaft sollen sie zunächst nicht informiert werden. Es ist ja noch manches unklar. Renate will das Kind in Irland gebären, aber wie es dann weitergehen würde, ist unklar. Eine Freigabe des Babys zur Adoption ist nicht ausgeschlossen, aber das hängt davon ab, wie sich die Beziehung zwischen Renate und Eberhard in Zukunft gestalten würde.

Im August 1971 brechen Alexander und Renate nach Irland und ein wenig später Rolf und Eberhard nach Indien auf.

Alexander läßt sich vor der Reise die Haare schneiden, das erste Mal nach über drei Jahren. Seinen Vorsatz vom Dach des Hôtel de France in Marrakesch hat er bisher nicht gebrochen. Aber die Reise soll nun über England gehen und er will nicht riskieren, wegen der langen Haare nicht nach England hineingelassen zu werden.

In Dublin treffen sie die andere Schwester mit dem Schwager. Sie befinden sich am Ende, Alexander und Renate am Beginn ihrer Irlandreise. In Dublin ist die Rede von einer kleinen Insel namens Sherkin-Island an der Südwestküste Irlands, dort sollen vor allem Hippies leben. Sie trampen dorthin und der Fährmann, der sie von einem kleinen Flecken auf dem Festland zur Insel übersetzt heißt Willi. Ein großer, dicker Mann. Rechts vom Anlegeplatz sehen sie ein Haus, das ist die Kneipe der Insel. Etwas links vom kleinen Hafen, etwa hundert Meter inseleinwärts auf der linken Seite steht ein zweites Haus. Dort wohnt Mary, eine etwa fünfzigjährige Frau, die einen kleinen Laden mit den wichtigsten Lebensmitteln betreibt. Mary und Willi sind wahrscheinlich ein Paar. Gleich hinter dem Anlegeplatz für die Kähne sehen sie die Ruinen einer Kirche. Wahrscheinlich gab es da mal ein Kloster.

Wo sind die Hippies? Sie wandern ein bis zwei Kilometer auf dem Weg, der ins Innere der Insel führt. Keine Menschenseele ist zu sehen, kein Haus weit und breit. Ohne Unterlaß weht der Wind, dauernd hört man sein Rauschen. Ein angenehmes Geräusch, nicht zu laut.

Links und rechts vom Weg liegen Felsen, es gibt Ginsterbüsche und Heidekraut. Dann sehen sie vor sich, rechts vom Weg, ein ziemlich großes Haus. Direkt neben dem Weg steht eine Hütte aus Brettern, auf dem Dach ragt ein Kreuz auf. Es ist eine Kapelle, die wohl lange nicht mehr benutzt worden ist; Spinnfäden und Staub zeugen davon. Sie biegen in den Weg zum Haus ein, Alexander öffnet die Tür. Vor ihnen ein großer Raum mit einer Theke, mit vielen Stühlen und mehreren

Tischen. Niemand zu sehen! Doch man scheint sie gehört zu haben. Es gibt ein Rumoren in Nebenräumen und dann betritt jemand den Raum: Es ist tatsächlich ein Hippie!

Er trägt sein Haar lang und hat einen dichten Bart, sein Name ist Jim. Und er ist der Briefträger dieser Insel. Noch zwei andere Hippies wohnen in diesem Haus, ein langer, untersetzter, ein Künstler, der Bilder malt, dann ein kleiner, der immer ein sehr ernstes Gesicht macht, das ist der Chef des Hauses. „He is a great character! Er ist ein großer Charakter!" sagt man von ihm. Außerdem hat er einen besonders schönen Bart. Renate muß lachen, sie findet, daß diese drei Hippies wie Gartenzwerge aussehen. Das sagt sie Alexander natürlich nicht in diesem Moment.

Alexander erklärt, daß Renate schwanger sei und daß sie nicht viel Geld haben. Die Hippies sind sehr entgegenkommend. Renate und Alexander dürfen sich in dem großen Raum aufhalten, ihr Gepäck dort lagern und des Nachts dort schlafen. Auch die Küche dürfen sie benutzen. Am Abend werden sie eingeladen, mit den dreien zu der Kneipe am kleinen Hafen zu kommen. Das ist der abendliche und nächtliche Treffpunkt der Inselbewohner. Da es auf der Insel keine Polizei gibt, ist das Lokal bis tief in die Nacht hinein geöffnet. Auf dem Festland muß um 23 Uhr geschlossen werden. Es geht recht lustig zu in dieser Kneipe. Getrunken wird vor allem Guiness-Bier. Es hat eine dunkelbraune, ja fast schon schwarze Farbe.

„A pint of bitter, please !" sagt man, wenn man ein Glas Guiness von cirka dreiviertel Liter bestellt. Eine Musikbox oder einen Plattenspieler gibt es nicht. Für Musik sorgt Shamus mit seiner Geige und ein blonder Engländer mit seiner Gitarre. Shamus liebt es, immer wieder zum Singen und Spielen aufgefordert zu werden, bevor er Leben zeigt: „Give us a song, Shamus!" ruft man ihm im Laufe des Abends immer wieder zu. Auf jede Aufforderung antwortet er zunächst mit einer kleinen Rede. Sie beginnt immer mit den gleichen Worten: „You want me to sing a song, well..."

Und dann singt und spielt Shamus. Großartig, wie er das macht! Es sind meistens irische Volkslieder, die er vorträgt, sehr schöne und etwas melancholische Gesänge, die einen zuerst wehmütig machen, dann aber fröhlich stimmen und schließlich zu ausgelassenem Geklatsche und Gejohle verleiten. Wenn man sich verausgabt hat, bestellt man ein Guiness, macht eine kleine Pause und dann beginnt Shamus wieder mit dem wehmütigen Part.

Der Ire ist in etwa dreißig Jahre alt und soll auch mit der berühmten Folkband „The Dubliners" gespielt haben. Jetzt wohnt er auf Sherkin Island. Er haust in einer kleinen Steinhütte, die früher zum Unterstellen einiger Gerätschaften gedient hat; aber die karge Hütte hat er sich recht wohnlich eingerichtet.

Der Engländer bietet neuere Songs. Ein Song heißt: „The man of Nazareth". Dieses Lied spricht Alexander besonders an. Er bittet den Engländer, es mehrmals zu singen. Er tut es gerne und sehr gut.

Die Kneipe ist ständig voller Zigarettenqualm. Alexander raucht damals noch mit und es tut gut, vor die Tür zu treten und etwas frische Luft zu schnappen. Er schaut nach oben: Ein prächtiger Sternenhimmel. Neben ihm steht ein junger Ire. Alexander deutet mit der Hand zu der Sternenpracht und fragt ihn: „Who made this all? Wer hat das alles geschaffen?"

„Oh man, you are going there very high!" entgegnet der Ire und kehrt in die Kneipe zurück. Diese Frage ist ihm doch etwas zu hoch.

Seit der Nacht von Amsterdam beschäftigen ihn solche metaphysischen Fragen ohne Unterlaß: Fragen nach Gott, nach der Unsterblichkeit der Seele, nach dem Ursprung der Welt, nach dem letzten Sinn des Lebens usw. Für gewöhnlich vergehen keine zehn Minuten, ohne daß Alexander an solche „letzten Dinge" denkt.

3

Renate lernt ein Mädchen kennen, das in der südirischen Hafenstadt Cork wohnt. Das Mädchen lädt Renate nach Cork ein. Sie nimmt diese Einladung an und verläßt die Insel für etwa eine Woche. Als sie zurückkommt, bringt sie ein Buchgeschenk mit. Das Buch heißt „Waiting on God" und ist die englische Übersetzung des Buches „L'attente de Dieu" der französischen Philosophin und Mystikerin Simone Weil. Zu den Büchern, die Alexander während seines Aufenthaltes auf dem Campingplatz am Rhein anschaffte, gehörte auch eine Biographie von Simone Weil. Das Titelblatt dieses Buches aus der Biographiereihe des Rowohlt-Verlages zeigt die Französin in einer Art Uniform im spanischen Bürgerkrieg. Damals kämpfte sie auf der Seite der spanischen Republik gegen die Putschisten um Franco. Eine eigenartige Frau, diese Simone Weil: Philosophiestudium, Lehrerin, einfache Arbeiterin in einer Autofabrik, Teilnahme am spanischen Bürgerkrieg, Liebhaberin des heiligen Franz von Assisi, des gregorianischen Chorals, Aufenthalt im berühmten Benediktinerkloster Solemnes, tiefe Freundschaft mit dem blinden Dominikanerpater Perrin in Marseille, Emigration nach Amerika beim Einmarsch der deutschen Truppen in Frankreich - Simone Weil war Jüdin - Wunsch, mit dem Fallschirm über Frankreich abzuspringen, um auf der Seite der Resistance gegen die Deutschen zu kämpfen, strenges Fasten in London aus Solidarität mit ihren hungernden Landsleuten in Frankreich, und schließlich am 24.8.1943 ihr Tod im Alter von nur vierunddreißig Jahren in einem Sanatorium in England.

„Ich glaube an Gott, an die Dreieinigkeit, an die Inkarnation, an die Auferstehung, an die Eucharistie und an die Lehren des Evangeliums", schrieb diese außergewöhnliche Frau, die auch schon Frankreichs rote Jungfrau genannt wurde. Doch zum Empfang der Taufe und zum Eintritt in die Kirche konnte sie sich nie entschließen, jedenfalls nicht bis zu ihrem Tod.

Das Buch „Waiting on God", das Renate aus Cork mitgebracht hat, ist für Alexander von enormer Wichtigkeit. Er beginnt sofort, es zu lesen. Eröffnete die Bhagavad-Gita in Amsterdam einen neuen Horizont, so würde dieses Buch ihm einen klaren Weg zeigen.

Rund einen Monat nach ihrer Ankunft auf Sherkin Island, fahren die beiden nach Cork. Als sie die Insel verlassen, natürlich ist der noch ungeborene Sohn Eberhards auch immer dabei, haben sie drei Adressen in Cork.

Die erste Adresse hat ihnen Jim, der Hippie und Briefträger der Insel gegeben. „Meine Schwester wird euch weiterhelfen", hatte er gesagt. Die zweite Adresse ist die eines Mädchens. Sie kommt von Sherkin Island, wohnt und studiert in Cork und ist die jüngere Schwester des Kneipenwirtes. Die dritte Adresse ist die eines Kapuzinerpaters namens Father Rock. Er gehört dem Kapuzinerkonvent der Trinity-Church in Cork an. Sie haben seine Adresse von einem Mädchen: „Wenn ihr nach Cork geht, dann geht zu Father Rock, der hilft euch weiter!"

Als sie in Cork ankommen, suchen sie zunächst Jims Schwester auf. Sie ist eine etwa dreißigjährige, ganz einfache Frau, die nichts hippiehaftes an sich hat. Sie führt die beiden in ihr Wohnzimmer und läßt sie auf der Couch Platz nehmen. Dann verläßt sie das Zimmer. Eine viertel Stunde vergeht, eine halbe, eine ganze. Die Frau läßt sich nicht mehr sehen, sie kehrt nicht mehr zurück. Allmählich begreifen sie: Die Frau kann absolut nichts mit ihnen anfangen und es ist auch fraglich, ob sie mit ihrem Hippiebruder noch irgendetwas anfangen kann. Sie stehen auf, verlassen das Wohnzimmer, gehen einige Schritte bis zur Haustür. Sie treten hinaus und ziehen die Tür hinter sich ins Schloß. Hätten sie ganz feine Ohren gehabt, dann hätten sie vielleicht das Plumpsen des Steines gehört, der da vom Herzen einer jungen Frau fiel.

Bei der zweiten Adresse haben sie mehr Glück. Das Mädchen von Sherkin Island wohnt mit einer Freundin in einer Souterrainwohnung. Sie können dort bleiben, aber es ist nur eine Übergangslösung. Das richtige für sie wäre eine eigene kleine Wohnung. Renate schaut sich um und findet auch eine kleine Wohnung mit einem Wohnzimmer samt offenem Kamin, einem Schlafzimmer mit zwei Betten und einer praktischen, kleinen Küche. Die Wohnung ist zwar preiswert, aber für sie dennoch teuer. Alexander besitzt schon lange keinen Pfennig mehr und Renates Geldmittel gehen zur Neige. Sie nehmen die Wohnung, aber es ist klar, daß sie schon bald die Miete nicht mehr zahlen können, wenn sie nicht von irgendwoher Geld beschaffen.

Zum ersten Mal auf dieser Irlandreise geht Alexander folglich direkt auf die Straße zum Betteln. Er bettelt auch einige Münzen zusammen, aber das Ansprechen der fremden Leute fällt ihm schwer, so schwer wie nie zuvor. Was ist los mit ihm?

In rund zwanzig Ländern hat er auf seinen Trampfahrten um Geld gebettelt, tausende von Menschen hat er zu diesem Zweck überall auf der Welt angesprochen in den letzten vier Jahren. Und nun geht es ihm nicht mehr so leicht von der Hand, das Betteln und Schnorren, nun fällt es ihm sogar sehr schwer.

Auf dem Bürgersteig steht ein Priester in schwarzer Priesterkleidung und unterhält sich mit einer Frau. Alexander gibt sich einen Ruck: „Den bettele ich jetzt an!"

Er geht auf den Priester zu. Der sieht ihn kommen, unterbricht das Gespräch und schaut ihn fragend an. Seine Augen blicken nicht gerade freundlich. Seine Stirn ist gerunzelt. Als Alexander nahe vor ihm steht, verläßt ihn plötzlich jeder Funke von Bettlermut.

„I think, I'll better go! Ich denke, ich gehe lieber!" sagt er.

„Yes, that's what I think too! Ja, das denke ich auch!" entgegnet der Priester in ganz bestimmtem Ton.

Wie ein begossener Pudel schleicht Alexander davon und sagt sich: „So, das war's, jetzt ist endgültig Schluß mit dem Betteln!"

Er zerreißt den Bettelzettel, den er mit den Worten „Do you want to read please, wollen Sie bitte lesen!" in die Hände der Passanten zu drücken pflegte. Die Papierschnitzel wirft er in den Rinnstein. Hätte sich jemand die Mühe gemacht, die Fetzen aufzulesen und das Puzzle zusammenzusetzen, dann hätte er in englischer Sprache lesen können: „Wir sind zwei Studenten aus Deutschland und befinden uns auf der Heimreise. Wir haben kein Geld für's Essen mehr. Könnten Sie uns etwas Geld geben? Vielen Dank!"

Jahrelang war Alexander stolz auf diese clevere Formulierung gewesen; in den seltensten Fällen hatte es gestimmt, daß er nach Hause wollte; stolz hatte er über zwanzig Länder bereist und diese schlaue Masche war immer sein Rettungsanker gewesen. Das Mitleid der Zeitgenossen hatte ihn um die halbe Welt getragen; und ausgerechnet bei einem Priester war er nun abgeblitzt, noch bevor er ihn hatte anbetteln können!

4

Nun ist der Zeitpunkt gekommen, die dritte Adresse aufzusuchen, den Kapuziner Father Rock. Es macht keine besonderen Schwierigkeiten, die Trinity Church ausfindig zu machen. Gleich daneben ist das Kloster der Kapuziner. Renate und Alexander sitzen in einem kleinen, spartanisch eingerichteten Sprechzimmer. Der Pförtner hat ihnen gesagt, daß Father Rock im Kloster sei und daß er ihn so bald als möglich schicken werde. Dann klopft es an die Tür und Father Rock tritt ein. Bis zu der Begegnung mit diesem Father Rock ist ihnen noch kein einziger rothaariger Ire begegnet. Father Rock jedoch hat rote Haare und einen roten Bart. Der Kapuzinerbart, das braune Ordensgewand aus rauhem Stoff, der Rosenkranz am Gürtel, braune Sandalen an bloßen Füßen: ein echter Kapuziner, denkt Alexander.

Father Rock hört aufmerksam zu, als sie ihm ihre Probleme schildern, manchmal stellt er eine Zwischenfrage.

„Alexander", sagt er dann, „für dich ist es zunächst einmal wichtig, daß du eine Arbeitsstelle bekommst, damit Geld für Miete und Lebensunterhalt reinkommt! Ich habe da auch schon etwas ganz bestimmtes für dich im Auge."

Er kennt einen Deutschen namens Hein, der etwas außerhalb von Cork wohnt und dort eine kleine Möbelfabrik besitzt. Er wird mit dem Mann sprechen und fragen, ob Alexander dort als Hilfsarbeiter anfangen kann. Auch für Renate und das Kind hat er eine konkrete Lösung vorzuschlagen. Sie hatten ihm gesagt, daß sie auch eine Adoption des Kindes in Erwägung ziehen.

„Das wäre kein Problem", sagt Father Rock, „in Irland gibt es genug Menschen, die ein Kind adoptieren möchten."

Dann erzählt er ihnen von einem Kloster, daß sich rund drei Kilometer außerhalb von Cork befindet, ein Kloster der Schwestern vom guten Hirten. Dort nimmt man schwangere Mädchen auf, die ihr Kind zur Adoption frei geben.

„Wenn ihr wollt", sagt der Pater, „kann ich telefonisch mit der Oberin des Hauses einen Termin vereinbaren. Ihr könntet hinfahren, euch das Haus anschauen und auch mit der Oberin sprechen!"

Schon am nächsten Tag fahren sie mit Father Rock hinaus zu Hein. Er wohnt in einem schönen, neuen Haus etwa hundert Meter von seiner Möbelfabrik entfernt. Hein stammt aus Ostdeutschland, auch seine Frau ist Deutsche. Sie haben einen vierjährigen, blonden Jungen. Father Rock erklärt ihm, um was es geht, und Hein ist einverstanden, daß Alexander ab der nächsten Woche in seiner Fabrik arbeiten wird. Formalitäten gibt es keine, der Wochenlohn beträgt einhundert Mark netto. Das ist nicht viel, aber es scheint Alexander genug. Miete und Grundnahrungsmittel sind in Irland wesentlich billiger als in Deutschland. Er ist sehr zufrieden mit dem Ergebnis der Jobsuche.

Zwei Tage später fahren Renate und Alexander zum Kloster der Schwestern vom Guten Hirten. Diesmal ist Father Rock nicht dabei. Als sie zum Kloster kommen, sehen sie auf dem Hof eine ganze Reihe junger Frauen und blutjunger Mädchen. Manche tragen einen Korb mit Wäsche, andere hängen Wäsche auf. Man sieht deutlich, daß alle schwanger sind. Eine junge Schwester empfängt sie.

„Ich gebe der Mutter Oberin Bescheid, daß Sie da sind!"

Das Gespräch mit der Oberin dauert nicht lange. „Von unserer Seite gibt es kein Problem, wenn Renate zu uns kommen möchte, dann kann sie kommen, am besten möglichst bald", meint sie.

Alexander darf seine Schwester im Kloster besuchen, aber er darf nicht dort wohnen.

„Überlegen sie es sich nochmals genau", sagt die Schwester Oberin beim Abschied, „und wenn sie einen Entschluß gefaßt haben, dann geben sie mir telefonisch Bescheid."

Renate ist sehr still, als sie vom Kloster zur Bushaltestelle gehen.

Alexander fragt sie schließlich: „Nun, Renate, was meinst du?"

„Wenn du wenigstens mit mir ins Kloster ziehen könntest...aber so ganz allein...nein, Alexander, ich möchte nicht dorthin!"

„Also gut, dann behalten wir das Kind!"

Als Father Rock und die Oberin von dieser Entscheidung Renates erfahren, sind auch sie sofort damit einverstanden.

5

Eine Stelle in dem Buch, welches Renate ihm schenkte, trifft Alexander besonders. Es ist die Stelle, an der Simone Weil von der Eucharistie spricht. Simone Weil glaubt an die wahre Gegenwart Christi in der Eucharistie. Sie glaubt, daß nach den Wandlungsworten des Priesters das Brot in den Leib Christi und der Wein in das Blut Christi verwandelt wäre. Simone Weil sehnt sich danach, Jesus im Sakrament der Eucharistie zu empfangen. Sie sehnt sich auch danach, getauft zu werden. Doch aus Gründen, die Alexander nicht kennt, scheint ihr der Empfang dieser Sakramente für sich persönlich unmöglich zu sein.

Alexander denkt über das Wunder der Eucharistie nach. Er denkt über Simone Weil nach, über ihr Verlangen, ihre Sehnsucht nach der Eucharistie einerseits und über ihren Verzicht auf den Empfang der Sakramente andererseits. Er denkt über Jesus Christus nach.

Da wird er plötzlich von dieser Sehnsucht angesteckt. Im Gegensatz zu Simone Weil, will er seinem starken Verlangen nachgeben und vor dem Empfang der Sakramente nicht zurückschrecken. Sein Entschluß ist gefaßt. Schon am nächsten Tag, am Sonntag, will er wieder zur Kommunion gehen. Und das bedeutet für ihn, daß er am heutigen Samstag das Beichtsakrament empfangen muß.

Im Gehen macht er seine Gewissenserforschung. Er wandert kreuz und quer durch Cork und denkt über die vergangenen Jahre nach, über die Fehler, Sünden, Irrwege. Es fällt ihm nicht schwer, unter den vielen Menschen in der Stadt herumzulaufen und dabei innerlich sein Gewissen nach allen Seiten hin abzuklopfen. Seit seiner Nacht von Amsterdam war das fast immer so: Er konnte mit Menschen zusammensein, ja sogar mit ihnen in einer Kneipe hocken und schwatzen und gleichzeitig innerlich seinen religiösen Gedanken nachgehen. Noch leichter gelang ihm dies, wenn er alleine war.

Nachdem er sich im Geiste seine Beichte zurechtgelegt hat, stellt sich ihm die Frage, in welcher Kirche er die Beichte ablegen soll. Es gibt so einige Kirchen in Cork.

Da Samstagnachmittag ist, wird in allen Kirchen Beichte gehört. Er schaut in eine der Kirchen hinein. Dort warten ziemlich viele Gläubige, die zur Beichte wollen. Er schaut in eine andere hinein. Das gleiche Bild. Schließlich kommt er zur Trinity-Church neben dem Kloster von Father Rock.

Er schaut hinein und eigenartigerweise ist kein Mensch in der Kirche, doch im Beichtstuhl sitzt ein Priester. Ideal! - freut er sich. Hier und jetzt will er beichten, niemand wird ungeduldig werden, wenn seine Beichte besonders lange dauert.

Er betritt den Beichtstuhl und kniet nieder. Durch das Holzgitter kann er den Priester im Innern des Beichtstuhls nur undeutlich sehen. Es ist ein Kapuzinerpater, aber Alexander ist sich ziemlich sicher, daß es nicht Father Rock ist.

„Meine letzte Beichte war vor zehn Jahren", beginnt er.

Vor zehn Jahren war er gerade mal vierzehn Jahre alt. Nach seiner Erstkommunion war er regelmäßig zur Beichte gegangen, alle zwei Wochen. Das waren die Jahre 1957 bis 1960. Alexander erinnert sich noch daran, daß er sich auf dem Heimweg nach der Beichte oft leicht wie eine Feder gefühlt hatte. Manchmal hätte ihm das Herz vor Freude fast zerspringen können. Mit 14, 15 Jahren hatte er damit aufgehört. Ebenso mit dem Empfang der Kommunion. Das war eine logische Konsequenz gewesen, denn Beichte und Kommunion hingen zusammen.

„Meine letzte Beichte war vor zehn Jahren!" sagt er also. Dann bekennt er seine Sünden, Verfehlungen, Irrwege. Er schont sich nicht, beschönigt nichts, läßt nichts aus. Er packt alles aus. Als er fertig ist, bringt er seine Reue zum Ausdruck. Der Priester trägt ihm auf, zur Buße für alle seine Sünden, am nächsten Tag zur Kommunion zu gehen.

Eine süße Buße, denn genau danach hat er sich gesehnt, gerade deshalb hat er soeben gebeichtet!

Dann spricht der Priester ihn von seinen Sünden los. Vielleicht hat er dieselben Worte gebraucht, wie sie Alexander Heller heute selbst zu seinen Beichtkindern spricht:

„Gott, der barmherzige Vater, hat durch den Tod und die Auferstehung seines Sohnes die Welt mit sich versöhnt und den heiligen Geist gesandt zur Vergebung der Sünden. Durch den Dienst der Kirche schenke ich dir Verzeihung und Frieden: So spreche ich dich los von deinen Sünden im Namen des Vaters und des Sohnes und des Heiligen Geistes †."

„Amen!" sagt Alexander.

Dann geschieht etwas, was gewöhnlich nicht zum Beichtritus gehört. Der Priester öffnet seinen Beichtstuhl und kommt heraus. Jetzt weiß Alexander, daß es nicht Father Rock ist. Auch er hat sich inzwischen aus der knienden Stellung erhoben und steht neben dem Beichtstuhl. Der Kapuzinerpater tritt zu ihm hin und umarmt ihn, ohne ein Wort zu sagen. Dann kehrt er in seinen Beichtstuhl zurück. Niemand hat es gesehen. Denn eigenartigerweise ist immer noch niemand außer den beiden in dieser großen Kirche.

Die Geste des Priesters war die Geste des Vaters aus dem Evangelium, der seinem verlorenen Sohn entgegenläuft und ihm um den Hals fällt.

Am nächsten Tag, einem Sonntag, besucht er die Messe in der Trinity Church und geht zur Kommunion. Auch am Montag, Dienstag, Mittwoch geht er zum Gottesdienst und empfängt die konsekrierten Hostien. Die restlichen Tage der Woche ebenso. Seit jenem Sonntag in Cork bis zu seinem Eintritt ins Kloster zwei Jahre später, geht Alexander Heller jeden Tag zur Kommunion, außer an drei Tagen, an welchen er sich in den österreichischen Alpen befindet, wo es keine Gelegenheit zum Kirchgang gibt.

6

Der Sonntag in Cork hinterläßt eine deutlich wahrnehmbare Wirkung. Nicht nur mit dem Rauchen kann Alexander sofort brechen, sondern auch mit einer ganzen Reihe von Fehlern, Leidenschaften, ungeordneten Anhänglichkeiten, Versklavtheiten, Laster. Sein ganzes Leben ist von einer tiefen Zuversicht durchflutet. Er kauft sich in einer Buchhandlung drei weitere religiöse Taschenbücher: Die Nachfolge Christi von Thomas von Kempen, dann die ebenso berühmten Bekenntnisse des heiligen Augustinus von Hippo und die Selbstbiographie der heiligen Theresia von Avila. Die Nachfolge und die Bekenntnisse sind leicht zu lesen, sie gefallen ihm einfach wunderbar. Schwerer fällt ihm die Lektüre der Selbstbiographie der berühmten spanischen Mystikerin und Kirchenlehrerin Theresia. Die Lektüre dieses Buches hatte einst Edith Stein zum Übertritt vom Judentum zum katholischen Glauben bewegt. Für ihn ist dieses Buch im Augenblick noch verfrüht. Als Theresia mit der Beschreibung ihrer Christusvisionen beginnt, zunächst mit der Beschreibung seiner Hand, die ihr der Herr zeigt, wird es Alexander zu viel.

Ein geregeltes und schönes Leben beginnt. Alexander steht morgens früh auf. Er macht sich Butterbrote für das Frühstück nach der Messe und für die Mittagspause am Arbeitsplatz. Darauf macht er eine halbe Stunde geistliche Lesung aus einem der religiösen Bücher. Dann geht er zur Messe und zur Kommunion. Danach fährt er mit einem Bus zur Arbeitsstätte und frühstückt während der Fahrt. In der Möbelfabrik erledigt er verschiedene Hilfsarbeiten: Er trägt Bretter, kehrt das Sägemehl zusammen, hilft beim Zuschneiden langer Bohlen an der Kreissäge. Auch die Toilette putzt er. Öfters fährt er mit einem Arbeiter hinaus. In der Möbelfabrik gibt es eine Abteilung, in welcher Plastikfensterrahmen hergestellt werden. Wenn sie eingesetzt werden, darf Alexander mit. Oft müssen sie weit fahren, fünfzig oder hundert Kilometer weit, was für Alexander stets ein Genuß ist. Die irische Landschaft gefällt ihm sehr.

Der Spezialist für diese Fensterrahmen ist ein etwa fünfundvierzig Jahre alter, sehr schweigsamer Ire. In dem Fach beim Beifahrersitz liegt ein kleinformatiges Buch, das Alexander während der Fahrt herauszieht. Ein Gebetbuch und Alexander liest darin während der Fahrt. „Do you go to mess?" fragt der Mann und Alexander antwortet: „Yes!" und lächelt dabei.

Nachmittags nach Arbeitsschluß sucht er eine Kirche zum Beten. Dort bleibt er etwa eine halbe Stunde, dann geht es nach Hause. Renate hat das Abendessen bereitet, das nun ihre Hauptmahlzeit ist. Danach plaudern sie ein wenig am Kaminfeuer. Zum Abschluß des Tages liest er dann wieder in seinen Büchern und legt sich später schlafen. Auf diese Weise gehen die Tage dahin.

Schon ist es mitten im Oktober und als Alexander eines Tages von der Arbeit zurückkommt, wartet Renate mit einer Überraschung. „Eberhard hat aus Indien geschrieben!" sagt sie. Ihre Mutter hatte den Brief nach Cork weitergeleitet. Eberhard und Rolf befinden sich noch in Indien, jetzt wollen sie unbedingt ihre Anschrift in Irland haben. Renate schreibt einen Brief an Eberhard und Alexander schreibt einen Brief an Eberhard und Rolf zugleich. Er berichtet vor allem von seiner Umkehr und davon, daß er jetzt regelmäßig die Sakramente empfange, weil ihm daraus eine ganz besondere Kraft zuströme.

Etwa drei Wochen später, es ist schon November, als Alexander eines Tages von der Arbeit und dem Gebet in der Kirche nach Hause geht und nicht mehr weit von der Wohnung entfernt ist, springt plötzlich Rolf vor ihn hin.

„Hallo Chief!" sagt er, grinst über das ganze Gesicht und schüttelt seinen schwarzen Krauskopf vor freudiger Erregung.

Eine gelungene Überraschung!

Nachdem die beiden ihre Post in Indien erhalten hatten, ebenfalls ihre Anschrift, hatten sie sich sofort nach Deutschland aufgemacht und waren gleich nach Irland weitergereist, jedoch ohne den VW-Bus. Alles im Eiltempo, in ziemlicher Rekordzeit. Alexander findet Eberhard wenig später in der Wohnung und begrüßt ihn herzlich.

Es ist Freitag, am Samstag hat Alexander arbeitsfrei. Da läutet es an der Tür und er geht hin und öffnet. Ein Mann steht dort.

„Sie sind Mr.Heller?" fragt er.

„Ja, worum geht es?"

„Bitte kommen Sie am Montag morgen in dieses Amt", sagt er und reicht ihm einen Zettel mit einer Anschrift. Er fügt lächelnd hinzu: „Machen Sie sich keine Sorgen wegen der Arbeit, an Ihrer Arbeitsstätte weiß man schon, daß Sie nicht mehr zur Arbeit kommen können!"

„Aha!", denkt Alexander, "die haben mitgekriegt, daß ich eine Arbeit angenommen habe, ohne mich anzumelden!"

Am Montag geht er zu diesem Amt. Man ist sehr freundlich zu ihm, obwohl er erfahren muß, daß er hier unerwünscht ist: „Herr Heller, wir haben festgestellt, daß Sie in Irland illegal arbeiten. Es tut uns leid, aber Sie müssen innerhalb einer Woche Irland verlassen!"

Damit sind nun die Tage ihres Irlandaufenthaltes gezählt.

Alexander informiert Father Rock. Gemeinsam nehmen sie in ihrer kleinen Wohnung einen Abschiedsimbiß: Käsebrote und Tee. Father Rock segnet die Brote vor der Mahlzeit.

Eine recht bunte Gruppe sitzt da zusammen: Eine schwangere, sehr junge Frau, zwei gerade aus Indien nach Irland gekommene abgerissene Gestalten, die Hippies Rolf und Eberhard, die beide evangelisch getauft sind, Alexander, der neu bekehrte Katholik und schließlich der irische Kapuzinerpater mit dem roten Bart, dem groben, braunen Mönchsgewand und den Sandalen an den bloßen Füßen.

Alexander hat Father Rock kein Sterbenswörtchen über seinen neuen, inneren Weg erzählt, nichts von seiner Bekehrung, nichts davon, daß er täglich zur Messe und zur Kommunion geht. So ist der Pater recht erstaunt, als er ihm an diesem Tag sagt, daß er vorhätte, in Deutschland katholische Theologie zu studieren.

„Wäre es nicht besser, wenn du Anglistik studieren würdest?" fragt er. Und dann, vielleicht um Alexander zu testen, fügt er hinzu: „Kennst du Karl Rahner? Weißt du, wer er ist?"

„Nein, keine Ahnung", antwortet Alexander, „diesen Namen habe ich noch nie gehört!"

7

Wieder schlägt eine Stunde des Abschieds. Renate und Eberhard fahren nach Dublin. Von dort nehmen sie ein Flugzeug nach Deutschland. Sie lassen sich in einem kleinen Weinort in der Nähe von Mainz nieder, übersiedeln später nach Berlin. Ihr Sohn kommt doch in Deutschland zur Welt und nicht in Irland. Ein Vierteljahrhundert später, am 14. März 1996 würde Eberhard mit dem Motorrad in Goa, Indien, tödlich verunglücken. Renate würde später einen Engländer indischer Abstammung heiraten und mit ihm in London leben.

Rolf und Alexander verlassen Cork einige Tage nach Renate und Eberhard. Abends kommen sie in Dublin an. In einem Obdachlosenasyl übernachten sie. Früh am nächsten Morgen gehen sie zur Messe. Rolf begleitet Alexander. Danach wenden sie sich an das deutsche Konsulat. Sie haben nicht mal das Geld, um die Überfahrt von Irland nach England auf dem Fährschiff zu bezahlen.

Mit dem Betteln ist es vorbei, auch zum Trampen haben sie keine Lust und so lassen sie sich im Konsulat gleich ein größeres Darlehen geben, denn sie wollen möglichst schnell nach Deutschland. Sie erhalten soviel Geld, daß es für die Überfahrt und für ein Zugticket bis Trier reicht. Von Dover nehmen sie die Fähre über den Kanal nach Ostende. Dann geht es mit dem Zug durch Belgien nach Luxemburg und schließlich nach Trier.

Es ist ungefähr halb acht am Morgen, als sie in Trier ankommen. Kaum haben sie den Bahnhof verlassen, ruft ihnen plötzlich jemand zu: „Alexander, Rolf!" Es ist ein Mädchen aus einem Nachbardorf. Eine Freundin ist bei ihr. Die beiden gehen in Trier zur Schule und wollen nun die Schule schwänzen und mit Rolf und Alexander die Stadt Trier unsicher machen. Alexander bleibt eisern: „Wir gehen jetzt zur Messe in den Dom und dann fahren wir nach Hause." Die beiden Mädchen staunen nicht schlecht, machen richtig große Augen und gehen dann doch lieber in ihre Schule.

Große Augen macht man auch in Hochwald.

Am Sonntag nach dem Hochamt spricht ihn ein junger Mann an: „Wie Alexander, du gehst in die Kirche und sogar zur Kommunion?" Und nach einer Weile Schweigen fährt er fort: „Paß mal auf, am Ende wirst du noch ein Bischof!"

Als er an der Wohnung eines Freundes vorbeikommt, der schon lange nicht mehr zur Kirche geht, kommt der Freund gerade zur Tür heraus: „Sag mal Alexander, man erzählt, daß du wieder richtig katholisch geworden bist. Stimmt das?"

„Ja!"

„Was mich betrifft", sagt der Freund, „so wäre ich schon längst aus diesem Verein ausgetreten, wenn meine Mutter nicht wäre!"

Fünfter Teil: Der Hund Gottes

Als Alexander, der sich nun Canis Dei, Hund Gottes, nennt, 1973, gut eineinhalb Jahre später, aus dem Zug steigt, trennen ihn nur noch wenige Kilometer von seinem Ziel. Vor dem Bahnhofsgebäude erkundigt er sich weder nach einer Fahrgelegenheit, noch streckt er am Straßenrand den Daumen aus. Die letzten Kilometer seines langen, langen Weges, der ihn - meistens kreuz und quer - durch mehr als zwanzig Länder geführt hat, will er zu Fuß zurücklegen.

Auf halber Strecke - etwas abseits von der Straße - eine Kirche. Canis schwenkt von der Chaussee ab und betritt das Gotteshaus. Er gewahrt keinen Menschen darin, keinen einsamen Beter. Ein marmorner Hochaltar. Auf den überlappenden Teil des weißen Altartuches sind die Worte eingestickt: „Superexaltatum et benedictum sit Sanctissimum Sacramentum altaris!" (Hochgelobt und gebenedeit sei das Allerheiligste Sakrament des Altares!)

Canis kniet nieder und betet:

„O Wunder, o Wunder, o Wunder, man begreift es nie!
Jesus mit Gottheit und Menschheit,
gegenwärtig in der Eucharistie.

O Demut, o Demut, o Demut, man begreift sie nie!
Jesus mit Gottheit und Menschheit,
gegenwärtig in der Eucharistie.

O Liebe, o Liebe, o Liebe, man begreift sie nie!
Jesus mit Gottheit und Menschheit,
gegenwärtig in der Eucharistie."

Er verläßt die Landstraße. Auf Wald- und Feldwegen gelangt er schneller zu seinem Bestimmungsort. Endlich ragen am Waldrand Dach und Turm einer Klosterkirche auf. Sie zeigen dem einsamen Wanderer das Ziel seiner Reise an.

Er lauscht in sein Inneres hinein. Alles ist ruhig in seinem Herzen, kein Aufruhr durchtobt seine Seele. Der fünfundzwanzigjährige junge Mann lächelt. Er hatte es schon anders erlebt. Damals, vor einigen Monaten, als er dem Kloster einen ersten Besuch abstattete, schrie an dieser Stelle irgend etwas in ihm: „Halt! Gehe nicht weiter, kehre um, betrete dieses Kloster nicht!" „Und warum nicht?" fragte Canis. Die Antwort: „Deine Freiheit, deine Unabhängigkeit, du wirst hier alles verlieren!"

Canis Dei kamen die Wüstenväter und die alten Mönche in den Sinn. Die würden sagen, daß dies eine Versuchung, eine Anfechtung des Bösen Feindes sei, der ihn schon im Vorfeld vom Klostereintritt abhalten wollte. Überzeugt, daß sie recht haben, ging Canis zum Gegenangriff über: „Freiheit? Unabhängigkeit? Es gibt keine größere Freiheit und Unabhängigkeit, als aus Liebe zu Gott auf beides zu verzichten, denn Gott selbst ist die wahre Freiheit."

Doch heute bleibt im Inneren des jungen Mannes alles still und friedlich. Auch dafür hätten die Wüstenväter ihre Erklärungen: „Satan kann nicht angreifen, wenn Gott dies nicht zuläßt. Und das mag nun der Fall sein." Oder: „Luzifer ist stolz, abgewehrte Versuchungen verdemütigen ihn. Deswegen attackiert er nicht, wenn ihm eine Niederlage sicher scheint. An dieser Stelle wurde - dank der Gnade Gottes - sein Angriff abgewiesen. Hic et nunc will er keine zweite Abfuhr erleben." Aber sie würden auch warnen: „Sieh dich vor, glaube nicht, daß du den Dämon schon überwunden hast. Dieser von Gott abgefallene Engel wartet seine Stunde ab, lauert auf günstige Gelegenheiten, dich auf's neue zu versuchen."

Die Klosterpforte öffnet sich für den einsamen Wanderer. Man hat ihn schon erwartet. „Laudetur Jesus Christus!" (Gelobt sei Jesus Christus!) grüßt er nach frommem Brauch. „In aeternum. Amen!" (In Ewigkeit. So sei es!) antwortet man ihm. Und: „Herzlich willkommen!"

Der hagere Priestermönch hat die Kapuze seines Ordensgewandes über den Kopf gezogen und geht Canis schweigend voraus. Vier Gänge werden durchschritten, dazwischen drei Türen geöffnet: Schmaler Gang, breiter dunkler Gang, heller schmaler Gang, heller breiter Gang. Zellentüren im letzten Gang, und vor einer bleibt der Priestermönch stehen. Er öffnet sie, tritt ein und Canis folgt ihm auf dem Fuß.

In einem Vorraum ein Marienbild an der Wand. Eine Kopie des Gnadenbildes „Mater Boni Consilii (Mutter vom guten Rat). Der Alte schlägt seine Kapuze zurück, weist auf die Jungfrau-Mutter und bricht sein Schweigen mit den Worten: „Sie, die Madonna, hat Sie hierhergeführt. Halten Sie an Maria fest, dann wird die Gottesmutter Sie durch das ganze Klosterleben führen und alles wird gutgehen."

Die beiden knien vor der Mutter des Herrn nieder und entbieten ihr jene Grüße, die sie nach dem Zeugnis der Heiligen Schrift zum ersten Mal aus dem Mund des Erzengels Gabriel (Luk.1,28) und ihrer Base Elisabeth (Luk.1,42) vernahm. Canis und der Asket grüßen Maria mit jenem Gebet, von dem die Heiligen sagen, daß es nach dem Gebet des

Herrn - dem „Vaterunser" - das schönste aller Gebete ist. Sie sprechen das „Ave Maria":

„Ave Maria, gratia plena, Dominus tecum
benedicta tu in mulieribus,
et benedictus fructus ventris tui, Jesus.
Sancta Maria, mater Dei, ora pro nobis peccatoribus
nunc et in hora mortis nostrae. Amen."

(Gegrüßet seist du, Maria, voll der Gnade, der Herr ist mit dir!
Du bist gebenedeit unter den Frauen,
und gebenedeit ist die Frucht deines Leibes, Jesus.
Heilige Maria, Mutter Gottes, bitte für uns Sünder
jetzt und in der Stunde unseres Todes. Amen.)

Der eigentliche Zellenraum wird betreten. Einfache Einrichtung: Tisch, Stuhl, Strohmatratze, Gebetsnische, Bücherbrett, weißgetünchte Wände, keine Tapete.

„Jetzt, zu Beginn, da Sie noch nicht das Mönchsgewand tragen, sind Sie nicht verpflichtet, die Ordensregel, die Gebetszeiten, die asketischen Übungen in aller Strenge einzuhalten", erklärt der Priestermönch.

Canis ist nicht in das Kloster gekommen, um sich hier ein bequemes Leben zu machen. Eher enttäuscht fragt er: „Ist das ein Befehl oder nur ein Zugeständnis? Mein Wunsch ist nämlich, gleich voll in das Mönchsleben einzusteigen." „Also gut", entgegnet der Alte, „wenn Sie gerne sofort alles mitmachen wollen, dann will ich Sie nicht daran hindern."

Und dann ist Canis allein. Stille umfängt ihn. Er kniet in der Gebetsecke nieder, schaut auf den Gekreuzigten und sagt: „Herr, wie ein herrenloser Hund bin ich auf den Straßen Europas, Nordafrikas und Asiens herumgestreunt. Danke, daß du mich angelockt, ergriffen und am heutigen Tag in dein Haus aufgenommen hast. Hier will ich immer bleiben."

Sechster Teil:
Das Geheimnis von Marrakesch

1

1976 unternehme ich eine „Rolf-Wagenbach-Gedächtnisreise" zum Gedenken an den tödlich verunglückten gemeinsamen Freund. In Teheran bevölkern abgerissene Bahnhofspenner das Hippie-Hotel „Amir Kabir". Wachen mit Holzknüppeln sorgen für Sitte und Anstand. Der Anstand gilt bereits als verletzt, wenn gemischtgeschlechtliche Grüppchen auf einem Zimmer gemeinsam Tee trinken und plaudern wollen. Dann kommen die Männer mit den Holzknüppeln und treiben die Frauen hinaus. Eine merkwürdige Atmosphäre der Gereiztheit, ja des Ausländerhasses, ist in der großen Stadt förmlich spürbar. Der Hass macht sich vor allem gegenüber uns Fremden aus dem Westen bemerkbar. Knapp drei Jahre später soll sich dieser Hass entladen, und mit der Zeit der Kettengeißler ein eher finsteres Kapitel im Iran aufgeschlagen werden, welches erst wieder im Jahr 2000 allmählich zu enden scheint.

Knapp zwei Jahre nach meinem Aufenthalt zu Beginn des Jahres 1976 im winterlichen Kabul putschen sich die Kommunisten an die Macht. Und ein Jahr darauf marschieren die Sowjets ein und ahnen nicht, daß bereits mit diesem Zaristenstreich der Niedergang und am Ende die Auflösung ihres gesamten Imperiums beginnt.

Auch in Pakistan wird rund ein Jahr nach meiner Durchreise geputscht und im Indien des Jahres 1976 fühle ich mich längst nicht mehr so zu Hause, wie noch sechs Jahre zuvor. Ich schreibe es meiner Nüchternheit zu, denn aus einem längst drogenentwöhnten Körper sehen die Augen ein anderes Bild. „Sieht Delhi nicht furchtbar schrecklich aus?" frage ich einen Landsmann, den ich bereits in Kabul getroffen habe. Er ist arbeitslos und mit seinem Arbeitslosengeld unterwegs. „Mir gefällt es ganz gut!" entgegnet er. Er ist ja auch zum ersten Mal hier und fünf Jahre jünger, denke ich. Später läßt er sich zum Schein auf einen Job als Drogenkurier ein. Solche Jobs werden einem von Dutzenden geschäftstüchtiger Sikhs angeboten. Delhi scheint in den letzten Jahren heruntergekommen zu sein. Es ist voller fremder Menschen, die eine ungeheure Hektik verbreiten; Trauben von bettelnden Kindern hängen ständig an uns rum; die Taxifahrer betrügen uns, wo sie nur können und im Hotel gibt es serienweise Einbrüche und Drogenmißbrauch. Auch der Mango-Milk-Shake am „Connaught-Place" scheint dünn und geschmacklos und leider nicht mehr das, was er 1970 war. Oder liegt das nur daran, daß man sich damals so wenig leisten konnte und heute so viel?

Tausende von Junkies soll es heute in Goa und in Kaschmir geben und ich verspüre keine Lust mehr, dort hinzureisen, wo offensichtlich alle hinreisen, die noch eine Spritze halten können. Was ich bisher in Teheran, Kabul und in Delhi gesehen habe, reicht mir vollkommen.

Was einst so harmlos in Kalifornien begonnen hatte, ist für die Türken, Iraner, Afghanen, Pakistaner und Inder längst zu einer modernen Plage geworden. Zischtausende Westler waren heuschreckenmäßig in ihre Länder eingefallen. Daß sie fast alle ohne besondere Geldmittel waren, war wohl nicht das Hauptproblem. Sie verhielten sich nicht lediglich völlig ignorant den Landessitten gegenüber. Nein, fast ausnahmslos waren sie arrogant, respektlos und gierig nach Sex und Drogen. Sie machten die Jugend dieser Länder krank; sie blockierten zunehmend die Krankenstationen und steckten die Einheimischen an mit Hepatitis, Tripper und mit dem Bazillus der ausschließlichen Eigenverantwortung; mit dem scheinbar unbesiegbaren Bazillus des brutalen Egoismus.

Aus der Zeit der Hippies war die Zeit der Junkies geworden; statt blauäugiger Blumenkinder gab es berechnende Vampire. Die einheitliche Bewegung, der passende protesthafte Ausdruck für die allgemeine Lage der Dinge, war auseinandergefallen und existierte nicht mehr.

Die Splitter von einer Bewegung von gestern interessieren mich nicht. Was zu Ende geht, ist schon am Ende! So bin ich froh, nicht nur Romantiker zu sein, der sich nach rückwärts finden will.

Erleichtert fliege ich von dort zurück.

„In der eigenen Vergangenheit steckt niemals meine Zukunft, also gewiß nicht", denke ich. „Möge sie für immer in Frieden ruhen, wie mein Freund Rolf Wagenbach in seinem Grab!"

In Paris geht der Landsmann mit seinem geschmuggelten Stoff direkt zur Polizei. Er will sich zur Drogenfahndung des CIA vermitteln lassen. Er hofft, einen Job zu finden, der spannend, lukrativ und außerdem wichtig ist. Ich beneide ihn nicht!

2

Acht Jahre später, im Jahr 1984, mitten in einem heißen Sommer, fahre ich mit meinem kleinen roten Fiat-Panda von Hamburg über Spanien nach Tanger. Ich lerne zwei Marokkaner kennen und nehme sie im Auto mit. Sie wollen unbedingt nach Deutschland, aber in dieser Hinsicht kann ich für sie nichts tun. Ich kann sie jetzt nur verköstigen. Sie zeigen mir Tanger von einer anderen Seite. Ich sehe die Villen der Ölscheichs. Ich sehe die Villen der europäischen Homosexuellen. Wir sehen uns abends einen Bauchtanz an. Nicht schlecht, aber auch nicht umwerfend!

Wir fahren nach Casablanca. Wir fahren nach Marrakesch. Wieviele Kegelklubs schwärmen über den „Djemaa el Fna"? Es sind auch viele Deutsche darunter. Die Deutschen freuen sich, wenn sie ein Souvenir heruntergehandelt haben. Sie prahlen damit, wie schlau sie sind und denken doch tatsächlich, daß sie die Marokkaner übervorteilt hätten! Auch viele Engländer sind hier. Sie machen ihre Scherze über den Tee und über die Deutschen. Sie reden unglaublich laut und brüllen sich quer über den Platz dreckige Witze zu. Rule Britannia! Viele von ihnen sind schon besoffen und es ist erst zehn Uhr morgens. Eine amerikanische Familie am Nebentisch hat nur ein Thema: Die Kinder wollen unbedingt Cornflakes, aber in diesem Lokal gibt es keine Cornflakes.

Erstaunlich wenige Franzosen! Nur die reichen Franzosen kämen noch nach Marrakesch, wird mir gesagt, sie hätten bereits die halbe Medina gekauft und würden das Innere der alten Häuser neu renovieren: Als Zweitwohnung, neben ihrem Pariser Domizil. In diesen inneren Festungen bleiben sie dann, die Franzosen, laden sich gegenseitig ein und feiern ihre Lebensleistungen und ihren wichtigen kulurellen und architektonischen Beitrag für Marrakesch.

Ich durchstreife die Soukhs, kann das „Hôtel de France" nicht finden. Dort, wo das Viertel der Schmiede war, sind jetzt adrette kleine Shops und Bistros. Ich bin mir aber nicht sicher, daß dies das richtige Viertel ist. Einst kannte ich mich hier aus, aber auch diese Zeit scheint vorüber; mir ist nicht danach, mich anzustrengen, um mich nach etlichen Strapazen auch im Marrakesch des Jahres 1984 auszukennen. Dieses Marrakesch ist meiner Mühen nicht wert, denke ich und gehe zum „Djemaa" zurück. Wirklich nicht?

Auf dem Platz treffe ich einen jungen Österreicher. Begeistert erzählt er mir von den Vierteln der Färber, der Gerber, der Schmiede. Marrakesch sei nicht umsonst ein Epizentrum der Störche, die überall ihre Nester gebaut haben. Für ihn sei diese Stadt mit den Orangenbäumen, Kokospalmen, rosa-violetten Bougainvillea-Wänden; mit den warmen rosa-rot Farbtönen, mit den alten ehrwürdigen Bauwerken und dem orientalischen Treiben eine Art Verheißung.

„Wenn du dich hier verläufst und nicht in die Heimat zurückfindest, bist du wahrscheinlich auf dem direkten Weg ins Paradies", schwärmt der blutjunge Österreicher.

Wir steigen in den Panda, vorher gebe ich dem Jungen, der auf das Auto aufgepaßt hat, zwanzig Dirham. Der Junge freut sich und strahlt. Wir fahren ins „Mammounia". Wir essen eine Kleinigkeit. Am Nebentisch sitzt ein älteres Paar. Der Mann kommt mir bekannt vor. Die beiden sind aus Amerika, er war oft hier und hat eine ganze Liste von Kritikpunkten an der Stadt und an den Leuten. Es ist mir plötzlich, als sei ich mir selbst begegnet und als hörte ich mir nun selbst beim Nörgeln zu: Ein gesettelter Mittdreißiger im drittbesten Hotel Afrikas, dem diese Zeiten, diese Leute und diese Stadt einfach zu touristisch vorkommen.

Plötzlich fallen die Stichworte „Roof", „Hôtel de France". Wir kommen ins Gespräch und nach kürzester Zeit stellt sich heraus, daß ich durch puren Zufall einen weitläufigen Bekannten von Lee getroffen habe, der Marrakesch - wie ich - noch aus der Zeit um 1968 kennt. Er ist schon lange verheiratet, wohnt in Santa Monica bei Los Angeles und möchte seiner Frau Europa und Marokko zeigen. Ihre Kinder sind mit dabei. Die Tochter heißt Fatima, der Sohn Krischna. Er hängt den alten Zeiten, die für ihn die schönsten Zeiten seines Lebens waren, sehr hinterher. Ihn verblüfft meine Distanz zu seinen Schwärmereien. Er scheint befremdet, daß an meiner Seite zwei marokkanische, junge Männer sitzen, die unbedingt nach Deutschland wollen. Von Beruf ist er Marketingchef einer Komputerfirma, die virtuelle Spiele herstellt. Meine Frage, ob auch Kampfspiele darunter sind, beantwortet er nicht. Er gibt mir seine Karte, als wir aufstehen, ich hüte mich, ihm meine Karte zu geben. „Jahwe gib Mitmenschlichkeit, Allah gib Frieden, Gott gib Vernunft!" flüstere ich beim Hinausgehen.

Draußen haben sich Wolken zusammengezogen. Der Himmel ist tief violett verfärbt. Heiße Böen wirbeln abgerissene Palmblätter, Papierservietten und Tempotaschentücher mit Bräunungscreme vom Pool über den Parkplatz. Die Leute brüllen und rennen in verschiedene Richtungen. Hastig werden Tische und Stühle zusammengestellt und mit Eisenketten vertäut. Wir spurten zum Wagen und kaum haben wir uns in seinem Inneren in Sicherheit gebracht, da bricht der Sandsturm los. Die feinen Körner pudern das Armaturenbrett, sie nehmen einem auch im Wageninnern fast den Atem. Der Fiat springt und hüpft, gelbe Wolken nehmen jede Sicht. Nach zehn Minuten ist der Sturm vorbei und wir fahren wieder in Richtung Tanger.

Als ich einige Tage später durch das spanische Murcia in Richtung Norden fahre, lese ich an einigen Wänden die Hetzschrift „Mauren raus!" Das richtet sich gegen Gastarbeiter aus Marokko oder illegale Einwanderer, die ihr Leben riskieren, um auf das europäische Festland zu gelangen. Ich vermute, daß auch der nette junge Spanier, der vor vielen Jahren Alexander half, heute, siebzehn Jahre älter, nichts gegen solche Sprüche hat. Es wäre schön, wenn ich mich hierin täuschen würde! Und ich denke, daß Europas Geschichte, auch was die Mauren betrifft, noch lange nicht zu Ende geschrieben ist. Ich frage mich, warum ausgerechnet die Marokkaner immer noch so gastfreundlich sind? Aber was kann ich tun? Ich schreibe in ein Gästebuch eines spanischen Hotels: „Mein keineswegs überflüssiger Dank - schließlich herrscht Überfluß, außer im Danken - gilt hier und heute den mir unbekannten Papierfabrikanten in Fes und Meknes der Jahre um 1200; den Unbekannten, die das Geheimnis des Papieres aus Marokko nach Spanien brachten. Von Spanien gelangte dieses große Geheimnis nach Frankreich und von dort nach Deutschland. Danke Spanien! Danke Frankreich! Danke auch dem Nürnberger Ulman Stromer, der 1390 erstmals in Deutschland Papier herstellte - ohne die Mauren aus Fes und Meknes hätte er das zu diesem Zeitpunkt sicher nicht geschafft, natürlich auch nicht ohne die chinesischen Erfinder!"

3

Das Geheimnis der Papierherstellung ist sicherlich eines der großen Geheimnisse, die aus China über Marokko nach Deutschland drangen. Alexanders Geheimnis von Marrakesch liegt aber auf einer anderen Ebene, die nicht so sehr mit der Herstellung von Papier, auch nicht so sehr mit der Herstellung von Rauschmitteln, sondern eher mit der Herstellung eines neuen Erlebnishorizontes zu tun hat. Sein zufälliges Treffen mit dem jüdischen Einsiedler, sein zufälliges Entrinnen vor dem Tod am Strand in Casablanca, seine zufällige Erfahrung, daß Kaktusfrüchte stechen, seine zufällige Begegnung mit den Augen der verschleierten Mädchen - alles das und noch viel mehr ist ein Teil, ein Ausschnitt von einem neuen Erfahrungshorizont. Ohne Alexanders Neugier, ohne sein Fernweh und den unbedingten Willen, fort zu reisen, wäre es zu diesem neuen Horizont sicher nie gekommen.

Und was ist das Geheimnis von Marrakesch? Lee und die meisten unserer Kiffreunde stellten sich höchstens als Dämonen heraus, die um unser Geheimnis herumstrichen. Wie der jaulende, verletzte Hund, wie der Sandsturm damals auf dem Dach des „Hôtel de France", bevölkern Figuren und Erlebnisse von früher zu Hauf unsere Erinnerung. Sie kreisen wie Saurier aus dem Jurassic Parc durch unser Bewußtsein und lenken doch vom Inhalt, vom Kern unseres Geheimnisses ab: Von der Erfahrung fundamentaler Aufgehobenheit und Zuversicht.

Selbst als Fremde in einem fernen Land, ohne Geld, unerfahren, bisweilen krank und sogar als Bettler, waren wir nicht etwa verloren, sondern aufgehoben und oft sogar glücklich. Diese tiefe Erfahrung haben wir im übrigen mit den Wüstennomaden gemein; denn nach dem Sandsturm ist jede irritierende Fata Morgana verschwunden; der Weg zum Wasser ist wieder klar.

Maktub- es steht geschrieben; *Wuala fluus,* auch ohne Geld - *Barakallaufik!*

Und eine solche Erfahrung kann man nicht kaufen, vor einer solchen Erfahrung sind alle Menschen gleich, wie vor dem Tod. Das kleine Plakat mit der Koransure, mit einer naiven Abbildung der Hand Allahs bzw. Mohammeds und dem mystischen Auge habe ich leider verloren, welches ich 1968 aus der Wüste mitgebracht hatte, genauso wie meine gelben Ziegenfellschuhe, die Sandaletten aus alten Gummireifen, den bunten Strohkorb und die kleine, bemalte Tontrommel.

Die Worte der Ungläubigen sind wie eine Fata Morgana. Will man trinken, ist die Quelle versiegt.

Das Geheimnis Allahs, das Geheimnis der Allmacht der Wüste und die Gewißheit, daß die Allmacht der Wüste bestehen bleibt, dieses, das eigentliche Geheimnis von Marrakesch, kann man niemals verlieren, nachdem man es einmal gefunden hat. Und der allerkritischste Skeptiker verstummt, wenn er einmal zufällig mit seinem eigenen Totenschädel konfrontiert würde; einem ausgebleichten kleinen Knochenball, der langsam eine Sanddüne herunterkullert.

Doch warum träumen Alexander und ich noch heute von Marrakesch, warum nicht von anderen, womöglich noch herrlicheren Orten? Was ist stärker als sogar der erste zarte Kuß, die erste große Liebe, von der man zwar auch träumen kann, aber doch nicht so oft und nicht so lange, wie von Marrakesch?

Lange habe ich darüber nachgedacht und doch nur eine einzige mögliche Erklärung gefunden. Es war das seltene Erlebnis, bei der ersten zarten Blüte eines vollkommen neuen Lebensgefühls unmittelbar beteiligt zu sein. Eines großen Gefühls der persönlichen Freiheit, welches Millionen von jungen Menschen erfaßt hatte und Milliarden Menschen beeinflussen würde. Der große Strom der Veränderungen hatte seine Richtung geändert und wir schwammen zur rechten Zeit am richtigen Ort in der Flußbiegung. Das war ein herrliches Gefühl und auch wenn der Strom dann über die Ufer trat, auch wenn aus der zarten Blüte später so mancher verkrüppelte Kaktus wachsen sollte, so konnte einem doch kein noch so kritischer Mensch jemals das erlebte Hochgefühl streitig machen.

Kann man ein solches Hochgefühl heute noch erleben? Ich möchte das bezweifeln. Selbst Alexander träumt noch heute von Marrakesch. Also ist ein solch tolles Gefühl selbst individuell schwer nacherlebbar. Und wo kollektive Lebensgefühle per se verdächtig sind, höchstens im Sport und in der POP-Kultur kanalisiert werden, da sehe ich keine neue Blüte für ein tief befreiendes Lebensgefühl, welches die erstarrte Ordnung auffrischen oder sogar verändern könnte.

Ob man heute sein Geheimnis von Marrakesch findet, das liegt an jedem Reisenden selbst. Der junge Österreicher, den ich auf dem Platz der Gehenkten traf, scheint auf dem besten Weg zu sein! Marrakesch ist schließlich noch immer ein schöner Name für ein Geheimnis, das man finden und lösen möchte. Dieser Name kann freilich ersetzt werden. Das bleibt jedem Reisenden selbst überlassen. Er kann Dharamsala heißen, oder Naddi, wie ein kleines Bergdorf dort in der Nähe. Der Name kann Camaldoli, Lourdes, Santiago de Compostela oder völlig anders heißen. Die Auflösung des Geheimnisses jedenfalls besteht darin, seine Sehnsucht in einen Einklang zu bringen mit dem, was man tut. Wenn man von der Erfüllung einer Sehnsucht nur träumt, wird man versucht sein, sie in Wirklichkeit aufzugeben.

Und was ist, wenn man seine Sehnsucht erfüllt hat?

Jede Erfüllung eines Traumes gebiert einen neuen. Jede erfüllte Sehnsucht produziert eine neue. Und darum ist es gut, daß vor unendlich vielen Jahren in einer Wüste eine auf Erden nicht erfüllbare Sehnsucht gefunden worden ist. Denn würden wir unsere Träume und die tiefe Sehnsucht nach vollkommenem Glück verlieren, und das würden wir, sobald wir sie gefunden haben, dann würde die Spirale unserer persönlichen Geschichte gleichsam im Leeren drehen. Irgendwann käme sie zum Stillstand. Irgendwann würden wir angefüllt sein von erfüllten Sehnsüchten, satt und unbeweglich, und glichen toten Gewässern, salzigen Sümpfen, verwesenden Kamelkadavern neben dem Wadi Draa.

Gleichgültig, was du tust, du wirst immer Leute treffen, die das, was du tust, nicht billigen; die dich nicht mögen, die vielleicht sogar deine Feinde sind. Was eigentlich zählt ist, deine Sehnsucht trotzdem nicht zu verkaufen!

Nicht du bist das Strohfeuer, Alexander, du bist ein Sieger geworden, ein Olympic Champion, was unsere Suche nach Wahrheit betrifft. Du hast dich nicht blenden und verführen und kaufen lassen und du bist auch vor der letzten Konsequenz nicht zurückgeschreckt.

Es ist gut, daß ich heute, in diesen hochmodernen Zeiten, einen Einsiedlermönch zum Freund habe. Denn ich messe den wahren Wert der Moderne längst an der Spannweite gegenseitigen Respekts - auch und gerade bei unterschiedlichen und gegensätzlichen Auffassungen. Christ, Jude, Moslem sein, das bedeutet heute mehr denn je, widersprüchlich sein. Tolerant sein bedeutet mehr denn je, aufeinander neugierig zuzugehen, gerade auch dann, wenn man glaubt, bereits alles gesehen und eingeordnet zu haben.

Zu Weihnachten 1999 schickte mir Alexander folgendes Gedicht:

„Manchmal träum' ich noch heute
des Nachts von Marrakesch;
wenn ich jedoch dann erwache
und mir meine Gedanken mache,
dann will ich nicht mehr zurück:
Das Herz Mariens ist ja mein Glück."

(Canis Dei, Marienkloster 1998)

Mit der Wahl des verborgenen Lebens hat Alexander Heller sich eine tiefe Sehnsucht erfüllt. Isabelle, Jude und sein gespenstisches Wesen aus Indien, die Frauen, die er idealisiert hatte - was immer das sein mag, eine Frau, die man wahrhaft liebt zu idealisieren - hatten ihn zu Maria geführt. Das Ideal, nach dem er sich verzehren konnte, war endlich mehr, als eine erreichbare Erfüllung. Was für ihn in seinem Leben wirklich zählte, war kein schneller, vermeintlicher Sieg und auch keine bürgerliche Normalität, was immer in unserer Zeit darunter verstanden wird. Nach vielen Strohfeuern, nach vielen Versuchen der Anpassung an etwas, was er doch nie für eigen annehmen konnte, rief ihn Gott zu einer außergewöhnlichen Aufgabe zu sich. Jetzt brennt die Flamme des ewigen Lichts. Sie leuchtet auf seinem inneren Weg, der ihn von einer erfüllten Sehnsucht zur nächsten führt, immer das - auf Erden - unerfüllbare Ziel vor Augen. Getrennt von allen, ist er doch eins mit allen, deren Seelenheil er durch die Kraft des Gebets ununterbrochen erbittet. Sein Orden hat - nebenbei - in vielen wichtigen weltlichen Belangen Außerordentliches geleistet. Seit vielen hundert Jahren! Doch das Wichtigste, was er für die Menschheitsfamilie getan hat und tut, das ist etwas, was diese Familie nur allzu gerne verkennt: Stellvertretend für alle vor Gott zu stehen, im nackten Glauben - auch an die seelenrettende Kraft des Gebets.

Und als keine der befürchteten Bedrohungen der Jahrtausendkatastrophe eintrat, gingen wir Restlichen zu unseren verschiedenen Tagesordnungen über. Die Wissenschaftler kamen mit ihren Kerzen wieder aus den Kellern und hörten auf zu zittern. Jetzt verbreiteten sie eine enorme Zukunftsbegeisterung. Ein ungeheurer Aufschwung der Online-Zeit begann. Die multimediale Erregungskultur trieb ihrem Gipfel entgegen. Aber es würde nunmehr noch wichtiger sein, an vielen Kreuzungen die richtigen Wege auszusuchen - und vor allem das richtige Ziel.

Te Deum, großer Gott wir loben Dich, singen die Christen seit dem 5. Jahrhundert. Alexander schrieb mir zuletzt das folgende Lob der Einsamkeit. Es stammt aus der Feder von P.G., wohl einem deutschen Mitbruder, und von den zahlreichen Strophen möchte ich drei zitieren:

Einsamkeit - ein Ruf aus der Tiefe,
als ob ein verborgener Strom
über's Herzensmeer liefe;
so reich und so warm
und so stetig im Lauf,
so zielsicher
führt er zum Himmel hinauf.

Einsamkeit - ein Horchen ins Weite,
wie wenn ein Lied in der Nacht
aus der Ferne uns begleite.
Im Lauschen ergreift uns
die tröstliche Ahnung,
die heilige Sehnsucht,
die lockende Mahnung.

Einsamkeit - ein Streben nach Gott.
Verlacht von der Welt und
den gottlosen Geistern zum Spott.
Doch wer sie erprobt
und wer ihr verbunden,
der hat seiner Sehnsucht
Erfüllung gefunden.

Am Ende seines langen Briefes verleiht er mir seinen Segen, den ich hiermit gerne weitergebe:

Aus der Stille seiner Camaldulenserzelle
sendet Dir seinen priesterlichen Segen
† Dein alter Freund Alexander

Wann immer ich daran denke, bete ich zu Gott für den Frieden in seiner Einsiedelei und für den Frieden in dieser Welt, die ich so sehr liebe.

Tobias Blok ist ein Synonym für *Pater K.M.S.,* der für die Öffentlichkeit anonym bleiben muß (*Canis Dei,* 1947 geboren, seit 1973 in einem katholischen Eremiten-und Schweigeorden; studierte Theologie und wurde 1987 zum Priester geweiht) und *Maskott (Klaus Servene,* 1949 geboren, studierte Germanistik, Betriebswirtschaft und Philosophie, bevor er lange Jahre in verschiedenen Firmen und als Selbständiger vorwiegend in Norddeutschland tätig war; seit 1997 in Mannheim).

Manchmal träum' ich von Marrakesch ist nach den Romanen *Hitzkopf* und *Schatilah* seine dritte Veröffentlichung, an welcher jedoch Pater K.M.S den hauptsächlichen Anteil hat.

Die Autoren (rechts - mit zwei englischen Beatniks) 1968 in Tanger:

Mit seinem Roman *Schatilah* bewarb sich *Maskott* (Klaus Servene) um den *2. Neuen Deutschen Literaturpreis* im Jahr 2000. Der Preis wird für das Genre *Roman* von der *Zeitschrift für neue deutsche Literatur (ndl)* und dem *Aufbau-Verlag* in Berlin vergeben.

Mit dem Preis *sollen deutschsprachige Autoren und Autorinnen gefördert werden, die mit sprachlicher Meisterschaft und in künstlerisch gelungener Konstruktion eine emotional spannende Geschichte für einen großen Leserkreis erzählen.*(Ausschreibungsbedingungen).
Schatilah kam *in eine engere Wahl, aber leider nicht in die engste,* so Dr.Jürgen Engler (ndl) brieflich im Juli 2000.

> *Welche Hilflosigkeit, seinen Gegner zu töten!* <

Johannes Deprez fand seine Traumfrau, sah sich zu einem Mord gezwungen und verändert sich dadurch auf eine überraschend fundamentale Weise. Auf der Spur der Seife - Johannes leidet an Waschzwang -verirrt er sich in seiner Familiengeschichte. Fakten, Fiktion und Träume vermischen sich, fördern Erstaunliches zutage und gipfeln in einem unerwarteten Ende.

Maskott: SCHATILAH
andiamo, Roman, 160 Seiten
Vertrieb: Libri, Norderstedt, Books on Demand (BOD)
ISBN 3-8311-0756-4

Woran erkranken Männer, auch deutsche? Kann man ihnen helfen, wollen sie überhaupt gesund werden?

Justus Lorang ist kein Choleriker. Er ist eher verschlossen. Seit seiner Kindheit war ihm sehr daran gelegen, beliebt zu sein. Jetzt kämpft er gegen eine schwere Erkrankung. Aber es geht um noch mehr, als um die Überwindung körperlicher Defekte. Es geht um Selbstbehauptung in einer interessengesteuerten Welt. Es geht um beruflichen Erfolg, um hitzige Übertreibungen, um Zukunftsängste und um Zuversicht.

Dieser Roman einer Zielfindung fußt auf wirklichen Erlebnissen eines Mannes, der erfolgreich eine Krebserkrankung überwunden hat.

Maskott: HITZKOPF
andiamo, Roman, 296 Seiten
Vertrieb: Libri, Norderstedt, Books on Demand (BOD)
ISBN 3-8311-0383-6